Le Commandant breveté CHABROL

DU 161ᵉ RÉGIMENT D'INFANTERIE

(Commandant la Camertone)

OPÉRATIONS MILITAIRES

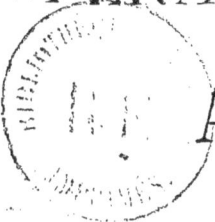

AU TONKIN

7263

AVEC 72 CARTES ET CROQUIS DANS LE TEXTE

« On ne sait pas assez ce qui s'est dépensé et ce qui se dépense tous les jours de vigueur, d'esprit de sacrifice et d'abnégation, d'héroïsme obscur, non point seulement dans les
périodes tapageuses de l'action militaire, mais dans les obscurs
labeurs des tâches journalières. Il faut, pour le savoir, avoir
eu l'occasion de connaître le récit de quelques-uns des faits
journaliers qui ont marqué les expéditions du Soudan et la
répression de la piraterie au Tonkin. La réclame et la publicité, qui se sont réservées pour d'autres tâches, ont négligé
d'explorer ce domaine. » (Extrait du projet de loi sur l'armée coloniale, déposé à la Chambre, en 1895, par M. Godefroy
Cavaignac, député.)

PARIS

HENRI CHARLES-LAVAUZELLE

Éditeur militaire

11, PLACE SAINT-ANDRÉ-DES-ARTS, 11

(Même maison à Limoges.)

OPÉRATIONS MILITAIRES

AU TONKIN

Le Commandant breveté CHABROL

DU 161ᵉ RÉGIMENT D'INFANTERIE

OPÉRATIONS MILITAIRES

AU TONKIN

« On ne sait pas assez ce qui s'est dépensé et ce qui se dépense tous les jours de vigueur, d'esprit de sacrifice et d'abnégation, d'héroïsme obscur, non point seulement dans les périodes tapageuses de l'action militaire, mais dans les obscurs labeurs des tâches journalières. Il faut, pour le savoir, avoir eu l'occasion de connaître le récit de quelques-uns des faits journaliers qui ont marqué les expéditions du Soudan et la répression de la piraterie au Tonkin. La réclame et la publicité, qui se sont réservées pour d'autres tâches, ont négligé d'explorer ce domaine. » (Extrait du projet de loi sur l'armée coloniale, déposé à la Chambre, en 1895, par M. Godefroy Cavaignac, député.)

PARIS

Henri CHARLES-LAVAUZELLE

Éditeur militaire

11, Place Saint-André-des-Arts, 11

(Même maison à Limoges.)

A monsieur le général de division Duchemin, ancien commandant en chef des troupes de l'Indo-Chine.

Saint-Mihiel, 20 juillet 1896.

MON GÉNÉRAL,

Je vous prie d'accepter le patronage de ce livre.

Ses matériaux ont été recueillis dans les archives de votre état-major, que j'ai pu compulser et étudier pendant trois années passées auprès de vous au Tonkin ; une partie des faits militaires qu'il relate et qui en constituent le morceau essentiel, se rapportent à la longue période de votre commandement ; enfin, parmi les considérations de la deuxième partie, vous retrouverez, entre autres développements, celui des quelques idées fondamentales qui ont été établies ou généralisées sous votre haute direction et dont l'application, poursuivie avec méthode et esprit de suite, avait produit, au moment de votre rentrée en France, les grands progrès accomplis entre les années 1893 et 1896.

Pour tous ces motifs, je considère l'acceptation du patronage que je vous demande comme un précieux témoignage d'approbation.

Je vous prie de l'accepter également, mon Général, tant comme un hommage rendu à l'ancien chef de l'armée d'Indo-Chine que comme un gage personnel de ma profonde et respectueuse affection.

CHABROL.

A monsieur le commandant Chabrol.

Paris, 25 août 1896.

MON CHER CHABROL,

C'est avec plaisir que j'accepte le patronage de votre intéressant ouvrage.

L'historique trop peu connu et souvent défiguré des événements militaires au Tonkin, celui de la marche progressive de la pacification de notre magnifique domaine en extrême Orient, l'étude des méthodes politiques et militaires employées pour terminer cette pacification, les exemples de tant de braves officiers, sous-officiers et soldats qui ont acheté de leur sang et de leur vie la grandeur et la gloire de la patrie; voilà ce que vous avez exposé dans votre œuvre consciencieuse et documentée, avec la plus grande exactitude et la clarté sans phrases à effets que doit toujours rechercher l'officier d'état-major dans ses écrits techniques.

Je ne saurais trop recommander la lecture de votre livre à nos camarades, appelés à aller continuer la tâche laborieuse et difficile à laquelle nous avons travaillé ensemble pendant plus de trois ans.

Je n'ai qu'un regret, celui que votre retour en France au commencement de cette année, ne vous ait pas permis de continuer jusqu'au mois de mai 1896 l'histoire militaire du Tonkin, celle de la méthode de pacification que j'ai poursuivie et dans l'exécution de laquelle j'ai été si puissamment aidé par les officiers de mon état-major, par vous en particulier, et par les différents commandants des territoires et des cercles militaires. Mais j'espère qu'après avoir lu votre livre, un des officiers supérieurs de mon état-major, qui m'a secondé avec tant de zèle dans l'élaboration du plan de cette dernière campagne et a pris à son exécution une part aussi active que brillante, voudra bien remplir cette lacune.

Croyez, mon cher Chabrol, à mes affectueux et dévoués sentiments.

Général DUCHEMIN,

Ancien commandant en chef des troupes de l'Indo-Chine, de décembre 1892 à mai 1893.

TABLE ANALYTIQUE

—

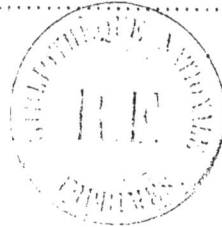

PRÉFACE

1° CONSIDÉRATIONS GÉNÉRALES

La petite guerre que nous faisons au Tonkin contre les pirates est évidemment loin d'avoir l'envergure de la grande guerre européenne; mais si, en raison de cette infériorité dans les proportions, son étude présente un intérêt spéculatif moindre, elle présente, en revanche, pour ceux qui en sont ou en seront les acteurs, l'intérêt pratique d'une chose qui se fait tous les jours. Combien d'entre nous sont venus au Tonkin pour la première fois, avec le bagage insuffisant de l'expérience acquise en guerroyant dans une autre colonie ou simplement de l'étude théorique de la guerre d'Europe! Beaucoup de ceux-là ont dû se former seuls et gagner souvent par de dures écoles la notion de la brousse.

En matière de guerre grande ou petite, les meilleurs enseignements sont ceux qui résultent des faits, autant que possible des faits qu'on a vus et, à défaut de ceux-ci souvent trop peu nombreux, des faits dont on a lu ou entendu le récit. Or, l'histoire militaire du Tonkin depuis la clôture de la conquête proprement dite (signature du traité de paix avec la Chine, 9 juin 1885) est peu connue. Le colonel Frey a raconté en détail sa campagne de Huu-Thuè et le commandant Famin, ses deux colonnes des Ba-Chau et du Caï-Kinh. Ces trois relations sont, à ma connaissance, les seules de l'espèce ayant été livrées à la publicité; on les étudiera avec profit, mais elles ne suffisent pas à donner une idée complète, et sous toutes ses formes si multiples, de la guerre contre les pirates.

Présenter aux camarades qui voudront bien me lire et qui en tireront les conclusions qu'il leur plaira, un certain nombre de faits militaires tonkinois pris au hasard, mais que je me suis attaché toutefois à varier en tant que genre d'opérations, importance de l'effectif employé, date, résultat obtenu, heureux ou malheureux, tel est le but principal que je me propose, et tel sera l'objet de la première partie de ce livre.

Pour permettre de repérer chacun de ces faits, le chapitre fondamental formé de leurs comptes rendus (chapitre III de la 1re partie) sera précédé d'un canevas d'ensemble (chapitre II de la même partie) donnant les grandes lignes de la pacification depuis le 9 juin 1885 jusqu'à une date que j'ai arrêtée au 1er juillet 1895.

En outre, je crois utile et intéressant d'ouvrir cette partie toute historique par un premier chapitre résumant à grands traits l'histoire de l'Annam, et rappelant très brièvement les événements qui ont amené notre intervention en Indo-Chine; le lecteur y trouvera l'explication des noms que l'on entend prononcer à chaque instant au Tonkin : Gia-Long, Minh-Mang, les Le, les Mac, Monseigneur de Béhaine, le colonel Olivier..., etc.

Dans une deuxième partie, j'essaierai de dégager certaines considérations sur la conduite des troupes en les appuyant avant tout sur des faits, et en m'aidant aussi de ce qui a déjà été écrit en la matière. Les ouvrages de ce genre auxquels j'ai surtout fait appel sont ceux du commandant Le Prince (*Étude militaire sur le Tonkin*) (1) et du commandant Famin (*Au Tonkin et sur la frontière du Quang-Si*) (2).

---

(1) *Journal des sciences militaires*, numéros de septembre et novembre 1892.
(2) Imprimerie Challamel, 5, rue Jacob, à Paris.

2° CONSIDÉRATIONS SPÉCIALES A LA DEUXIÈME PARTIE

Les opérations les plus habituelles au Tonkin sont celles que nous appelons *petites opérations de la guerre :*

Surprise ;

Embuscade ;

Défense de convoi ;

Défense de positions ;

Défense des postes.

La première est de beaucoup la plus commune ; c'est la forme presque obligée de l'action offensive isolée des tout petits détachements, dans un pays où la manœuvre est toujours fort difficile et avec un ennemi qui ne tient que lorsque sa position est formidable. Mais elle est peu susceptible de règles fixes ; la réussite d'une surprise est, en effet, beaucoup plus affaire de chance de flair et surtout de renseignements que de dispositions tactiques. Il n'y a donc pas grandes considérations nouvelles à présenter sur ce genre d'opérations, pas plus, d'ailleurs, que sur les quatre autres, qui s'exécutent au Tonkin comme partout ailleurs. Les quelques exemples de la première partie suffiront à leur donner leur couleur particulière d'opérations tonkinoises et, bien qu'elles constituent la besogne à peu près quotidienne des postes, je les laisserai de côté dans la deuxième partie.

Toute différente est l'opération d'ensemble qui est de longue haleine et de gros effectif. Au Tonkin, comme en Europe, en Algérie, au Soudan et ailleurs, elle se décomposera toujours en une série de situations successives ou simultanées se rapportant à un certain nombre de types généraux qui sont :

Marches ;

Croquis indiquant la situation des noms géographiques dans la première partie (Tonkin). — Echelle : 1/2.000.000.

Combats ;

Ravitaillements ;

Évacuations, etc...

Pour chacun de ces types existent forcément certains faits constants d'où découlent certaines règles. Exemples :

1° La marche s'exécute sur d'étroites pistes exigeant la formation en file indienne ; de ce fait constant découlent certaines règles de marche qui, à priori, pour une colonne en file indienne de 7 à 800 hommes suivie de son convoi de coolies, ne peuvent que se rapprocher beaucoup des règles de marche admises sur les routes d'Europe pour les grandes unités de plusieurs milliers d'hommes ;

* 2° Les convois accompagnant les colonnes sont invariablement formés de coolies et chaque coolie porte une charge utile moyenne de 15 kilogrammes ; il en résulte pour les convois les faits constants suivants : leur allongement est encore plus considérable que celui des colonnes ; chaque colonne ne peut marcher que flanquée d'une cohue d'individus souvent recrutés de force, qu'il faut encadrer, surveiller, administrer, soigner, évacuer, remplacer, etc. De ces faits constants découlent encore certaines règles spéciales pour l'organisation et la marche des convois.

L'opération d'ensemble comporte donc des règles et malheureusement ces règles sont peu connues. Nous avons tous été élevés dans les méthodes de la guerre d'Europe, qui ne ressemble en rien à la guerre du Tonkin, parce que, entre autres différences, les éléments de l'une et de l'autre sont profondément dissemblables : ennemis, soldats, terrain, voies de communications, moyens de transport, etc. D'autre part, l'expérience des grosses colonnes qui, maintenant, sont rares, est elle-même peu répandue ; il existe, en effet, nombre d'officiers qui ont accompli au Tonkin leur séjour réglementaires de deux années sans avoir eu l'occasion de participer à l'une d'elles. Or, l'expérience acquise dans les postes en pratiquant journellement les petites opérations énumérées plus haut, n'est pas absolument applicable aux grandes ; elle serait même quelquefois capable de faire naître à leur endroit des idées fausses sur certains points.

Qu'il s'agisse, par exemple, d'exécuter un coup de main sur une bande remisée à une ou deux journées de marche d'un poste, les considérations primordiales sont d'opérer vite et en secret, les considérations de fatigues et de privations à impo-' ser aux hommes sont secondaires ; l'opération ne devant durer que cinq ou six jours, ils se reposeront et mangeront mieux au retour ; on part donc avec le minimum de coolies, on réduit au strict indispensable les bagages et les vivres et on marche jour et nuit. Appliqué à une opération de longue haleine et de gros effectif, le même raisonnement devient faux et sa conclusion dangereuse. Quelque sommaires, en effet, que soient les préparatifs de la mise en route de 4 ou 500 hommes, celle-ci n'en constitue pas moins une opération trop apparente pour qu'on puisse espérer la tenir secrète ; la préci- pitation ne servira donc pas à grand chose ; les considérations de satisfaction complète des besoins des soldats et par consé- quent de complète organisation deviennent, au contraire, les principales ; car il est évident que, pour peu que l'opération dure seulement un mois, elle sera forcément stérile si l'ins- trument dont on dispose est usé au bout de quinze jours.

CHABROL.

Hanoï, 1ᵉʳ janvier 1896.

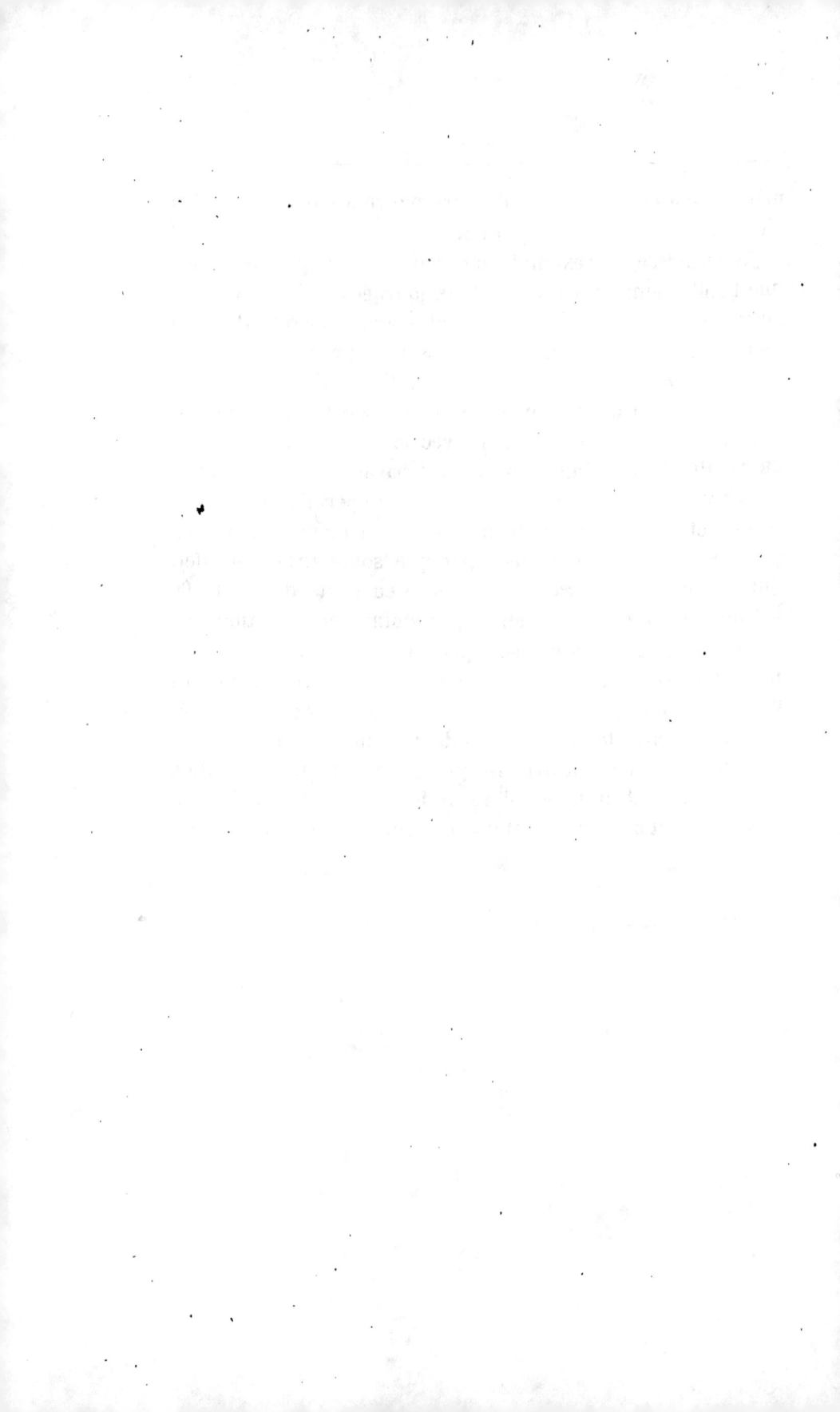

PREMIÈRE PARTIE

DONNÉES HISTORIQUES

I

Grandes lignes de l'histoire d'Annam.

Après une longue période d'indépendance, le pays d'Annam devint et resta, depuis l'année 111 avant Jésus-Christ jusqu'au XVe siècle de notre ère, une province vassale de l'empire chinois. Le joug fut secoué par Le-Loï, qui s'empara de Hanoï en 1427 et fonda l'année suivante la dynastie des Le.

Les Le furent détrônés en 1527 par les Mac, qui régnèrent jusqu'en 1593, date à laquelle la famille Le fut rétablie sur le trône et les Mac relégués vers le nord du royaume dans le petit fief de Caobang, d'où ils disparurent complètement vers 1700. Cette restauration des Le était due à deux serviteurs dévoués et habiles qui formèrent les souches des deux familles Trinh et Nguyen. Leurs descendants, qui prirent dans l'état une influence presque égale à celle du roi, devinrent, avec le titre de Chua (seigneur) de véritables maires du palais héréditaires, les premiers à Hanoï, les seconds à Hué. Cet état de choses dura jusqu'à la révolte des Tray-Son (vers 1775) qui fit table rase des pouvoirs établis.

Au commencement de ce siècle, un Nguyen, aidé de Mgr Pigneau de Béhaine, évêque d'Adran et d'officiers français, dont le plus connu était le colonel Olivier, reconquit tout le royaume, le tira de l'anarchie, et, sous le nom de Gia-Long, fonda en 1802, la dynastie royale des Nguyen, qui règne encore aujourd'hui.

Gia-Long eut pour successeur Minh-Mang (1820-1840), Thieu-Tri (1840-1847) et enfin Tu-Duc (1847-1883), sous le règne duquel se sont produits les événements qui ont fait de l'Indo-Chine ce qu'elle est actuellement.

Ces événements sont :

1° L'intervention française, qui eut pour précurseurs de Béhaine et Olivier, débuta par l'expédition franco-espagnole de Tourane (1858), se continua par la conquête de la Cochinchine (1859-1861) et se termina par l'intervention au Tonkin de Dupuis et de Garnier (1873), suivie de l'établissement de notre protectorat actuel (traité du 6 juin 1884 avec l'Annam);

2° Deux tentatives des Le pour ressaisir le pouvoir.

La première fut faite par un nommé Le-Phung, catholique, qui tenta d'abord d'agir en s'appuyant sur nous. L'amiral Bonnard, gouverneur de la Cochinchine, n'ayant pu lui prêter notre concours, il s'organisa avec ses propres ressources dans les montagnes du Dong-Trieu, se mit en campagne vers 1860, obtint quelques succès, puis fut vaincu et mis à mort en 1865.

L'avènement au pouvoir suprême des Nguyen, anciens seigneurs de Hué, avait eu pour conséquence le triomphe du midi sur le nord et, par suite, un redoublement du sentiment de rivalité entre Annamites du Tonkin et Annamites de l'Annam, sentiment qui se manifesta par un attachement fanatique des premiers pour la famille des anciens rois Le. L'apparition de Garnier avec ses allures brillantes et généreuses, fut accueillie des Tonkinois comme un événement favorable à la dynastie préférée. D'anciens compagnons de Le-Phung vinrent se ranger comme auxiliaires à côté des deux cents Français du petit corps d'occupation; ils furent brutalement licenciés par Philastre et fomentèrent alors une deuxième révolte qui, comme la première, s'organisa dans le Dong-Trieu, sous l'étendard des Le, et fut écrasée par nos propres soldats dans les derniers mois de l'année 1874;

3° L'invasion des anciens Taï-Pings, sous le commandement de leur grand chef Oua-Tsong, en 1865. Ils s'installèrent d'abord dans les provinces du nord et s'étendirent jusqu'au fleuve Rouge, sur la rive gauche duquel ils établirent un camp à Gia-Lam, en face même de Hanoï.

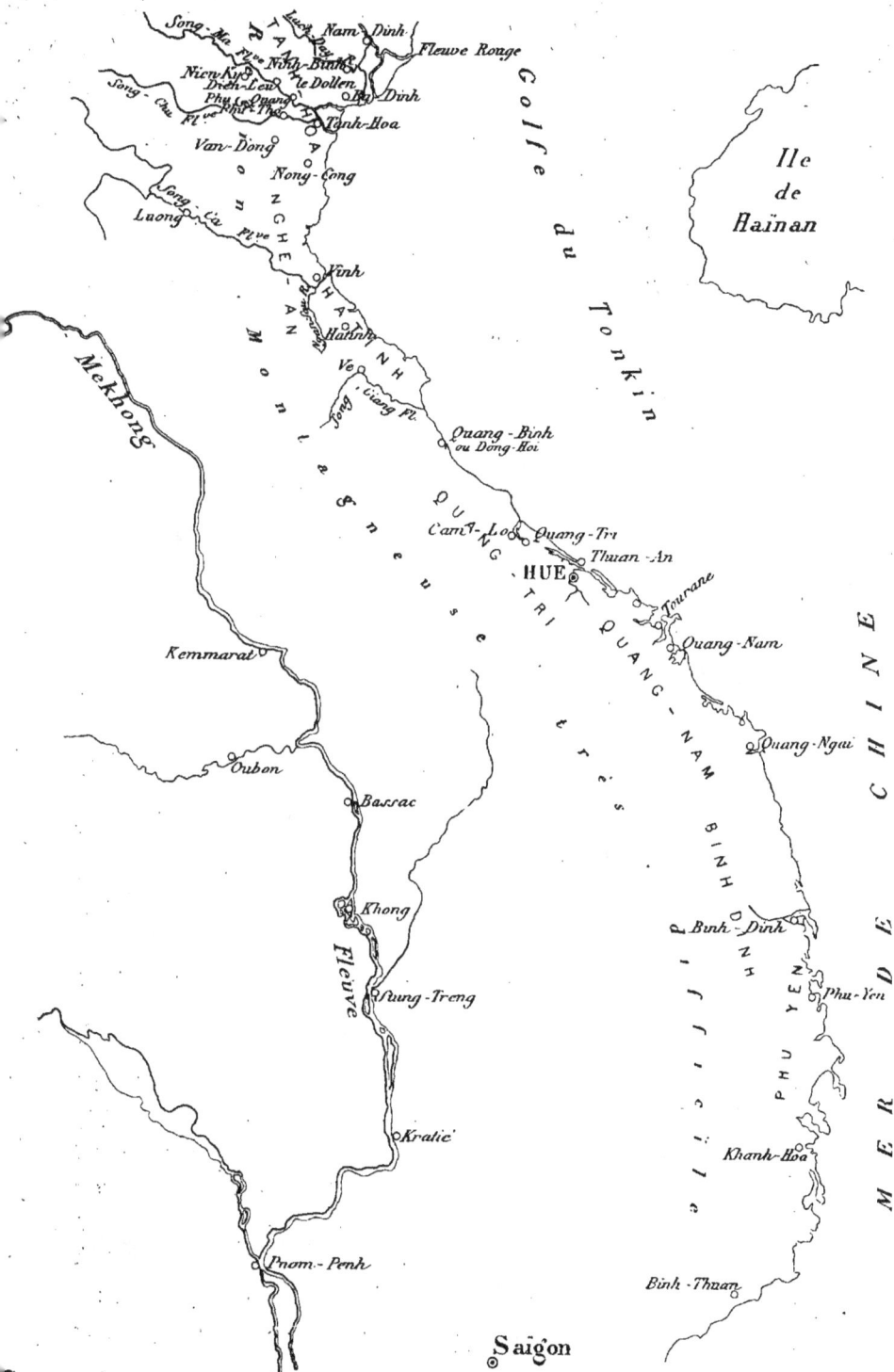

Song-Ma
Nam-Dinh
Fleuve Rouge
Ninh-Binh
Nien-Ky
Dinh-Leu   le Dollen
Phu-Quang   Bi-Dinh
Song-Chu Fl°   Rinh-Tho
Tinh-Hoa
Van-Dong
Nong-Cong
Song-Ca
Luong   Fl°
Vinh
Hatinh
Ve
Song Giang Fl.
Quang-Binh
ou Dong-Hoi
Cam-Lo   Quang-Tri
Thuan-An
HUE
Tourane
Quang-Nam
Quang-Ngai
Kemmarat
Bassac
Oubon
Khong
Binh-Dinh
Phu-Yen
Stung-Treng
Kratié
Khanh-Hoa
Pnom-Penh
Binh-Thuan
Saïgon

Mekong
Fleuve
Montagneuse très

Golfe du Tonkin

Ile de Haïnan

MER DE CHINE

TA FL
A O   N G H E - A N   H A T N H   QUANG-TRI   QUANG-NAM   BINH DINH   PHU YEN   difficile

Croquis indiquant la situation des noms géographiques cités dans la première partie (Annam). — Echelle : 1/4.000.000.

Opér. milit.

3

Tu-Duc commit l'imprudence de demander contre eux l'appui du vice-roi des deux Quangs; celui-ci expédia au Tonkin une armée d'irréguliers qui firent cause commune avec les Taï-Pings, puis des troupes régulières qui descendirent jusqu'à Bac-Ninh, refoulèrent les irréguliers vers les hautes vallées de la rivière Claire et du fleuve Rouge et prirent leur place de parasites dans les provinces du Delta où, tout compte fait, il n'y eut rien de changé.

A ce moment, Oua-Tsong disparut et les anciens Taï-Pings se divisèrent en deux clans :

les Pavillons noirs qui s'installèrent à Laokay sous les ordres de Luu-Vinh-Phuoc ;

les Pavillons jaunes qui montèrent à Ha-Giang avec Hoang-Tsong-In.

Ils devaient exploiter et mettre en commun les revenus douaniers des deux voies fluviales.

Mais, comme le fleuve Rouge rapportait sensiblement plus que la rivière Claire, les Pavillons noirs violèrent la convention et gardèrent pour eux tout le revenu perçu de leur côté. Les Pavillons jaunes qui étaient les plus nombreux, se portèrent sur le fleuve Rouge pour faire la guerre à leurs anciens compagnons et installèrent leur centre d'action à Bao-Ha, où Dupuis les trouva en 1870, quand il descendit pour la première fois le fleuve Rouge.

Dans la suite, les Pavillons noirs s'allièrent avec le prince Hoang-Ke-Vien qui commandait l'armée annamite de Sontay et de Hong-Hoa; les Pavillons jaunes furent pris entre deux feux et obligés d'évacuer la vallée du fleuve Rouge. Ils se réfugièrent dans la haute rivière Noire et sur le Song-Ma (1873) d'où les tira, en 1889, le lieutenant-colonel Pennequin, pour les ramener pacifiquement en Chine. C'est par l'effet de ces événements que Luu-Vinh-Phuoc s'étendit vers Hong-Hoa et Sontay et que nous nous trouvâmes en face de ses soldats à Thu-Le (21 décembre 1883; mort de Garnier et de Balny), au Cau-Giay (19 mai 1883, mort de Rivière) et à Sontay (19 novembre 1883).

II

Résumé historique du 9 juin 1885 au 1er juillet 1895.

1° PRÉAMBULE

Les traités du 6 juin 1884 et du 9 juin 1885 avaient établi nos droits sur les territoires qui composent la partie annamite de notre empire d'Indo-Chine. Les campagnes de 1883, 1884 et 1885 avaient eu pour effet de nous mettre en possession du Delta et d'en éliminer, en tant qu'intervention ouverte, l'armée régulière chinoise; la paix signée, nous avions encore à prendre possession du reste et à pacifier le tout.

L'ensemble de cette tâche peut être classé comme il suit :
Pacification du Delta tonkinois;
Pacification de l'Annam;
Prise de possession de la région montagneuse;
Sa pacification.

2° PACIFICATION DU DELTA TONKINOIS

1re Phase. — En juin 1885, l'insurrection du Delta était générale, la première phase de la pacification fut donc une ère de grosses colonnes mises en mouvement un peu dans tous les sens.

Colonnes de Négrier et Donnier dans le Bay-Say (octobre et novembre 1885).

Colonnes Mourlan entre le fleuve Rouge et le Day au nord du canal de Phu-Ly (novembre 1885).

Colonnes Braccini et Munier dans le bas Delta entre le canal des Bambous, le Tra-Ly, le Cua-Thaï-Binh et la mer (décembre 1885).

Colonne Nény dans le Phu-Nam-Sac (novembre 1885).

Colonne Falcon-Faure contre le Doc-Tick à Traï-Son (décembre 1885).

2º PHASE. — Avec l'année 1886, nous entrons dans une deuxième phase. Les grosses colonnes ont produit leur effet ; partout, sauf dans la région comprise entre Hanoï Hong-Yen et Haï-Dzuong et spécialement dans la partie appelée Bay-Say, qui confine au fleuve Rouge, l'effervescence est à peu près complètement calmée. Les colonnes continuent donc à parcourir le quadrilatère formé par le Thaï-Binh, le fleuve Rouge, le canal des Bambous et le canal des Rapides. [Colonnes Rouchaud et Fouquet (février 1886), de Bellemare (février 1886), Bazinet (novembre 1886), Pyot (février 1887).]

Elles arrivèrent peu à peu à réduire la rébellion et à la localiser dans les environs de Haï-Dzuong (chef Doc-Tick).

3º PHASE. — Une troisième phase commence en 1888. Elle est caractérisée :

1º Par l'apparition d'un nouveau chef, le Doï-Van, qui bouleversa les environs du canal des Rapides (massacre du détachement Tessandier-Laubarède à Quan-Bo, 23 juillet 1888) et contre lequel furent envoyées successivement les colonnes Spitzer (août 1888), Montguillot (novembre) et Servière (décembre);

2º Par la substitution à l'action militaire pure et simple, de l'action politique des fonctionnaires civils français et annamites appuyés de leurs miliciens.

La théorie de cette substitution reposait sur l'avantage qu'il pouvait y avoir, les grosses résistances étant rompues, à mettre en action une force plus faible, il est vrai, et beaucoup moins bien organisée, mais essentiellement en contact avec la population, au lieu de la force armée régulière étrangère au pays, et condamnée par suite à agir à l'aveuglette. Comme conséquence de cette manière de voir, les postes de la province de Haï-Dzuong, évacués en avril 1888 par l'armée régulière, sur la demande de M. Neyret, résident de la province, furent passés à la garde civile, et, le 25 février 1889, le Tong-Doc (1) Hoang-Cao-Caï quittait Haï-Dzuong à la tête d'une colonne de police qui devait parcourir le pays jusqu'à pacification complète.

L'application de cette théorie ne se fit pas sans déboires. Le 21 avril, 4 jours après son passage à la garde civile, le poste de Yen-Leou était attaqué, enlevé et incendié par le Doc-Tick ; le 8 juin suivant, le résident échouait avec des pertes sensibles devant la position de Traï-Son, la même qu'avaient enlevée et nettoyée en décembre 1885, le capitaine Falcon et le commandant Faure ; enfin, le 12 février 1889, la colonne du Tong-Doc, vigoureusement attaquée par le Doï-Van, aux environs des pins parasols (près de Bac-Ninh), devait être dégagée par le capitaine Pariguet.

Elle finit néanmoins par atteindre le but et amena les soumissions du Doï-Van (2) et du Doc-Tick, la première en mai 1889, la seconde en août.

---

(1) Le souverain de l'empire d'Annam est le roi (vua), qui a au Tonkin un vice-roi appelé Kinh-Luoc et charge de temps en temps de missions particulières des sortes de *missi dominici* appelés Kam-Saï.

Les provinces annamites sont administrées, savoir :

1° les provinces de premier ordre par un Tong-Doc assisté de deux mandarins : Quan-Bo (ou Bo-Chanh) (finances, force armée), Quan-An (ou An-Sat) (justice) ;

2° les provinces de deuxième ordre par un Tuan-Phu, assisté des deux mêmes mandarins ;

3° les provinces de troisième ordre par le Quan-Bo, assisté du Quan-An ;

4°. les provinces de quatrième ordre par un Quan-Dao, qui dirige directement les finances, la force armée et la justice.

(2) Les désignations de *caï, doï, doc, de, de-doc*, que l'on retrouve à chaque instant dans l'histoire militaire du Tonkin, appliquées à des chefs pirates, sont des désignations annamites de grades militaires. *Caï* correspond à peu près à notre mot *capitaine;* l'appellation *doï* correspond à un rang plus élevé (*officier supérieur*, par exemple) ; enfin les titres de *de, doc, de-doc* correspondent au grand chef et se-

Le Doï-Van resta fidèle pendant six mois, puis fit défection, se retira dans le Yen-The, y fut pourchassé par les colonnes Picquet et Dumont, finit par se rendre et fut exécuté à Hanoï le 7 novembre 1889.

PHASE COMPLÉMENTAIRE. — A la fin de l'année 1889, les éléments rebelles propres du Delta étaient détruits; pour que sa pacification fût définitive, elle devait être complétée par le nettoyage de ses abords immédiats. Le lieutenant-colonel Terillon opéra celui de la lisière nord en refoulant du Dong-Trieu les bandes de Luu-Ky (1891-1892), et le lieutenant-colonel Pennequin celui de la lisière nord-ouest en faisant disparaître le Doc-Ngu, qui fut assassiné le 7 août 1892 et le De-Kieu, qui se soumit le 3 décembre suivant.

Sur la lisière du nord-ouest existent encore (1) pour le Delta deux points menaçants : le Yen-The soumis au De-Tham et les montagnes du Nui-Tam-Dao qui servent de refuge à de petites bandes dont le centre d'influence est Chochu, où règne encore aujourd'hui le chef chinois Luong-Tam-Ky.

3° PACIFICATION DE L'ANNAM

GUET-APENS DE HUÉ. — L'insurrection d'Annam débuta par le guet-apens de Hué. Pendant la nuit du 4 au 5 juillet 1885, le général de Courcy, qui s'était rendu à Hué pour y présenter ses lettres de créance, y fut attaqué par des forces très supé-

---

raient traduisibles, par notre mot *général*. Ajoutons à ces titres militaires ceux de Lanh-Binh et de Quan-Phong, que les pirates s'attribuent moins fréquemment et qui désignent, dans la hiérarchie militaire annamite, des titulaires du mandarinat militaire.

Les pirates chinois ont des appellations différentes; ils décorent du nom de Ta-Jen leurs chefs supérieurs et de celui de Ta-Lao-Jiè leurs chefs subalternes. Ces deux titres sont des titres chinois aussi bien civils que militaires; le premier se traduirait assez bien par notre mot français *excellence*, et le second par le mot anglais *sir*.

Les deux mots *caï* et *doï* sont détournés de leurs sens primitifs lorsque nous les appliquons au caporal et au sergent indigènes.

(1) A la date du 1ᵉʳ juillet 1895.

rieures qu'il parvint à repousser. Le lendemain, le roi Ham-Nhi (1) et son ministre Tuyet, principal instigateur du complot, étaient en fuite vers le Quang-Tri. Ils se réfugièrent d'abord à Cam-Lo, puis dans la haute vallée du Song-Giang, d'où Tuyet dirigea l'insurrection, qui ne tarda pas à devenir générale.

Des troupes furent aussitôt jetées dans toutes les citadelles de la côte, points d'appui d'où elles rayonnèrent jusqu'au moment où l'insurrection, après avoir décru peu à peu, s'éteignit une première fois par suite de la capture du roi Ham-Nhi (novembre 1889).

Colonnes dans les provinces du sud. — Les principales colonnes furent au sud de Hué :

1° Dans le Binh-Dinh et le Phu-Yen, les colonnes Prudhomme (août-septembre 1885), Dumas (juillet 1886), Dumas et Chevreux (février 1887);

2° Dans le Quang-Nam, les colonnes Cardot (décembre 1885) et Boilève (octobre 1886).

Colonnes dans les provinces du nord. — *Colonne d'Annam.* — Au nord, les garnisons de Tanh-Hoa, Vinh, Hattinh et Dong-Hoï ne tardèrent pas à être reconnues insuffisantes. On imagina alors d'organiser au Tonkin une grosse colonne qui, sous le commandement du commandant Mignot, suivit la côte du nord au sud et, s'arrêtant un certain temps dans chaque citadelle, permit de frapper successivement un coup sérieux dans l'étendue de chaque commandement.

Cette colonne, dite colonne de l'Annam, partit de Ninh-Binh le 17 novembre 1885. Elle fit, du 25 novembre au 5 décembre, dans la citadelle du Tanh-Hoa, un premier séjour, qui

_____

(1) Tu-Duc avait eu pour successeurs les rois Dzuc-Duc, Hiep-Hoa et Kieu-Phuc, qui occupèrent le trône de 1883 à 1885, date de l'avènement du roi Ham-Nhi. Ham-Nhi fut remplacé au moment de sa fuite par Dong-Kanh et Dong-Kanh, en 1889, par Than-Thaï, le roi actuel.

permit au lieutenant-colonel Boilève d'aller détruire sur le Song-Ma le repaire de Dien-Leu, où se tenait le chef Caï-Mao.

Le 15, elle arriva à Vinh et y détermina la mise en mouvement vers le haut Song-Ca et vers le haut Ngan-Sau de plusieurs petites colonnes (colonnes Planhol, Hugot, Camus, Pelletier, Grégoire et Baudard). Les cinq dernières eurent pour théâtre la vallée du Ngan-Sau; elles furent suivies d'opérations plus importantes conduites par le lieutenant-colonel Metzinger, qui vint s'installer à Ve, et qui, de là, fit battre la montagne par des détachements légers.

Ces diverses colonnes, qui avaient la plupart pour objectif la retraite même du roi Ham-Nhi et de Tuyet, furent organisées surtout avec les ressources de la colonne de l'Annam, dont une partie minime arriva à Hue le 20 mars. Elles durent être interrompues par la nécessité de renforcer les troupes du Tonkin et du Tanh-Hoa.

Premières affaires du Tanh-Hoa. — Pendant ce temps-là, dans le Tanh-Hoa, le Caï-Mao rétablissait son repaire de Dien-Leu; puis au mois de février 1886, sous l'impulsion du De-Shoan, la rébellion gagnait la plaine et allait bientôt se transformer en une véritable guerre.

Les trois provinces de Tanh-Hoa, Nghe-An et Ha-Tinh, placées sous le commandement du lieutenant-colonel Metzinger, furent alors rattachées à la 1re division du Tonkin (1), et le

---

(1) L'organisation militaire primitive de l'Indo-Chine consistait en un corps expéditionnaire à deux divisions (Hanoï, Haïphong), de deux brigades chacune (Sontay, Hanoï, Phu-Lang-Thuong, Dapcau).

En 1886, le corps a été remplacé par une division d'occupation à trois brigades (Sontay, Dapcau, Hue), et l'ensemble du territoire divisé en régions militaires dont le nombre a sans cesse varié. En principe, dans celles de ces régions qui n'étaient pas pacifiées, les deux pouvoirs civil et militaire étaient réunis entre les mains de l'officier commandant la région; dans les autres, cet officier ne conservait que ses attributions militaires.

Cette organisation a subi une série de modifications de détail, qui l'ont peu à peu complètement transformée. D'abord, une des conséquences de l'union indo-chinoise (décret du 17 octobre 1887), a été la réunion de la brigade de Cochinchine aux trois autres de l'Annam et du Tonkin en un tout qui a pris le nom de

pays sillonné de colonnes mobiles (colonnes Dodds, Metzinger et Terillon).

Mais Tuyet avait décidé de jouer sa dernière carte au Tanh-Hoa. Il s'était rendu en Chine au mois d'octobre 1886 et en avait ramené, par le Yunnan et le Song-Ma, des bandes chinoises de guerriers bien armés.

Les insurgés installèrent en pleine rizière, à Ba-Dinh, une véritable forteresse, qui, après deux échecs (18 décembre 1886 et 6 janvier 1887), dut être l'objet d'opérations de siège, dont la direction fut confiée au colonel Brissaud. La place fut occupée le 20 et sa conquête complétée par l'action de colonnes lancées immédiatement sur les traces des fugitifs [colonnes du Dollen (26-31 janvier), combat de Macao (2 février).]

Le De-Shoan et le Caï-Mao furent refoulés vers leurs anciens campements de Dien-Leu et de là vers Nienky, d'où le lieutenant-colonel Metzinger les chassa le 11 août 1887.

Fin de l'insurrection. — *Capture du roi Ham-Nhi.* — Après l'échec de Nienky, le De-Shoan rejoignit le chef Nhe-On sur le haut Song-Ca, à l'ouest de notre poste de Luong. Le commandant Anglade vint l'attaquer et le battit en avril et mai 1887.

C'est à peu près à ce moment que, sous l'influence des

---

troupes de l'Indo-Chine. Puis l'Annam a été complètement évacué par l'armée régulière et la brigade ainsi que les régions militaires d'Annam supprimées. Enfin, changement qui, pour être latent, n'en a pas été moins important, on s'est insensiblement écarté du principe de réunion entre les mains de l'autorité militaire des deux pouvoirs administratif et militaire dans les régions troublées, et en 1891, l'administration de tout le territoire, jusque sur les frontières les plus éloignées et les plus piratées, était uniformément confiée aux résidents civils, à côté desquels fonctionnaient parallèlement les commandants militaires des régions.

Ce dernier état de choses eut pour conséquence un dualisme d'attributions des plus fâcheux dans toutes les contrées tenues par la grande piraterie, dont la répression dépassait les forces de la garde civile et exigeait l'intervention de l'armée régulière. M. de Lanessan, gouverneur général, y mit fin en créant les territoires militaires (arrêtés des 6 et 20 août 1891) et en séparant ainsi bien catégoriquement le lot des administrateurs civils (provinces tranquilles et petite piraterie) et le lot des administrateurs militaires (frontières et grande piraterie).

Enfin, le 1er janvier 1893, furent supprimées les brigades, sauf toutefois la brigade de Cochinchine.

efforts réitérés de nos troupes et des colonnes de police, dont la principale fut celle du roi Dong-Kanh dans le Quang-Tri (juin 1886-juillet 1887) l'insurrection se mit à décroître peu à peu. Lassés de cette interminable lutte, les habitants commencèrent à se rapprocher de nous et un certain nombre de chefs importants furent livrés, pris, ou se soumirent. Battu et isolé par suite de la capture de Nhe-On (due au sous-lieutenant Bulleux), le De-Shoan remonta à Nienky, d'où le chassèrent une deuxième fois le commandant Helleboid et le capitaine Pascal (novembre 1887).

Dans les premiers mois de l'année 1889, l'Annam était devenu tranquille, sauf dans la vallée du Song-Giang où Ham-Nhi et Tuyet étaient cachés. Une colonne y fut dirigée en février et mars 1888 sous le commandement du lieutenant-colonel Callet; mais la retraite du roi resta introuvable, la colonne dut se replier et se borner à installer un certain nombre de postes dans le pays, qui fut érigé en cercle militaire.

Enfin, en novembre 1889, le capitaine Boulangier, commandant de ce cercle et le lieutenant Lagarrue, après plusieurs mois de recherches habiles et patientes, réussirent à s'emparer du roi, qui fut transféré à Hué, puis interné en Algérie.

DEUXIÈMES AFFAIRES DU TANH-HOA. — Après la capture du roi Ham-Nhi, Tuyet s'était réfugié en Chine.

En octobre 1889, tout en opérant contre nous la coalition des bandes de la province de Caobang, ainsi probablement que l'entrée en campagne du De-Kieu et du Doc-Ngu, sur le fleuve Rouge, il parvint à rallumer par l'intermédiaire du Dé-Shoan la rébellion du Tanh-Hoa. Le chef montagnard Cam-Ba-Thuoc fit défection, se retira à Van-Dong, et, le 8 octobre 1889, tendit aux troupes du poste de Nong-Cong une embuscade meurtrière qui coûta la vie au lieutenant Marfond. On envoya successivement contre lui trois colonnes :

1° La colonne Barberet, qui lui donna la chasse du 22 octobre au 9 novembre 1889;

2° La colonne Lefebvre, qui eut le 30 novembre et le 1er décembre, dans les environs de la position de Van-Laï, où s'étaient reformés les rebelles, deux dures affaires, à la deuxième desquelles fut blessé le lieutenant-colonel Lefebvre ;

3° La colonne Lochert-Jorna de Lacale, qui força Cam-Ba-Thuoc à évacuer Van-Laï, dispersa ses contingents à Lang-Kem (1er janvier 1890) et rentra à Tanh-Hoa le 18, après avoir laissé un poste à Yen-Luoc.

C'est après ces dernières opérations que l'Annam fut complètement évacué par les troupes régulières (1), sauf quelques compagnies laissées à Hué, Thuan-An et Tourane.

4° PRISE DE POSSESSION DES RÉGIONS MONTAGNEUSES

La prise de possession des régions montagneuses s'est effectuée de proche en proche le long des six voies de communication principales qui rayonnent du Delta tonkinois vers les frontières :

Littoral de l'archipel d'Along ;

Route de Langson ;

Route de Caobang, par le Song-Cau ;

Rivière Claire ;

Fleuve Rouge ;

Rivière Noire.

Elle a commencé à peu près en même temps sur les six. Sur la route de Caobang, par le Song-Cau, elle s'est pendant longtemps arrêtée à hauteur de Chomoï qu'elle n'a dépassé qu'en avril 1895. Elle s'est continuée sur les autres ; la voie

---

(1) Nous avons clos aux premiers mois de l'année 1890 le résumé des événements militaires d'Annam faute de documents. On s'y est encore battu depuis cette époque, mais la garde civile seule y a été engagée.

Le résumé que nous avons donné suffit du reste au but tout technique que nous nous proposons, en permettant de repérer Ba-Dinh et Macao.

de la rivière Noire nous a menés au Song-Ma; les quatre autres nous ont menés à la frontière chinoise, où nous avons dû nous arrêter, mais le long de laquelle nous avons progressé, tendant à nous relier entre cheminements voisins.

LITTORAL DE L'ARCHIPEL D'ALONG. — Notre marche vers Moncay, le long du littoral, a été une occupation successive de postes, sans autre épisode sanglant remarquable que l'assassinat de la mission civile Haïtce, envoyée à Moncay dans l'espoir d'y régler pacifiquement la délimitation des frontières sino-annamites (25 novembre 1885).

L'île de la Cac-Ba, les points d'Ac-Koï et de Tien-Yen avaient été occupés par le capitaine de vaisseau de Beaumont, commandant la division navale de janvier à juillet 1886; Moncay le fut en décembre suivant, après les événements du 25 novembre, par le lieutenant-colonel Dugenne.

Il y avait dans cette région deux territoires-frontière contestés : la presqu'île de Paklung et la plaine de Hoang-Mo. Le lieutenant-colonel Dugenne fit occuper, en janvier 1887, la première qu'il évacua en juillet, sur l'ordre du gouvernement et qui fut définitivement abandonnée à la Chine; il occupa la seconde en décembre.

Enfin, en janvier 1888, fut installé sur la route de Tien-Yen à Langson, le poste intermédiaire de Dinh-Lap, liaison qui a été complétée depuis par ceux de Keoko (novembre 1891), Napeo (même époque), Na-Dzuong (janvier 1893). Sur cette route existait déjà depuis 1886 le poste de Dongbut, fondé après une chasse que le commandant Servière donna dans les monts Mauson à une bande chinoise qui venait de piller Than-Moï.

ROUTE DE LANGSON. — La route que la colonne de Négrier avait suivie par le Loch-Nam et Than-Moï avait été réoccupée jusqu'à ce dernier point. C'est de là qu'en décembre 1885, partit la commission de délimitation des frontières sino-annamites, qu'escortait une colonne placée sous les ordres du commandant Servière.

Langson fut réoccupé le 18 décembre 1885. Aussitôt après, le commandant Servière commença vers le nord-ouest en suivant la frontière, le mouvement de progression qui, jusqu'à Bao-Lac, comporta trois étapes :

1° Occupation de Dong-Dang (20 décembre 1885) et de That-Khe (23 du même mois) par le commandant Servière;

2° Occupation de Caobang, le 30 octobre 1886, par le général Mensier, complétée par l'installation à laquelle procéda le lieutenant-colonel Servière, des postes de Nuoc-Haï et Mo-Xat (janvier 1887), Tra-Linh (même mois), Phuc-Hoa (juillet de la même année), Trung-Kanh-Phu (octobre 1887);

3° Expédition des lacs Ba-Be, dirigée par le lieutenant-colonel Servière, qui partit de Moxat et fonda le poste de Bao-Lac après avoir culbuté, à Bo-Gia (21 décembre 1887), les partisans du chef chinois La-Hoan-Dong. La colonne redescendit ensuite vers les lacs Ba-Be, après avoir laissé un poste à Bac-Me et fit sa jonction près de la caverne de Pong avec la colonne Michaud, partie de Chiem-Hoa. Elle rentra ensuite à Caobang, en passant par Cho-Ra où le lieutenant-colonel Servière reçut la soumission d'un autre chef chinois appelé A-Coc-Thuong (1).

Dès le mois de décembre 1887, il avait été décidé que le ravitaillement de Langson se ferait par Phu-Lang-Thuong et on s'était mis au travail pour élargir la route mandarine qui fut rendue accessible aux charrois dans le courant de l'année 1886. Puis fut commencé sur cette même direction un chemin de fer à voie étroite qui a été inauguré dans les derniers jours de décembre 1894.

ROUTE DE CAOBANG PAR LE SONG-CAU. — Sur le Song-

---

(1) A-Coc-Thuong, qui a fait défection, occupe aujourd'hui le Dong-Quang, pays compris entre Bao-Lac, Ha-Giang et la frontière et occupé autrefois par La-Hoan-Dong, qui a été assassiné vers la fin de 1888 et dont A-Coc-Thuong, alors soumissionnaire, est allé prendre la succession.

Cau, l'occupation avait été poussée jusqu'à Thaï-Nguyen, déjà du temps de la conquête. Le poste de Huong-Son fut établi sur le Song-Con en décembre 1885, après les colonnes du colonel Mourlan sur Phu-Lay et Aï-Lieu. Mais cette installation nouvelle, pas plus du reste que les nombreuses battues qui suivirent, n'empêchèrent le Nui-Tam-Dao de rester, pour l'exploitation du Delta, la position avancée des bandes de Chomoï et de Chochu, dont le refoulement exigeait un gros effort.

Ce gros effort ne fut donné qu'en 1889 par le général Borgnis-Desbordes, qui s'empara le 17 janvier de Chomoï et le 2 février de Chochu. Le chef de Chomoï, Bakky se retira à Ke-Thuong et le chef de Chochu, Luong-Tam-Ky, à Linh-Danh ; on ne poursuivit pas plus loin l'occupation de ce côté, on rendit même Chochu à Luong-Tam-Ky en 1890 et, à partir de cette même date, on observa à l'égard des deux chefs une sorte de trêve qui ne fut rompue avec Bakky qu'en avril 1895.

Au début de l'année 1895, l'œuvre de pacification et d'organisation du colonel Galliéni, œuvre dont il sera parlé plus loin, était parvenue jusqu'aux limites du domaine toléré à Bakky ; nous occupions, en le tenant complètement, tout le pays compris entre la frontière du Quang-Si et la ligne Bo-Gaï, Nguyen-Binh, Cho-Ra, Tong-Hoa-Phu, Nari, etc. ; les bandes de Ke-Thuong interceptaient seules encore la route directe de Thaï-Nguyen à Caobang. Un attentat commis le 23 février sur deux Français par des gens de Bakky amena des représailles, dont le résultat fut d'achever le déblaiement de cette grande artère ; le 24 avril 1895, le colonel Galliéni chassait Bakky de Ke-Thuong et reliait Chomoï à Tong-Hoa-Phu et Caobang.

RIVIÈRE CLAIRE. — Au moment de la signature du traité de paix avec la Chine, notre occupation de la rivière Claire se limitait à Tuyen-Quang.

En mai 1886, le commandant Bergounioux occupa Bac-Muc, Vinh-Thuy et Chiem-Hoa. En octobre, on poussa jusqu'à Bac-Quang. Enfin, en décembre, le lieutenant Sensarric, parti

de ce dernier poste, hasarda une reconnaissance très auda-
cieuse jusqu'à Ha-Giang, qui fut occupé le 1er septembre 1887
par le capitaine Perreaux.

Vers l'est, le poste de Bac-Me, reliant Ha-Giang à Bao-Lac,
avait été fondé en décembre 1887, à la suite de la colonne des
Ba-Be.

Vers l'ouest, entre Ha-Giang et Laokay, il exista pendant
longtemps une grosse solution de continuité au nord de laquelle s'élevaient les positions de Hoang-Si-Phi (ou Hoang-
Tu-Bi). L'installation du poste de Yen-Binh-Xa (septembre
1887) supprimé depuis et rétabli dans les derniers mois de
l'année 1893, fut un premier pas vers ces régions lointaines
qui excitèrent pendant longtemps la curiosité aventureuse de
nos officiers [reconnaissances Sensarric (mars 1887), Jean
Boudin (mai 1888), Lamary (août 1888)], mais qui ne furent
occupées qu'au mois de mars 1894 par le colonel Servière.

FLEUVE ROUGE. — La conquête du cours du fleuve Rouge a
été le fruit de trois expéditions successives, savoir :

Than-Maï (octobre 1885), par le général Jamont ;

Than-Quan (février 1886), par le général Jamais ;

Laokay (mai 1886), par le colonel de Maussion.

Les deux premières ont été dirigées contre le Bo-Giap, qui,
après avoir été expulsé de Than-Quan, prit position sur le
flanc de notre ligne d'étape du fleuve Rouge dans le huyen
d'An-Lap.

Une partie des bandes resta avec lui, le reste remonta le
fleuve Rouge et vint se grouper autour du chef Dieu-Van-Tri,
qui, jusqu'en 1889, fut notre ennemi acharné dans les deux
hautes vallées du fleuve Rouge et de la rivière Noire.

La progression vers le sud-ouest, le long de la frontière,
commença au début de l'année 1887, sous la direction du commandant Pelletier qui, le 1er février, occupa Phuong-Tho,
d'où il fit rayonner ensuite des colonnes volantes (combats
de Pa-Ha et de Bat-Lieou, 11 et 17 février 1887).

Elle fut continuée en janvier 1888 par le colonel Pernot qui se porta de Phong-Tho à Dien-Bien-Phu, où il arriva le 26, après avoir bousculé les partisans de Dieu-Van-Tri le 9, à Bach-Tan-Traï, et le 13 à Chinh-Nua. La colonne rejoignit ensuite, à Son-La, une deuxième colonne partie de Bao-Ha sous les ordres du commandant Oudri et revint avec elle sur le fleuve Rouge.

L'expédition de Dien-Bien-Phu eut pour résultat la proclamation officielle de nos droits sur les vallées de la rivière Noire et du Song-Ma, acte qui fut sanctionné le 12 décembre 1888 par M. Pavie, consul de France à Luang-Prabang et le général siamois Phia-Surissa. Mais Dien-Bien-Phu ne fut occupé d'une façon effective que le 21 décembre par le commandant Pennequin, à qui venait d'être confiée la direction administrative et militaire de la région de Son-La.

RIVIÈRE NOIRE. — La rivière Noire n'est facilement navigable que jusqu'au barrage de Hao-Trang, appelé aujourd'hui barrage de Cho-Bo. Malgré les travaux d'aménagement dont a été l'objet ce barrage, elle n'a jamais constitué qu'une voie de communication médiocre pour les régions de Son-La et de Laï-Chau dont les voies de communication naturelles sont plutôt par le fleuve Rouge :

la route d'Yen-Luong à Vanbu :

la route de Bao-Ha à Vanbu, par Tanh-Huyen ;

la route de Ba-Xat à Laï-Chau et Dien-Bien-Phu, par Phong-Tho.

Notre installation sur le cours inférieur de la rivière Noire eut donc bien plutôt pour objet la liaison avec la vallée du Song-Ma et l'interception de la grande ligne d'étapes par laquelle Tuyet communiquait du Tanh-Hoa vers la Chine.

Nous avions déjà pris pied, pendant les premiers mois de l'année 1885, à l'entrée de la rivière Noire par notre poste de Bat-Bach. En septembre suivant, la canonnière *Eclair*, portant à son bord la compagnie Polère, remonta le cours d'eau jusqu'au barrage ; puis le commandant Jorna de Lacale occupa la partie comprise entre Cho-Bo et Bat-Bach par les postes de Cho-Bo, Phuong-Lam et Tuvu. La liaison avec la vallée du Song-Ma fut assurée définitivement en 1887 par le général Brissaud, qui fonda les postes de Maï-Chau et de Phu-Le et renforça tout le système en occupant, sur la rive gauche, l'important nœud de communication d'Yen-Lang.

5° PACIFICATION DES RÉGIONS MONTAGNEUSES

L'installation, qui vient d'être esquissée, d'un réseau de postes placés aux points stratégiques, ne nous rendit pas, ainsi que nous l'avions peut-être espéré, maîtres du pays. Elle ne fut, comme pour le Delta, du reste, que le prélude d'une deuxième œuvre plus longue, d'ordre à la fois politique et militaire, que l'on peut appeler la pacification proprement dite. Cette œuvre a suivi lentement son cours avec des alternatives d'accélération, de ralentissement et même de rétrogradation, résultant du plus ou moins d'esprit de suite dans la direction d'ensemble, qui, malheureusement, a trop souvent changé, résultant également du plus ou moins de valeur des exécutants. Comme nous le verrons plus loin, elle n'était pas encore complètement terminée le 1er juillet 1895, date à laquelle a été clos ce résumé.

Classification des bandes.

ÉTAT DES POPULATIONS DE LA MONTAGNE. — Dans la montagne, la pacification n'a pas consisté, comme dans le Delta, à réduire une population soulevée, mais à en éliminer l'élément parasite chinois. La population des montagnes tonkinoises (1), véritable mosaïque de races différentes, ennemies

(1) Le delta du Tonkin, ceux de l'Annam et de la Cochinchine sont uniformément peuplés d'Annamites divisés en deux catégories :
1° Le peuple tonkinois, qui, depuis l'avènement des Nguyen, forme une annexe de l'Annam, mais qui n'en est pas moins le peuple origine de toute la race ;
2° Le peuple annamite proprement dit (Annam et Cochinchine) qui n'est qu'une

et juxtaposées, sans la moindre fusion, est fatalement condamnée à toujours avoir un maître; au moment de notre invasion, ce maître était le Chinois, maître peu aimé, auquel nous nous substituons peu à peu, et la population elle-même nous aide volontiers à cette substitution, dès qu'elle a compris qu'elle y a intérêt.

Le parasite chinois est originaire du Quang-Tong et du Quang-Si ; il provient d'une population de sac et de corde vivant dans ces deux provinces et que ne produit pas le Yunnan, dont l'aborigène, au contraire, est très paisible et ne s'expatrie pas. Cette population, qui ne connaît d'autre instrument de travail que le fusil, est la source commune du recrutement des armées chinoises de la frontière (y compris l'armée du Yunnan) et des bandes chinoises du Tonkin.

On peut faire de celles-ci une classification basée sur le plus ou moins d'éloignement des deux Quangs (1).

1ʳᵉ ET 2ᵉ CATÉGORIES DE BANDES CHINOISES. — Quand la bande est de faible effectif, elle ne quitte pas son pays d'attache, s'installe en territoire chinois, tout près de la frontière protégée par elle, et ne fait que de petits coups dans les environs.

Quand elle est un peu plus forte, elle étend quelquefois ses opérations en installant au Tonkin un ou plusieurs repaires provisoires, qu'elle abandonne le plus souvent pour se réfu-

---

colonie engendrée par le peuple tonkinois et qui, par un revirement des choses, est devenu dans la suite le peuple principal.

La région montagneuse est peuplée, au contraire, d'une multitude de races différentes entre elles et n'ayant aucun lien de parenté, ni avec les Annamites, ni avec les Cambodgiens, ni avec les Chinois. La principale de ces races est la race thaï, qui vient de l'ouest et aurait, dit-on, une origine aryenne ; la langue thaï se parle avec des différences plus ou moins profondes de Bang-Kok à Caobang. Les autres sont les Muongs, les Mans, les Meos, les Nungs, etc. Tous sont appelés, par nous, Muongs, fort improprement du reste, et par les Annamites, Mois (sauvages). Dans la région Langson - Caobang - Chomoi, les thaïs sont appelés thos.

(1) Cette classification n'est pas contraire à celle que donne le commandant Le Prince ; elle est seulement plus générale en permettant d'y comprendre les bandes de la frontière des deux Quangs et celles du fleuve Rouge.

gier en Chine dès qu'elle y est attaquée en force. Cette deuxième catégorie de bandes fait en outre, généralement, le métier de convoyeurs intermédiaires entre les négociants des deux Quangs et les grands chefs chinois installés sur notre territoire.

Ces deux premières catégories qui travaillent en somme l'une et l'autre en s'appuyant directement sur la frontière, comprennent les plus petites bandes et leur rayon d'action se limite, en tant que piraterie directement exercée par elles, aux territoires des trois cercles de Moncay, Langson et Caobang. Elles n'en sont pas moins les plus difficiles à détruire, parce que le voisinage immédiat de leur pays d'attache, couvert par la frontière, leur permet de s'organiser à peu de frais et de se renouveler sans cesse, facilite leurs opérations et les rend insaisissables. Il y aura pendant longtemps encore des bandes de ces deux premières catégories et des coups de fusil échangés avec elles le long des frontières; il sera, par conséquent, pendant longtemps encore nécessaire, même après que la pacification intérieure sera définitivement acquise, d'entourer le Tonkin de confins militaires solidement organisés.

3ᵉ CATÉGORIE. — Une troisième catégorie nous apparaît comme de grandes entreprises commerciales pénétrant jusqu'aux limites du Delta, sans cesser d'être en relation constante avec les marchés de Chine. Dans nos territoires du nord-est nous avons eu à lutter contre plusieurs de ces associations, savoir :

1° *Les bandes de Luu-Ky*, qui comprenaient deux sortes de bandes : ●

a) Les bandes actives, annamites en général ou au moins mixtes, qui pillaient et mettaient le butin en lieu sûr dans certains repères du Dong-Trieu.

b) Les bandes d'étapes toutes chinoises qui faisaient passer le butin des repaires en Chine, l'y négociaient et rapportaient en échange des armes, des munitions et des produits de contrebande. Quand il était nécessaire, les bandes d'étapes renforçaient les bandes actives et leur donnaient un coup de main.

Luu-Ky était relié à la Chine par trois lignes d'étapes principales :

a) Une aboutissait au Quang-Tong par les vallées du Song-Ba-Che et du Song-Tien-Yen.

b) Les deux autres aboutissaient au Quang-Si et franchissaient la frontière, l'une au Mauson, l'autre au Pomou, entre Dong-Dang et Nacham ;

2° *Le Caï-Kinh*, qui, vers 1885, était installé avec 2 ou 300 hommes près de notre poste actuel de Huu-Len, au centre du massif rocheux qui porte encore son nom.

Il n'était pas comme Luu-Ky le gérant d'une vaste entreprise munie de tous ses rouages, mais un simple intermédiaire d'échanges entre les pillards annamites du Yen-The ou de la plaine de Phu-Lang-Thuong et les négociants chinois du Quang-Si, qui entretenaient leurs relations avec lui au moyen des bandes de la deuxième catégorie. Les pillards annamites apportaient le butin au chef, qui leur donnait en échange des armes, des munitions, de l'opium ou de l'argent; quant aux échanges entre le chef et les bandes de convoyeurs, ils avaient lieu à Pho-Binh-Gia, où se tenaient périodiquement de grands marchés ;

3° *Bakky et Luong-Tam-Ky* qui étaient fixés, le premier à Chomoï, le second à Chochu. Ils faisaient les mêmes opérations d'échange que le Caï-Kinh, mais sur un plus grand pied et formaient au centre du Tonkin une véritable puissance qui a été longtemps menaçante, qui est bien réduite depuis les opérations militaires d'avril 1895 contre Bakky, et qui tend à disparaître définitivement.

Les lignes d'étapes rattachant Chomoï et Chochu à la Chine, passaient :

a) Par le Pomou ;

b) Par That-Khe ;

c) Par Tong-Hoa-Phu et les environs de l'important repaire de Lung-Kett, où la ligne d'étape bifurquait sur les trois directions Nalan, Thuy-Khau et Binh-Mang ;

d) Par Yen-Tinh, Bac-Mu et le Yunnan.

4° CATÉGORIE. — Une quatrième catégorie comprend les bandes qui, sans rompre définitivement avec leur pays d'attache, en sont cependant trop éloignées pour qu'il leur soit possible de conserver avec lui un contact constant. Ce sont les bandes du fleuve Rouge et de la rivière Noire, sortes de colonies militaires, qui cherchent surtout à vivre sur le pays.

Certaines d'entre elles s'y sont définitivement fixées et y ont été absorbées, ne laissant comme traces que la descendance de leurs chefs qui, malgré de nombreux croisements successifs avec des femmes du pays, sont restés plus ou moins chinois.

On peut citer comme exemples, Dieu-Van-Tri dont la famille règne depuis plusieurs siècles sur un fief situé dans la haute rivière Noire, l'agglomération chinoise du Phu-Yen-Chau qui a fait sa soumission en 1888 et les Pavillons noirs de Luu-Vinh-Phuoc.

Au moment de notre intervention au Tonkin, l'autorité de ce dernier chef s'exerçait à peu de chose près sur toute l'étendue de notre quatrième territoire actuel, y compris le fief de Dieu-Van-Tri et les anciens Pavillons jaunes réfugiés sur le Song-Ma; cette sorte de principauté, désagrégée par nos armes, s'est résolue en un certain nombre de centres hostiles, qui ont été :

1° Les bandes du Bo-Giap (1), bandes mixtes, dont le centre était à Than-Maï et qui, après Than-Quan, se retirèrent dans le huyen d'An-Lap;

2° Les bandes du haut fleuve Rouge, dont le chef supérieur fut d'abord Dieu-Van-Tri et, à partir de 1889, Hoang-Tanh-Loï;

3° Les Chinois du Phu-Yen-Chau;

4° Les anciens Pavillons jaunes du Song-Ma.

BANDES MIXTES. — Mais, comme toute chose, la transition

_____

(1) Le Bo-Giap est un des derniers grands chefs rebelles; il était annamite et parent, dit-on, du prince Hoang-Ke-Vien de Tuyet et du De-Shoan. Il est probable que la partie annamite de ses bandes provenait de l'ancienne armée de Sontay.

entre la rébellion annamite et la piraterie chinoise ne se présente pas d'une façon brusque et tranchée. Entre l'Annamite défendant de cœur la cause de son roi et le Chinois piratant par métier, nous avons trouvé à maintes reprises l'Annamite couvrant du pavillon rébellion les profits de la piraterie :

a) Le Bo-Giap fut encore un grand rebelle ;

b) Le Doc-Tick devient déjà un client de Luu-Ky ;

c) Dans le Yen-The, Ba-Phuc, le De-Nam et le De-Tham ont été tour à tour clients du Caï-Kinh et clients de Bakky ;

d) Les bandes de Nui-Tam-Dao et probablement aussi le De-Kieu et le Doc-Ngu, qui tenaient, en 1892, la basse rivière Noire et les provinces voisines du Delta, étaient des clients de Luong-Tam-Ky.

Nous avons vu enfin des Annamites dans les bandes de Luu-Ky et il n'est pas rare de rencontrer encore des montagnards tonkinois, surtout des Mans, dans les bandes chinoises des hautes régions.

Marche générale suivie par la pacification.

La pacification proprement dite a subi le même sort que l'occupation des points stratégiques. Elle a d'abord été poursuivie un peu de tous les côtés à la fois, du Delta vers la frontière ; puis dans la vallée du Song-Cau, elle s'est heurtée au même obstacle Luong-Tam-Ky Bakky. Cet obstacle dont Chochu et Chomoï (puis Ke-Thuong) formaient les deux assises centrales, se prolongeait à un moment donné jusqu'à la route de Langson et jusqu'à la rivière Claire, par des installations secondaires de bandes dépendant plus ou moins directement des deux grands chefs.

Cet obstacle eut pour effet de séparer nos efforts en deux actions progressives qui gagnèrent de proche en proche, l'une par les régions du sud-ouest, l'autre par les régions du nord-est, pivotant l'une et l'autre autour de l'obstacle et tendant à se rejoindre par derrière.

La conséquence de ce double mouvement est qu'il existe au nord de la ligne Tuyen-Quang, Thaï-Nguyen, Bo-Ha, une partie A constituant la partie encore malade et diminuant lentement.

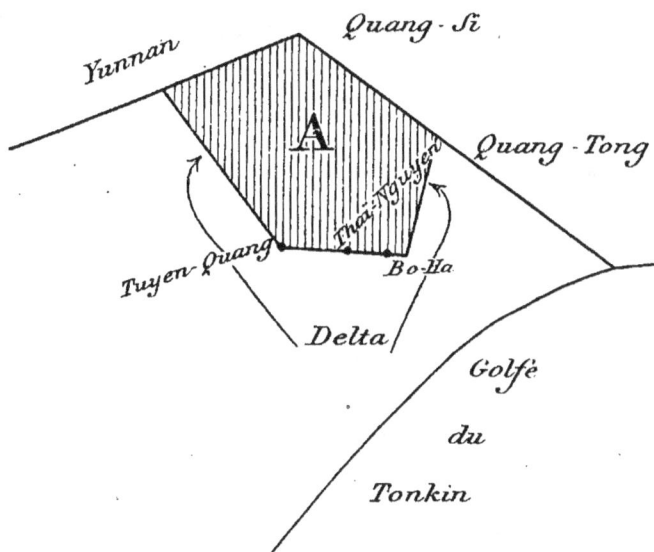

A la date du 1er juillet 1895, cette partie A, dont les réductions successives sont résumées plus loin, est réduite approximativement à la région comprise entre Laokay Yen–Binh–Xa, Vinh-Thuy, Bac-Muc, Chiem-Hoa, Cho-Ra, Soc-Giang et la frontière du nord (voir le croquis d'ensemble). Contiguë à cette région pirate, au Yunnan et surtout aux deux Quangs, s'étend une zone de confins militaires, dans laquelle l'état normal est pour nos soldats et nos partisans la veille incessante et souvent la lutte. Enfin, à l'abri de cette enveloppe protectrice, se trouve la partie interne pacifiée du Tonkin, dans laquelle nous sommes les maîtres d'une manière effective [sauf toutefois dans les deux enclaves laissées aux chefs De–Tham (Yen–The) et Luong-Tam-Ky (Chochu)] et où la tranquillité est aussi complète qu'elle peut l'être dans un pays neuf et à peu près complètement dépourvu de routes.

Région du Sud-Ouest.

Notre action pacificatrice dans le sud-ouest peut se diviser en deux grandes périodes. Pendant la première, la force seule a été mise en action; pendant la deuxième, la force n'est intervenue que comme appui d'une politique consistant à tenir compte des éléments locaux pour neutraliser les uns et utiliser les autres.

Les résultats de la première ont été d'ébranler les grosses résistances et d'ébaucher l'œuvre. La ligne de conduite qui a été suivie dans la seconde, parcourue avec méthode et esprit de suite, pendant cinq années consécutives, par le même homme, a conduit à l'achèvement complet de l'œuvre dans la majeure partie des pays qui forment à l'heure actuelle notre quatrième territoire militaire.

1re PÉRIODE. — Les événements militaires de la première période se classent eux-mêmes en deux parties :

Lutte contre le Bo-Giap;

Lutte contre Dieu-Van-Tri.

Lutte contre le Bo-Giap. — Après Than-Quan (février 1886), le Bo-Giap installa dans une presqu'île des lagunes de Rung-Gia (huyen (1) d'An-Lap), le repaire de Tien-Dong, qui, après une série d'escarmouches avec le capitaine Lebigot, du poste de Cam-Khe, fut détruit le 18 juin 1886 par le général Jamais, réinstallé et détruit une deuxième fois par le commandant Bercand, le 1er novembre.

---

(1) La province annamite se subdivise en arrondissements qui portent le nom de phu (arrondissement d'une certaine importance), huyen (arrondissement moins important) ou chau (chef héréditaire — dans la montagne) administrés par un tri-phu, un tri-huyen ou un tri-chau — Chaque arrondissement est lui-même subdivisé en cantons (tong) administrés chacun par un chef de canton (cai-Tong ou chanh-Tong) aidé d'un sous-chef de canton (pho-Tong). La canton est divisé en communes (xa) administrées chacune par un maire (li-truong) aidé d'un adjoint (pho-li-truong ou simplement pho-li).

Le Bo-Giap se retira alors à Daï-Lich, que le colonel Brissaud occupa après le combat de Deo-Go (2 janvier 1887), puis à Deo-Hat (ou Dong-Banh).

Ce dernier point, après avoir été reconnu en novembre 1887 par le capitaine Fraissines, fut, en avril 1888, l'objet d'une opération convergente de deux colonnes parties, la première, de Traï-Hutt sous les ordres du commandant Bosc, la seconde de Bak-Khe sous les ordres du commandant Berger. La colonne Bosc, assaillie par toute la bande, dut se replier, mais pendant ce temps la colonne Berger occupait la position dégarnie que le Bo-Giap abandonna définitivement (28 avril 1888).

Après ces opérations, notre occupation fut poussée jusque dans la vallée du Ngoï-Hutt par la création des postes de Nghia-Lo et de Tu-Le.

Lutte contre Dieu-Van-Tri. — En dehors de l'occupation proprement dite de Laokay, Phong-Tho et Dien-Bien-Phu, nous soutînmes contre Dieu-Van-Tri une lutte qui eut pour théâtre le Chieu-Tanh et dans laquelle nous eûmes pour allié un personnage connu sous le nom de Quan-Phong (1), rival et ennemi personnel de Dieu-Van-Tri.

Le Quan-Phong et ses partisans occupaient, au début de 1886, le point central de Tanh-Huyen, d'où le chassa Dieu-Van-Tri en mars 1886 et qu'il réoccupa en avril ainsi que Than-Qui et Binh-Lu, avec l'appui d'une petite colonne commandée successivement par le lieutenant Aymerich, puis par le sergent Espitalier (le lieutenant ayant été blessé).

Dès que cette petite colonne eut quitté le pays, Dieu-Van-Tri revint à la charge et s'empara de Binh-Lu. Le commandant Bercand reprit Binh-Lu le 19 mai, puis, revenant sur ses pas, battit à Hieu-Traï (31 mai) Dieu-Van-Tri qui, lâchant la direction du nord-ouest, cherchait à gagner par le sud.

Mais après le départ de la colonne Bercand, il arriva ce qui

(1) Voir la note de la page 29.

était arrivé en avril-mai, Dieu-Van-Tri réapparut et reprit Binh-Lu et Hieu-Traï. Les capitaines Olive et Jannet enlevèrent Binh-Lu le 6 novembre et battirent à Lang-Tien (20 novembre) puis à Than-Qui, Dieu-Van-Tri qui se retira à Huong-Binh (ou Muong-Bo) occupé sans coup férir en janvier 1887 par les colonnes Pelletier, puis à Xa-Ta-Van (ou Cha-Pa) occupé de même en février.

C'est après ces opérations que le commandant Pelletier marcha sur Phong-Tho.

2ᵉ PÉRIODE. — *Région de Son-La.* — Le commandant Pennequin inaugura la deuxième période par la pacification de la région de Son-La, qu'il obtint à peu près sans coup férir.

Au moment où il en prit la direction administrative et militaire, les Chinois du Phu-Yen-Chau venaient de faire leur soumission ; restaient Dieu-Van-Tri et les Pavillons jaunes du Song-Ma.

Le commandant s'était aperçu que Dieu-Van-Tri n'était pas un vulgaire chef de bande, mais plutôt une sorte de baron féodal, qu'il entreprit dès lors d'attacher à notre cause; cette tâche, à laquelle aida M. Pavie, fut menée à bien malgré ses difficultés et, depuis 1889, le domaine reconstitué de Dieu-Van-Tri forme comme une sorte de marche frontière à l'extrémité occidentale du quatrième territoire militaire.

Quant aux Chinois du Song-Ma, une partie quittèrent d'eux-mêmes la région avec le chef Nguy-Danh-Khao, passèrent au Yunnan où ils guerroyèrent pendant quelque temps contre les réguliers du général Ma-You-Ky, puis rentrèrent au Tonkin et se soumirent sans conditions.

Le commandant Pennequin engagea avec les autres des négociations qui aboutirent à leur exode volontaire en Chine (avril 1889).

Tanh-Hoa-Dao. — La pacification définitive du Tanh-Hoa-Dao (1) date de l'année 1889.

_____

(1) Qu'il ne faut pas confondre avec le Tanh-Hoa.

Le Bo-Giap avait disparu après Deo-Hat, mais non ses bandes. Le lieutenant-colonel Pennequin, commandant la région voisine de Son-La, chargé de leur donner la chasse, les battit à Ban-Co (18 novembre 1889), puis rentra à Son-La.

Elles revinrent sur ses pas et, pendant tout le mois de novembre, inquiétèrent nos postes de Nghia-Lo et de Tu-Le, nous obligeant même à supprimer ce dernier. Le lieutenant-colonel Pennequin, chargé d'intervenir une deuxième fois, arriva à Nghia-Lo, sonda les habitants et finit par découvrir que les troubles provenaient de divisions entre races, jointes aux exactions du chef indigène qui était Annamite, deux causes qui avaient motivé, par la partie opprimée de la population, un appel aux pirates chinois. Il réunit les notables, étudia, en les questionnant, les moyens de donner une égale satisfaction à tous et publia une proclamation en conséquence. Après ces préliminaires, il procéda, le 19 décembre, à la reconnaissance de la position de Lang-Buong où étaient retranchés les pirates et qu'il enleva le 27. La population, peu à peu ralliée à nous, fit le reste en poursuivant sans merci ses alliés de la veille.

Région de Hong-Hoa. — Après la pacification des régions de Son-La et du Tanh-Hoa-Dao, le lieutenant-colonel Pennequin reçut mission de procéder à celle de la région de Hong-Hoa, qui donnait au gouvernement de graves inquiétudes.

Jusqu'en 1889, cette région n'avait été troublée que par de petites bandes embusquées dans le mont Bavi et les montagnes de Yen-Lang (Doc-Sat, Doc-Di, Doc-Co, Doc-Si, etc.)

En 1889, apparut, pour la première fois, le De-Kieu poussé probablement par Tuyet et le De-Shoan qui, au même moment, travaillaient les provinces de Caobang et de Tanh-Hoa. Il s'établit dans les lagunes de Rung-Gia, aux anciens repaires du Bo-Giap et tenta quelquefois des pointes hardies jusqu'aux environs de Hong-Hoa. [Affaire du Ngoï-Duong, où fut tué le lieutenant Margaine (16 juillet 1890.)]

Au début de 1891, il se rapprocha définitivement de la rivière Noire pour opérer avec le Doc-Ngu, qui signala son entrée en ligne par le massacre de Cho-Bo (nuit du 2 au 3 février 1891). Les colonnes Geil, Bergounioux et Fouquet, parties pour venger Cho-Bo, détruisirent le repaire de Xom-Giong (13 mars 1891) et rétablirent le poste de Yen-Lang qui avait été supprimé.

Après une période de calme relatif qui suivit ces colonnes, le Doc-Ngu se remit en campagne et débuta par la surprise du poste militaire d'Yen-Lang (5 février 1892); de grosses colonnes furent mises aussitôt en mouvement, mais ne produisirent aucun résultat.

C'est alors que la mission d'en finir avec le Doc-Ngu fut confiée au lieutenant-colonel Pennequin, commandant le quatrième territoire militaire, et M. de Goy, vice-résident de la province de Hong-Hoa, qui, dans la suite, fut pour lui un collaborateur dévoué, reçut l'ordre de lui prêter tout son concours.

Le premier objectif du colonel fut de pousser par la force le Doc-Ngu et ses bandes dans les montagnes du Song-Ma et il se disposait à demander à d'autres moyens la disparition du chef, lorsque, sur l'insistance de l'autorité supérieure qui craignait pour le Tanh-Hoa, il dut reprendre les opérations un moment interrompues. Il se porta donc vers le Doc-Ngu, qu'il atteignit le 18 mai à Nien-Ky, où il subit un très grave échec. La saison était trop avancée pour continuer les opérations qu'il interrompit une deuxième fois pour revenir à son idée première.

Les bandes du Doc-Ngu étaient composées de deux éléments bien distincts : Annamites du Delta, Muongs de la montagne. Les Annamites étaient de vrais pirates et les Muongs de simples mécontents poussés à bout par des différends de races et par les exactions de leurs mandarins la plupart annamites. Le colonel, aidé de M. Vacle, fonctionnaire civil de la province muong de Cho-Bo, entama, d'après ces données, des négociations qui aboutirent, le 7 août 1892, à l'assassinat, par ses partisans muongs, du Doc-Ngu, qui était lui-même annamite; il dota aussitôt le pays d'une organisation qui séparait nettement les Muongs des Annamites et les rendait indépendants les uns des autres.

La pacification des environs de Hong-Hoa fut dès lors un fait accompli; les soumissions se succédèrent, celle du De-Kieu eut lieu le 3 décembre 1892 et le 20 celle du Quan-Ao son beau-frère.

Nui-Con-Voï, Phong-Du, Chieu-Tanh, etc. — Les efforts du lieutenant-colonel Pennequin se tournèrent alors vers la région de Laokay, qui fut rattachée au quatrième territoire.

Depuis la soumission de Dieu-Van-Tri, les bandes du fleuve Rouge avaient pour chef suprême Hoang-Tanh-Loï et comprenaient deux grands groupements :

Rive droite du fleuve Rouge : chef Hoang-Man ;

Rive gauche : chef Nguyen-Trieu-Trong.

Au début de l'année 1890, époque à laquelle on commença à agir sérieusement contre les bandes de la rive gauche du fleuve Rouge, celles-ci tenaient le pays au moyen d'une installation centrale au repaire de Ké-Dinh et d'un système d'installations secondaires, qui allaient du fleuve Rouge au Ngoï-Bircht. Ke-Dinh fut l'objet de plusieurs reconnaissances ou attaques, mais ne fut enlevé définitivement que le 22 janvier 1891, par le commandant de Beylié. Les bandes se retranchèrent alors dans la vallée du Ngoï-Huong au repaire du Movio, d'où elles furent chassées le 5 août suivant par le même officier devenu lieutenant-colonel; comme on n'avait pas occupé le pays conquis, elles s'y réinstallèrent, en furent chassées une deuxième fois, le 12 janvier 1892, établirent à Ngoï-Caï un nouveau repaire qui fut enlevé à son tour le 28. Elles quittèrent alors définitivement la région et remontèrent au Phong-Nien, où les trouva le lieutenant-colonel Pennequin lorsqu'il prit possession du commandement de Laokay.

Quant aux bandes de Hoang-Man, elles tenaient le Phong-

Du et n'avaient été l'objet jusqu'alors que de reconnaissances et de tentatives isolées [opérations de Ke-Kett (capitaine Lasalle, 6 août 1891); de Ke-Hot (capitaine Cassin de la Loge, 18 février 1892)].

Le lieutenant-colonel Pennequin donna d'abord la chasse à Hoang-Man qu'il battit dans plusieurs rencontres [Ban-Tu-Sam, Ban-Kim, Tu-Le, 29 janvier, 4 et 21 février 1893]. En même temps, il appliquait au Phong-Du son système d'organisation et armait la population qui rendit, dès lors, aux Chinois, l'existence impossible et les obligea à se retirer dans la région à l'ouest de Ba-Xat.

Pendant ce temps Nguyen-Trieu-Trong attaquait le poste de Muong-May, que défendit brillamment le lieutenant-Pérignon (26 mars 1893) et que vint dégager le capitaine Canivet; il se retira alors au repaire de Ngoï-Mac, que le lieutenant-colonel Pennequin, aidé des commandants Prétet et Prot, enleva le 21 avril.

A la fin de l'année 1893, les deux bandes, épuisées par la lutte, quittèrent la région et se retirèrent vers les positions de Hoang-Si-Phi, dans une partie du canton de Tu-Long, que nous contestait la Chine. Au début de l'année 1894, les Chinois nous reconnurent la possession de ce pays et nous offrirent leur concours pour en prendre possession. Nous crûmes le moment opportun pour nous y établir et le colonel Servière, qui venait d'être nommé chef du quatrième territoire, après le rapatriement du lieutenant-colonel Pennequin, reçut l'ordre d'aller procéder à cette occupation. Elle eut lieu en mars sans coup férir.

Malheureusement, l'organisation défensive de la région de Laokay n'était pas complète et, en expulsant les bandes de Hoang-Tanh-Loï de la haute vallée du Song-Chay, au lieu de les refouler vers la Chine ou vers la rivière Claire, nous les fîmes rétrograder vers le Chieu-Tanh. Elles y furent vigoureusement reçues par nos troupes qui eurent avec elles, pendant tout le cours de l'année 1894, une série de combats, quelques-uns très vifs et meurtriers (combats de Ma-Dinh, Ta-Phinh, Kim-Noï, Pa-Che, 2, 3 et 30 mai, 24 juillet, 19 octobre 1894).

Les grosses colonnes recommencèrent au commencement de l'hiver 1894-95, sous la conduite successive des commandants d'Aubignosc et Gouttenègre, du général Servière et du lieutenant-colonel Vimard; enfin, le 24 mars 1895, les pirates repassèrent en Chine, talonnés par la colonne légère du capitaine Bailly.

Ils vinrent s'installer près de leurs anciennes positions de Hoang-Si-Phi, maintenant occupées par nous, attaquèrent notre poste de Xin-Man devant lequel ils échouèrent (1) (nuit du 16 au 17 avril 1895) et retournèrent en Chine.

Région du Nord-Est.

Dans la région du nord-est, notre action pacificatrice a eu deux objectifs :

1° Destruction des installations pirates à l'intérieur;

2° Action protectrice contre la lie de population vivant dans les deux Quangs et tendant à s'épandre dans la région tonkinoise adjacente.

La première besogne a été, à peu de chose près, la même que celle du lieutenant-colonel Pennequin dans le sud-ouest; mais elle s'est trouvée doublée de la deuxième, qui n'a été ni la moins délicate ni la moins ingrate.

Occupons nous d'abord de celle-ci.

FRONTIÈRE DU QUANG-TONG ET DU QUANG-SI. — La frontière du nord-est se divise en trois grands tronçons :

Région de Moncay;

Région de Langson;

Région de Caobang.

---

(1) Le poste de Xin-Man était défendu par le lieutenant Léveillé.

Région de Langson. — La région de Langson a toujours été la moins piratée des trois et les quelques opérations militaires qui y ont été entreprises, se rattachent pour la plupart à la piraterie des régions intérieures voisines. Telles sont les opérations du colonel Servière en juillet 1886, et en avril 1892 dans le massif du Mauson, celles du capitaine Chabrol, du commandant Herbin et du colonel Servière en juillet et décembre 1892 et novembre 1893 au Pomou. Le Mauson et le Pomou étaient, en effet, les deux points de passage en Chine de deux lignes d'étapes de Luu-Ky ou de ses successeurs.

La présence, tout près de la frontière, du gros centre militaire de Langson, l'existence en abondance et en assez bon état de moyens de communications de toutes sortes, les relations qu'ont ensemble, par la force des choses, les autorités supérieures françaises et chinoises de Langson et de Longtcheou, sont certainement autant de causes qui, tantôt les unes, tantôt les autres, ont produit dans la région de Langson, cette supériorité de tranquillité sur les régions voisines.

Région de Moncay. — Après les opérations du colonel Dugenne, qui rentra à Phu-Lang-Thuong en novembre 1887, la la région de Moncay fut assez tranquille pendant un an.

Les grosses incursions recommencèrent en décembre 1888 par l'attaque de la citadelle de Moncay et la surprise du *blockhaus* (29 décembre 1888).

Le grand massif escarpé et désert qui s'étend au centre même de la région entre Moncay, Hoang-Mo, Tien-Yen et Ac-Koï, servant de vaste repaire aux bandes, fut parcouru pendant tout l'hiver 1888-89, par les incessantes colonnes du commandant Baudard, qui, comme toujours, furent suivies d'une période de calme relatif pendant laquelle il n'y eut à enregistrer que de petits actes de piraterie accomplis sur la frontière même.

En mars 1892, recommença une ère de grosses colonnes qui

débuta dans dans la région du Song-Ba-Che, située à l'extrémité d'une des lignes d'étapes de Luu-Ky, par les opérations des capitaines Messier de Saint-James et Freystätter [affaires de Langcon (1er mars et 15 avril), de Langra (19)].

Après la mort de Luu-Ky, ses anciens compagnons affluèrent par là, comme du côté du Bao-Day et du Caï-Kinh et installèrent non loin de Tien-Yen, le repaire de Bin-Ho, contre lequel échoua le capitaine Messier de Saint-James, le 22 juin, et qui fut évacué le 10 août suivant, devant une colonne plus forte commandée par le commandant Courot.

Vers la fin de l'année, leur nombre s'accrut encore. Ils s'emparèrent, le 23 octobre, d'un Européen, M. Piccinelli, employé à la mine de Than-Maï, et, au nombre d'un millier environ, réinstallèrent, sous les ordres du chef Tien-Duc, le repaire de Bin-Ho, que le lieutenant-colonel Courot enleva le 11 novembre. Vigoureusement poursuivis par une colonne légère commandée par le capitaine Messier de Saint-James, ils repassèrent la frontière pendant que le colonel installait le poste de Lysaï sur le pays conquis.

Après la colonne Courot, les gros rassemblements se dissipèrent et il ne fut plus question dans le cercle de Moncay que de petites bandes jusqu'à l'apparition de Loman. C'était, au début de l'année 1894, le chef de 25 à 30 fusils. Commandité par des capitalistes chinois il se renforça, installa à Kéozo un repaire que le capitaine Müller détruisit le 24 avril 1894, mais qui fut réinstallé aussitôt que la petite colonne eut le dos tourné.

Du repaire de Keozo, Loman exécuta une première opération lucrative en enlevant, le 27 août 1894, à Moncay, Mme Chaillet et sa petite fille, qui furent rendues contre rançon en décembre.

Le résultat de ce premier succès fut probablement une augmentation de mise de fonds, qui produisit un renforcement de la bande, toutes choses qui amenèrent Loman à exécuter à Port-Wallut (île de Kebao) un nouvel enlèvement, cette fois, de toute une famille (1) (25 avril). Après un séjour en Chine, Loman vint installer aux monts Panaï un repaire où il interna ses prisonniers, repaire que le colonel Chaumont a enlevé le 21 août 1895 (2).

Région de Caobang. — L'occupation de la région de Caobang a tout naturellement été suivie d'une période troublée par les revendications armées des parasites chinois, qui en vivaient tranquillement et que nous dépossédâmes. Ces troubles, qui durèrent jusqu'à la fin de 1887, se calmèrent peu à peu sous l'active direction du lieutenant-colonel Servière, et, au début de 1888, les chefs, après avoir abandonné les plaines, s'étaient retirés soit en Chine, soit dans les rochers des Ba-Chau, du Lukkhu et de la région de Nganson [refoulement définitif en Chine de l'ancien maître de That-Khe, A-Kanh-Sinh, par le capitaine Sucillon, qui le battit le 26 février et le 9 avril 1886, à Na-Keo et dans les gorges de Phimy; colonnes Moroni et Servière sur Tra-Linh et dans les Ba-Chau (juin, juillet et octobre 1887); attaque par Luong-Tam-Tu, ancien maître du haut Song-Bang-Giang du poste de Mo-Xat, que défendit le lieutenant Gauvais, et que dégagea le capitaine Sucillon (30 janvier 1887); attaque par le chef To-Tu-Bic, au lendemain de sa fondation, du poste de Phuc-Hoa, brillamment défendu par le lieutenant Nigote (8 août 1887)].

La période de tranquillité qui suivit dura jusqu'à la fin de l'année 1888 et fut alors troublée par Tuyet, qui, tout en rallumant la révolte au Tanh-Hoa, opéra contre nous la coalition des bandes chinoises du nord.

En mai 1889, après plusieurs rencontres avec nos troupes, soit dans le Lukkhu, soit dans les Ba-Chau, elles vinrent

---

(1) La famille Lyaudet, composée du père, de la mère et d'une petite fille.

(2) A la suite de ces opérations, Loman est repassé en Chine, où sous l'effet d'une pression diplomatique que fit exercer à Pékin le gouverneur général M. Rousseau, il a relâché ses prisonniers qui nous ont été rendus le 8 octobre 1895.

s'installer à Canh-Bien et An-Laï en un véritable camp retranché, à quelques kilomètres au nord-ouest de Caobang, qu'elles menacèrent. La position fut enlevée et les bandes dispersées par l'action combinée de deux colonnes parties l'une de Caobang, l'autre de Quang-Huyen, sous les ordres des commandants Robert et Oudri (25 avril 1889). Le lieutenant-colonel Servière, nommé chef de la région, leur donna ensuite la chasse, d'abord dans les Ba-Chau (combat de Ban-Daï, 28 septembre 1889), puis dans le Lukkhu (combat du 31 octobre, fondation du poste de Soc-Giang).

Ces actes de vigueur furent, comme toujours, suivis d'une période plus calme, pendant laquelle les chefs chinois restèrent assez tranquilles dans leurs nids d'aigles, où, au contraire, nous allâmes les attaquer à plusieurs reprises [attaques du repaire de Coc-Tié par le lieutenant Franco, puis, par le capitaine Magnenot (4 février 1891-3 février 1892); colonnes du commandant Prétet dans les Ba-Chau (décembre 1890) et dans le Lukkhu (février 1891); enlèvement du repaire de Gia-Héo par le commandant Tournier (1) (24 mars 1891); reconnaissance du repaire de Lung-Kett par les capitaines Ramadié et Félineau (20 décembre 1890); son enlèvement par le commandant Tournier (1) (3 avril 1891), etc.].

Dans le courant de l'année 1892, la coalition de 1890 fut reformée, mais cette fois par les mandarins du Quang-Si, dans le but de nous rendre coulants sur les questions alors pendantes de l'abornement.

Après les échecs de Bac-Phiet (18 août 1892) et de Nalan (21 et 23 du même mois), les bandes sous la conduite nominale d'A-Kanh-Sinh, ancien chef de That-Khe, et renforcées en sous-main de soldats chinois, vinrent investir à grande distance le poste de That-Khé et lui coupèrent les communications avec Langson et Caobang (août et septembre 1892). Elles disparu-

---

(1) De la légion étrangère.

rent devant la colonne du colonel Servière, parti de Langson
pour dégager le poste ; une partie d'entre elles prirent position
au cirque de Lung-Xa, où le colonel les bloqua, mais d'où elles
réussirent à s'échapper le 2 octobre pour retourner dans le cercle de Caobang.

Le commandant Famin leur donna une chasse vigoureuse à
travers les Ba-Chau pendant les mois de novembre et décembre
1892 [Lung-Noï (novembre) ; Song-Queï-Chum (novembre) ;
Kéo-Mac et Lung-Po (28 novembre), etc.]

Les débuts de l'année 1893 furent assez tranquilles, mais
cette tranquillité ne dura pas et le commandant Lamary dut
reprendre la campagne en novembre 1893 [(affaires de Gia-Heo
6 novembre 1893) de Na-Luong (15 et 16 du même mois), etc.]

Organisation de la frontière. — En somme, on voit, aussi bien
dans la région de Caobang que dans celle de Moncay, se repro-
duire, avec le même caractère de périodicité, le même phéno-
mène : la région se trouble, on y envoie des troupes qui réta-
blissent l'ordre et se retirent pour aller s'employer ailleurs ; la
tranquillité renaît et se maintient pendant quelque temps,
comme par l'effet de vitesse acquise ; survient alors une cause
nouvelle de troubles, cause politique (Tuyet dans la province
de Caobang, en 1889) ou cause de simple piraterie (Loman dans
la région de Moncay en 1894-1895) et tout recommence pour
repasser par les mêmes phases. Ce travail de Pénélope n'est,
du reste, pas particulier à la région du nord-est et s'est vu aussi
dans l'intérieur, par exemple, au Chieu-Tanh en 1886 et au
Tanh-Hoa-Dao en 1889 ; mais il est naturellement plus apparent
et plus constant dans les pays directement accolés à ces deux
réservoirs de bandits qu'on nomme les deux Quangs.

Il fallait, évidemment, pour que les résultats des opérations
militaires cessassent d'être si peu durables, les assurer, en
créant le long de ces frontières une barrière, qui ne fut pas
uniquement formée de soldats réguliers, car l'effectif du corps
d'occupation ne permettait pas un tel luxe. Le colonel Servière
avait déjà, depuis quelques années, renforcé ses compagnies

régulières en distribuant dans le pays quelques bons fusils. L'idée d'armer les populations en utilisant notre vieil et excellent armement 1874, idée qui effrayait tous les nouveaux venus en Indo-Chine, trouva heureusement un partisan éclairé et résolu dans le général Duchemin, qui fut placé à notre tête en janvier 1893 et qui ne craignit pas de donner à cette idée son maximum d'extension. Quand le colonel Servière quitta le commandement du deuxième territoire (frontière de Quang-Si) pour prendre celui du quatrième (frontière du Yunnan), le colonel Galliéni, qui lui succéda, put donc multiplier ces distributions d'armes et créer tout le long de la frontière une barrière qui eut pour fondement principal les troupes régulières appuyées et renforcées de tous les éléments locaux utilisables (armement et organisation des populations, travaux de fortification, etc.); nous reviendrons sur cette organisation dans la deuxième partie.

PACIFICATION INTÉRIEURE. — L'action pacificatrice intérieure dans la région du nord-est a compris, jusqu'au 1er juillet 1895, six grands actes :

1° Opérations contre les bandes du Nui-Tam-Dao ;

2° Opérations contre les bandes du Yen-The et contre le Caï-Kinh ;

3° Opérations dans le Dong-Trieu, le Bao-Day et la plaine de Phu-Lang-Thuong contre Luu-Ky ;

4° Opérations dans le massif du Caï-Kinh contre les anciennes bandes de Luu-Ky ;

5° Occupation des régions Tong-Hoa-Phu, Cho-Ra et Nari ;

6° Opérations dans le haut Song-Cau contre Bakky.

Nui-Tam-Dao. — En 1885, l'action des bandes du Nui-Tam-Dao s'étendait jusqu'à la route de Hanoï à Bac-Ninh. On dirigea contre elles un certain nombre de colonnes, qui eurent pour résultat de les refouler d'une façon plus ou moins complète dans le massif [(colonnes Mourlan (juillet 1885) sur Lienson où fut installé un poste; colonnes Béranger et Massip sur Dong-Vé (novembre); colonnes Mourlan et Bergougnioux sur Phu–Hay (décembre)].

Le Nui–Tam–Dao a été lui-même fouillé à diverses reprises par les colonnes Mourlan (après Phu–Lay, fondation du poste de Huong–Son), Daniel et Bernard (juillet 1886), Cheroutre (octobre), Barre (mars 1889, fondation du poste de Cai–Vong). Vinrent ensuite les opérations de janvier et février 1889 sur Chomoï et Chochu. Nous avons vu quel a été le résultat de ces différentes expéditions.

Yen–The et chef Caï–Kinh. — Le Yen–The avait déjà été parcouru par nos troupes du temps de la période de conquête.

Postérieurement à la signature du traité de paix avec la Chine, il fut encore parcouru par de nombreuses colonnes et notamment par celle dite de Tyn–Dao, sous les ordres du colonel Dugenne, qui, après les combats de Huu–Thuong (5 et 13 décembre 1885), Tien–La (16), et Monaluong (18) fonda le poste de Tyn–Dao au point central de la région.

Le colonel avait eu affaire, dans le haut Yen–The surtout, à des Chinois dépendant plus ou moins du Caï–Kinh, qu'il résolut de détruire.

En novembre 1887, il essaya de l'aborder par Than–Moï et Van–Linh (anciennement Chomoï) mais dut rétrograder.

En novembre et décembre suivants, il le fit tâter par Vulang et Monhaï. Quatre colonnes convergentes parties de Tyn–Dao, Thaï–Nguyen, Langson et That–Khe, eurent pour effet l'occupation des postes de Pho–Binh–Gia, Monhaï et Huong–Giao (1), base d'opération pour une campagne décisive que l'on allait entreprendre contre le Caï–Kinh, lorsqu'une révolte intérieure de ses hommes nous en débarrassa (juin–juillet 1888).

A partir de ce moment, les bandes annamites restèrent seules au Yen–The avec les chefs De–Nam, Ba–Phúc, puis De–Tham.

(1) C'est pendant ces opérations, au retour de la colonne de Tyn–Dao, commandée par lui, que le colonel Dugenne mourut subitement au col de Deo–Inn.

Avant la création du poste de Tyn-Dao, le centre de la piraterie annamite était Duc-Lam; devenue latente à la création du poste, elle reparut en 1889, au moment où la garnison de Tyn-Dao fut transférée à Bo-Ha sur le Song-Thuong, et eut alors pour centres d'action les forts de Cao-Thuong et de Huu-Thue.

Les colonnes d'octobre 1889 (commandants Dumont et Picquet) avaient surtout eu pour objectif le Doï-Van, qui venait de reprendre la campagne. Les opérations contre les bandes proprement dites du Yen-The ne commencèrent qu'en novembre et comportèrent quatre séries. (Voir le croquis d'ensemble donné à propos des opérations contre les forts du De-Nam.)

La première fut dirigée par le général Godin, qui s'empara de Cao-Thuong (6 novembre 1889) et installa le poste de Nha-Nam, à peu près au même endroit que Tyn-Dao.

La deuxième débuta par trois tentatives infructueuses faites sur le fort de Huu-Thue les 9, 11 et 22 décembre 1890. Après ces trois échecs, on renforça les colonnes et on les confia au colonel Frey; secondé par le commandant Régis comme chef du génie et de l'artillerie, il fit un véritable siège du fort qui fut occupé le 11 janvier 1891.

La troisième fut conduite par le général Voyron, qui s'empara, en mars 1892, d'un camp retranché que le De-Nam avait installé un peu plus au nord.

La quatrième est pour ainsi dire une réédition de la troisième, qui, suivie d'une action de police intelligemment conduite (1), avait, en somme, nettoyé le Yen-The. Elle commença en janvier 1894 avec un nouveau chef, le De-Tham (ou De-Dzuong), ancien lieutenant de Ba-Phuc et du De-Nam. Le De-Tham n'a été, jusqu'au 1er juillet 1895, l'objet d'aucune opération régulière; après une série de négociations et d'escarmouches [combats de Huu-Thue (18 mai 1894), de Lang-Nua (17 juin), de Caure (22 juillet), d'Ao-Khuia (9 septembre)], il

_____

(1) Capitaine Brodiez.

parvint à s'emparer de deux Européens (1), capture qui aboutit au traité du 23 octobre 1894 passé entre lui et le protectorat.

Dong-Trieu. — Jusqu'au moment où le lieutenant-colonel Terillon le débarrassa complètement de ses bandes, le massif du Dong-Trieu avait déjà été maintes fois l'objectif de colonnes militaires [colonne Nény sur Quinh et Maïxu (avril 1885); colonne Brissaud sur le Song-Ky (juin 1886); colonnes Dugenne, qui eurent pour effet l'occupation d'Anchau, centre de communications important (octobre 1886)].

C'est au commencement de l'année 1888 que Luu-Ky fit sérieusement son apparition par de nombreux petits échecs infligés aux garnisons de nos postes [lieutenant de Marrien, tué entre Maï-Xu et Dabac (3 janvier 1888); affaires de Lac-Dao (4 octobre 1888); affaire de Bien-Dong (3 novembre 1888), etc.] Des opérations d'ensemble conduites par le lieutenant-colonel Servière contre le repaire de Deo-Gia (janvier 1889), eurent pour effet de le pousser dans la plaine de Phu-Lang-Thuong, qui fut alors, ainsi que le Bao-Day, sillonnée de nombreuses colonnes dont les principales ont été les colonnes Prétet et Pégna en août et septembre 1889 [affaires de Bao-Loc (28 août); de Deo-Quan (31); de Thuong-Lam (3 septembre)].

En janvier 1890, Luu-Ky revint au Deo-Gia et, dans la nuit du 8 au 9, enleva, à Ben-Chau, les frères Roques, qui furent relâchés en mars contre une forte rançon. Dès que les prisonniers furent délivrés, une nouvelle expédition fut dirigée sous les ordres du commandant Pretet contre Deo-Gia où fut créé un poste (avril 1890).

Plusieurs autres opérations d'ensemble ont encore été organisées contre Luu-Ky avant les grandes du lieutenant-colonel Terrillon; la principale fut celle de juin 1891 qui avait pour

---

(1) MM. Chesnay et Loggiou.

but de refouler dans la montagne les bandes qui commençaient à prendre pied dans le Delta.

Le colonel Dominé, qui en fut chargé, occupa d'abord Traï-
Son et l'île des deux Songs, puis se porta sur le Nui-Co-Bang
où une de ses colonnes secondaires subit un échec (18 juin).

Pour débarrasser le Dong-Trieu de Luu-ky, il était nécessaire de mettre sur pied de gros effectifs et d'engager contre
lui une action longue et méthodique. C'est la mission qui fut
confiée, en novembre 1891, au lieutenant-colonel Terrillon. La
chasse dura six mois environ, au bout desquels les pirates du
Dong-Trieu ne furent pas détruits matériellement, mais re-
poussés dans le Bao-Day et sur le Song-Ba-Che, leur organisation disloquée et le Delta dégagé.

L'installation de Luu-Ky dans le Bao-Day eut pour conséquence les difficultés que nous eûmes pendant les années 1892
et 1893 sur la principale de nos voies de communication, la
route de Langson [enlèvement Vézin (1er juillet 1892); attaque
du 9 juillet sur le convoi montant; assassinat Perroud (11 septembre 1892); enlèvements Roty Bouillet et Humbert-Droz
(28 juillet, 5 septembre, 11 octobre 1893); assassinat Piganiol
(5 septembre 1893)].

Luu-Ky fut tué à l'affaire du 9 juillet 1892 qui, de notre côté,
nous coûta la vie du commandant Bonneau et du capitaine
Charpentier. Après sa mort, sa bande se divisa en deux tronçons, l'un qui alla immédiatement s'installer dans les rochers
du Caï-Kinh, l'autre qui resta dans le Bao-Day jusqu'au paiement de la rançon de M. Vézin, puis rejoignit le premier.

Région de Caï-Kinh. — Le premier de ces deux tronçons,
qui était le plus important, resta jusqu'en 1894 sous le commandement de la veuve de Luu-Ky, puis se donna un nouveau
grand chef appelé Hoang-Taï-Ngan et s'installa au repaire de
Luong-Day, devant lequel fut tué le capitaine Perrin (14 juin
1892).

Ce repaire fut évacué à la suite des colonnes Servière [com-

bats de Van-Mong (7 août 1892) de Lung-Con (12) de Ban-So
(17). — Création des postes de Van-Linh et de Trile] et les
anciens compagnons de Luu-Ky en organisèrent un nouveau
à Lung-Lat avec position avancée à Len-Day, menaçant la
route de Langson. Le 10 juin, ils vinrent mettre le siège devant
le poste de Pho-Binh-Gia, que tenait avec une section de tirailleurs le lieutenant Ducongé et que débloqua le 19 le capitaine
Brulard.

Le repaire de Len-Day fut pris le 18 octobre par le commandant Barre ; le 19 janvier 1894, le colonel Galliéni s'emparait
du gros repaire de Lung-Lat et donnait à ses anciens défenseurs une chasse pendant laquelle Hoang-Taï-Ngan fut tué.

Cho-Ra et Tong-Hoa-Phu. — Dès que les rochers du Caï-Kinh
furent débarrassés des bandes, le colonel Galliéni s'assura de
la possession définitive du pays au moyen d'une organisation
de proche en proche basée, comme celle de la frontière, sur le
bon emploi des ressources locales et notamment de la population.

Par l'effet de cette organisation, notre influence gagna peu à
peu vers l'ouest dans la direction Chochu, Ke-Thuong ; l'important nœud de communication de Cuc-Duong fut occupé en
novembre 1894 par le capitaine Rémond ; à peu près au
même moment le commandant Tournier (1) occupait presque
sans coup férir la région de Tong-Hoa-Phu (combat de Na-Ma,
15 novembre 1894) et en mars 1895, le commandant Gérard
poussait ses postes jusqu'à Nari et Ban-Tinh.

Pendant ce temps, le lieutenant-colonel Vallière poussait
de Caobang vers l'ouest, une organisation analogue et, après
avoir occupé de force les deux repaires de Lung-Sung (20 octobre 1894) et de Phia-Ma (10 décembre) établissait d'une
manière effective notre influence jusqu'au delà de Cho-Ra.

Haut Song-Cau. — L'occupation de la haute vallée du Song-

(1) De l'infanterie de marine.

Cau, dont il a déjà été parlé, a exigé un nouvel acte de vigueur, la prise de Ke-Thuong, dont le général en chef confia la direction au colonel Galliéni et qui eut lieu le 24 avril 1895, sous l'action combinée de quatre colonnes parties de Chomoï (commandant Moreau), Ban-Tinh (commandant Gérard), Nari (lieutenant-colonel Clamorgan) et Tong-Hoa-Phu (lieutenant-colonel Vallière) [commandant Liautey, chef d'état-major de l'expédition].

Le pays évacué par les bandes de Bakky a été aussitôt l'objet de l'organisation habituelle, que le général Duchemin fit prolonger par Bac-Kan et Yen-Tinh jusqu'à Chiem-Hoa, reliant ainsi le deuxième territoire (frontière du Quang-Si et Caï-Kinh) avec le troisième (vallée de la rivière Claire et du Song-Gam) et enserrant étroitement au nord la région encore occupée par le chef Luong-Tam-Ky.

III

Résumés de quelques faits de guerre.

Opérations de Than-Maï.

(Octobre 1895.)

Après la prise de Hong-Hoa, nos ennemis, Chinois et Annamites, sous la conduite du Bo-Giap, s'étaient retranchés dans la position de Than-Maï, au centre de la presqu'île formée en amont de Viettri entre le fleuve Rouge et la rivière Claire.

Le général Jamont organisa contre eux, au mois d'octobre 1885, des opérations dont il prit en personne le commandement, et qui consistèrent dans l'action combinée de trois colonnes parties de différents points des deux cours d'eau pour converger sur la position.

Le quartier général du commandant des colonnes fut fixé à Viettri et celles-ci reçurent la composition suivante :

1re *colonne* (général Jamais) :

Sept compagnies de zouaves ou tirailleurs algériens ;
Deux compagnies de tirailleurs tonkinois ;
Un escadron de chasseurs d'Afrique ;
Deux batteries de montagne.
Soit au total :
71 officiers ;
2.183 fusils, dont 1.769 fusils d'infanterie (1.335 Européens ou Arabes et 434 Tonkinois).

2e *colonne* (général Munier):

Un bataillon de zouaves;
Trois compagnies de tirailleurs tonkinois;
Sept batteries (dont une de 95).
Soit au total :
    47 officiers;
1.827 fusils, dont 1.206 fusils d'infanterie (698 Européens et 508 Tonkinois).

3e *colonne* (colonel Mourlan):

Cinq compagnies de tirailleurs algériens;
Une compagnie de fusiliers marins;
Un détachement de tirailleurs tonkinois;
Deux batteries de montagne (dont une section de Hotchkiss);
Un escadron de spahis.
Soit au total :
    56 officiers;
1.657 fusils, dont 1.128 fusils d'infanterie (1.087 Européens ou Arabes et 41 Tonkinois).

Chaque colonne comprenait, en outre, un détachement du génie, une ambulance légère et un petit convoi. Une ambulance centrale était installée à Viettri.

Les colonnes étaient destinées à agir la première en partant de la rivière Claire, la deuxième en partant de Viettri, la troisième en partant du fleuve Rouge.

Jusqu'au 21 octobre, elles se concentrèrent et exécutèrent leurs mouvements préparatoires.

Le général Jamais partit de Viettri le 7 octobre, traversa la rivière Claire et, remontant la rive gauche, porta sa colonne en face de Yen-Dau, à hauteur du point qui lui était assigné pour passer sur la rive droite.

Le général Munier concentra la portion principale de la deuxième colonne à Viettri et le reste à Cau-Do; une fraction de ce dernier tronçon devait rester sur place pour donner la chasse aux fuyards qui chercheraient à atteindre le mont Bavi. Il fit exécuter ensuite, à l'ouest de Viettri, des reconnaissances ayant pour but de déterminer les chemins à suivre pour aborder Than-Maï, les positions de batterie des pièces de gros calibre et les moyens d'y accéder.

Le colonel Mourlan avait, depuis quelque temps déjà, concentré les éléments de sa colonne sur la rive droite du fleuve Rouge à Nam-Cuong, en face d'un îlot qui pouvait aider au passage et qu'il occupa.

Les opérations proprement dites commencèrent le 21.

La première colonne franchit la rivière Claire, le 21 au matin, sur des chalands et des jonques remorqués, atterrit sur la rive droite à Yen-Dau, où fut laissée une petite garnison destinée à assurer le ravitaillement et se porta sur Than-Maï en deux fractions, qui, le 23, atteignirent en passant par Cotich :

la fraction de droite, les environs de Chu-Hoa ;

la fraction de gauche, le point de Ban-Co.

Le 21, le gros de la colonne avait été arrêté entre Yen-Dau et Phu-Minh par une mare large et profonde qu'elle ne pût franchir que le 22 au matin après y avoir jeté un pont. Une deuxième mare avait encore retardé la marche entre Phu-Minh et Cotich que l'escadron et l'avant-garde seuls atteignirent le 22.

Le général Munier poussa, le 21, les troupes de la deuxième colonne jusqu'à Minh-Nong, celles de Viettri en leur faisant suivre l'itinéraire Ti-Cat et Tien-Cat, celles de Cau-Do en leur faisant passer le fleuve sur des paniers jumellés remorqués. Enfin, l'artillerie de gros calibre fut amenée au même point par un bac ponté qui remonta l'arroyo de Than-Maï ; elle fut mise en batterie sur une hauteur située au nord-ouest de Minh-Nong. Le 22, les troupes de la deuxième colonne restèrent sur leurs positions, attendant que le mouvement de la première fut achevé et, le 23, enlevèrent après une canonnade, les deux villages de Cam-Doï et Van-Doï, pendant qu'une fraction dirigée vers le nord-ouest en suivant les hauteurs, allait donner la main à la première colonne.

Le passage de la troisième colonne s'effectua le 21 sous la protection de deux batteries placées dans l'îlot et sur des embarcations. Les troupes furent transportées sur des bacs, des jonques et des paniers jumellés remorqués; là compagnie de fusiliers marins et quelques autres troupes avaient été laissées sur la rive droite pour garder Nam-Cuong. On

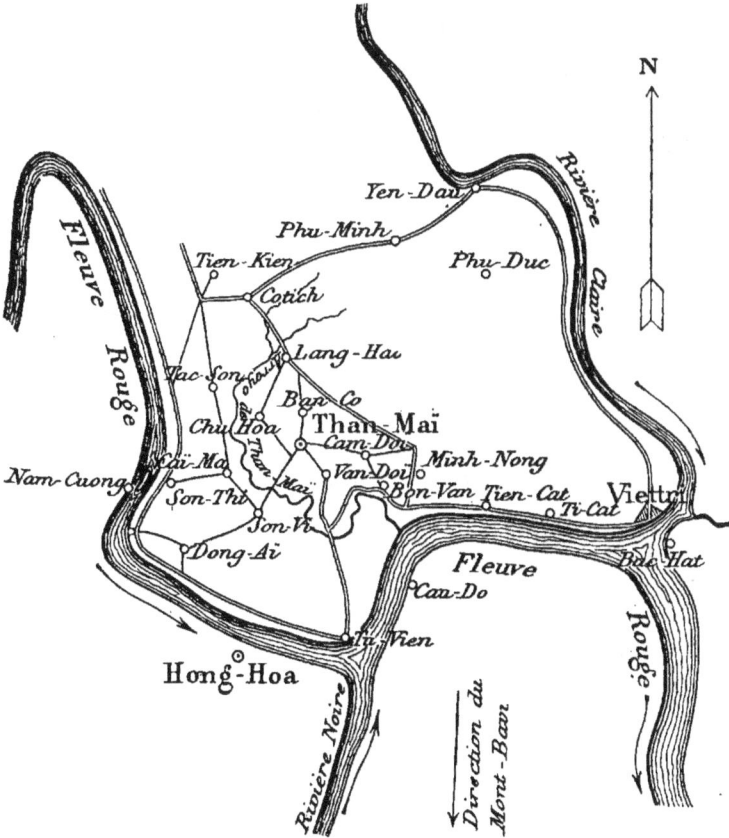

Echelle : 1/2.400.000.

occupa sans peine les villages de Son-Thi et de Caï-Mao placés à courte distance sous le feu de nos pièces; puis, le colonel Mourlan, après avoir laissé une compagnie au point de débarquement, s'étendit vers sa droite et vers sa gauche, en faisant précéder de chaque côté son infanterie d'une division de

spahis. La division de gauche poussa jusqu'à Tien-Kien, celle
de droite jusqu'à Phu-Lam-Tao et Dong-Aï. Le village de Tac-
Son, le seul qui opposa une résistance sérieuse, avait été
enlevé par trois compagnies de tirailleurs algériens. Le 22, la
colonne atteignit Son-Vi et y prépara les moyens de passage
nécessaires pour franchir l'arroyo de Than-Maï pendant que
la division de spahis de l'aile gauche entrait en relations avec
la cavalerie de la première colonne. Le 23, la troisième
colonne resta sur ses positions, attendant que le mouvement
de la première colonne fût achevé.

Le 24, au matin, après une canonnade préalable, les troupes des trois colonnes se portèrent à l'assaut des positions
ennemies, qui furent trouvées évacuées.

Combat de Binh-Lu.

(6 novembre 1886.)

Le combat de Binh-Lu est un épisode de la lutte contre
Dieu-Van-Tri dans le Chieu-Tanh.

La petite colonne chargée de prêter main-forte à notre allié
le Quan-Phong, était commandée par le capitaine Olive et
comprenait :

Un peloton de 120 tirailleurs tonkinois ;
Une compagnie de 60 légionnaires ;
Un détachement de 8 artilleurs isolés.

On était parti de Lang-Nam à 6 heures du matin, dans
l'ordre suivant :

250 *partisans du Quan-Phong* en exploration ;
Avant-garde (lieutenant Brisse) :
Trois escouades de tirailleurs ;
Une section de 15 légionnaires.
Corps principal (capitaine Jannet) :
Le reste des tirailleurs ;
Le reste des légionnaires.
Convoi :

Les coolies ;

Une escorte composée d'une escouade de tirailleurs, des artilleurs et des éclopés.

A 10 heures, la colonne atteignit Ban-Bo où elle fit une halte d'une heure pour manger. Elle repartit à 11 h. 1/2,

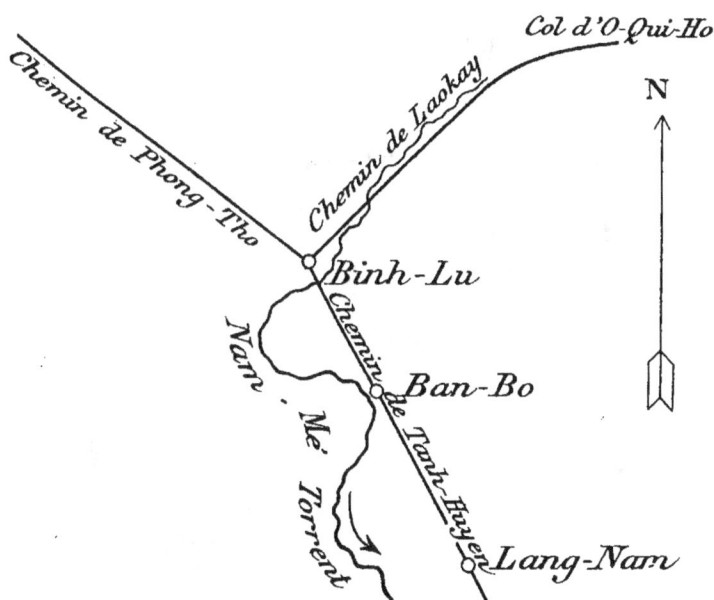

Echelle : 1/200.000.

arriva à midi et demi au col de Binh-Lu, qui était gardé la veille par un poste ennemi et dont les partisans du Quan-Phong s'étaient emparés dès 7 heures du matin.

Le capitaine Olive prit les dispositions de combat suivantes :

Le convoi avec sa garde resta au col et s'y retrancha ;

Le gros des partisans du Quan-Phong prit le chemin de Tam-Duong pour aboutir sur une des lignes de retraite de l'ennemi;

Le lieutenant Brisse, avec sa fraction d'avant-garde, se glissa vers la droite, afin de prendre pied sur les hauteurs dominant à l'est et au nord les ouvrages chinois.

Le capitaine Jannet se porta droit sur le fort principal avec
le gros de la colonne disposé en trois lignes, cinquante partisans du Quan-Phong déployés en tirailleurs, les tirailleurs
tonkinois également déployés, la légion en réserve.

Le mouvement de la colonne principale commença à deux
heures.

Les pirates ne virent tout d'abord que les partisans qui

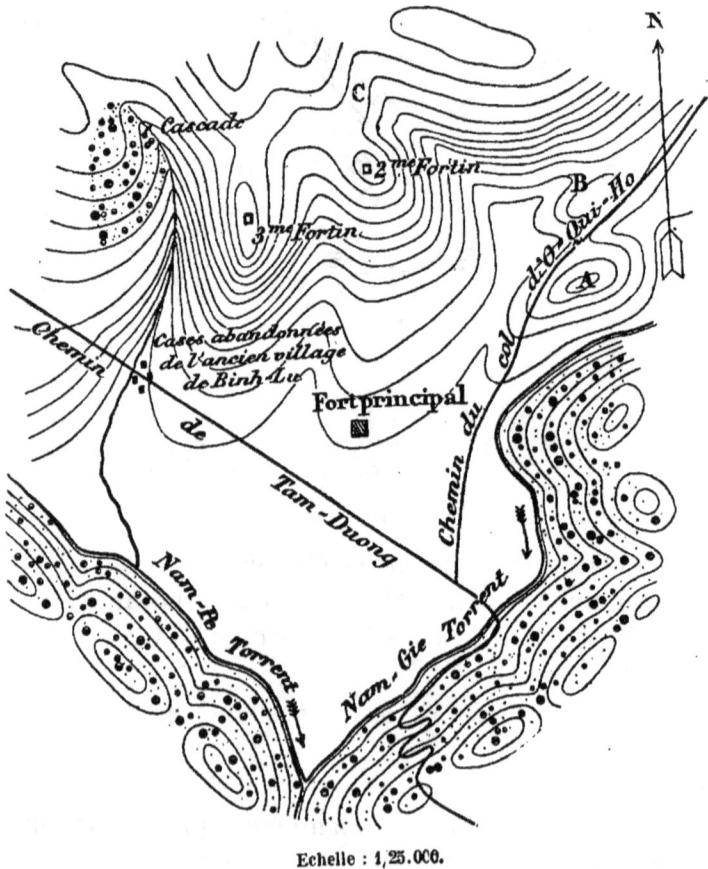

Echelle : 1,25.000.

s'avançaient en tête et sur leur extrême droite. Croyant
n'avoir affaire qu'à eux, ils sortirent de leurs retranchements

et vinrent les attaquer en plaine. Mais ceux-ci dégagèrent aussitôt le front des tirailleurs qui ouvrirent le feu et, en quelques instants firent rentrer les Chinois derrière leurs palissades.

Pendant ce temps, les partisans envoyés sur notre gauche étaient arrêtés devant le village abandonné de Binh-Lu occupé par l'ennemi.

A droite, le lieutenant Brisse réussit à couronner le mamelon A, d'où il envoya sur le fort principal ses premiers feux de salve. Il y laissa quelques hommes et poursuivit vers les hauteurs B et C son mouvement de progression, qui l'amena jusqu'au deuxième petit fortin construit sur la hauteur à laquelle était adossé le fort principal. Ce deuxième petit fortin, il le trouva évacué; il dirigea alors sur le fort principal une grêle de balles, puis, n'écoutant que son ardeur et sans attendre que la colonne principale fût à portée d'assaut, il se lança contre les palissades du grand fort.

Voyant le mouvement de son lieutenant, le commandant de la colonne donna, malgré la distance, au groupe principal l'ordre de se porter à l'assaut.

Le fort principal fut donc abordé par le nord et par le sud; mais l'élan des assaillants se trouva arrêté par les palissades et les défenses accessoires que nos soldats durent abattre à coups de coupe-coupe, sous un feu à bout portant. Enfin, au bout de vingt minutes que dura ce travail meurtrier, un passage était rendu praticable; légionnaires et tirailleurs s'élancèrent à l'intérieur du fort que les Chinois de Dieu-Van-Tri se hatèrent d'évacuer. Le combat était terminé à 4 heures.

Il nous coûtait 6 tués dont le lieutenant Brisse et 3 légionnaires et 25 blessés, dont le capitaine Jannet et 11 légionnaires.

Opérations de Ba-Dinh.

(Décembre 1886, janvier et février 1887.)

Les circonstances qui ont amené l'installation par les rebelles annamites de la position fortifiée de Ba-Dinh, sont résumées dans l'aperçu d'ensemble. Cette position était d'autant plus gênante qu'elle se trouvait à courte distance du canal de Ninh-Binh et que la région du Tanh-Hoa, difficilement accessible par mer, était ravitaillée sur le Tonkin par ce canal.

Le lieutenant Zähner, commandant du poste de Tam-Cao, en signala l'existence au commencement de décembre et donna les premiers renseignements sur son emplacement et sa configuration. Elle se composait des trois villages de Mikhe, Maouting et Thuong-Tho sud, îlots situés dans une plaine de rizières, fortifiés et reliés entre eux par des tranchées et des palissades en bambous. Les villages de Ba-Din het de Thuong-Tho nord étaient occupés comme positions avancées.

Une opération combinée contre Ba-Dinh fut arrêtée le 18 décembre, entre les lieutenants-colonels Dodds et Metzinger, commandants militaires des régions de Nam-Dinh et de Tanh-Hoa.

Le lieutenant-colonel Metzinger partit de Tanh-Hoa le 16 avec un petit détachement, eut un engagement vers Ha-Trung, et, après avoir rejoint le lieutenant Zähner, qui avait fait la reconnaissance les 14 et 16, se présenta par le sud-ouest devant la position avec :

37 zouaves ;
50 tirailleurs tonkinois ;
60 chasseurs annamites ;
1 pièce et 20 canonniers.

Au bout d'un certain temps de canonnade, l'assaut fut donné ; malheureusement, depuis le 16, les défenseurs avaient surhaussé le niveau de l'eau des rizières et des fossés; malgré d'opiniâtres efforts, qui nous coûtèrent 4 tués dont le lieutenant Zähner et 1 Européen et 9 blessés dont le capitaine Blaise, le lieutenant Tuffier et 6 Européens, on dut battre en retraite sur Nga-Thon.

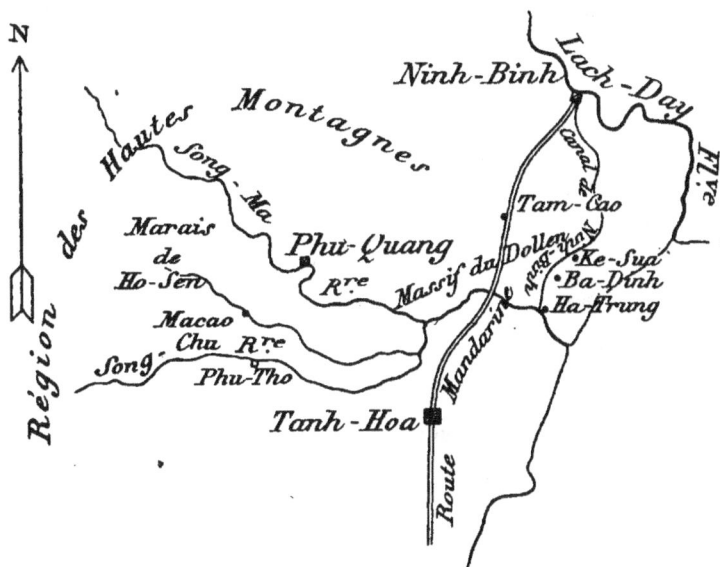

Echelle : 1/1.200.000.

Le lieutenant-colonel Dodds, à la tête de 350 à 400 fusils, aborda le même jour la position par le nord-est. Il marchait en trois colonnes; celle de droite (capitaine de Nugent) se dirigeait vers Thuong-Tho qu'elle attaqua et enleva; dans la journée, les colonnes du centre et de gauche (lieutenant-colonel Dodds et lieutenant Drujon), rejoignirent celle de droite; on coucha sur les positions, que le colonel, n'entendant plus rien vers le sud-ouest, fit évacuer le lendemain.

A la suite de ce premier insuccès, il fut décidé que la position de Ba-Dinh serait l'objet d'un investissement et d'un siège réguliers. L'investissement commença, le 31 décembre, sous la direction des deux mêmes officiers supérieurs, qui opérè-

rent respectivement suivant les mêmes directions d'attaque
que le 18.

Le 6 janvier 1887, le lieutenant-colonel Dodds, croyant la
préparation suffisante, tenta sur Thuong-Tho sud et sur
Maouting (sa première parallèle s'appuyait sur Thuong-Tho
nord et les Ba-Dinh) un nouvel assaut qui ne réussit pas et
nous coûta 15 tués dont 4 Européens et 36 blessés, dont le
capitaine Bouchage, le capitaine Amar, le lieutenant Lambe-
lin, le sous-lieutenant Audebert et 11 Européens.

De nouveaux renforts furent envoyés autour de Ba-Dinh
et les troupes assiégeantes furent placées sous les ordres du
colonel Brissaud. Leur répartition était la suivante :

Quartier général :

Colonel Brissaud, commandant ;
Capitaine d'Amade, chef d'état-major ;
Capitaine Joffre, commandant du génie ;
Sous-intendant Chaumont, chef des services administratifs ;
Docteur Villedary, chef du service de santé.

Secteur nord (lieutenant-colonel Dodds) :

Deux compagnies de légion étrangère ;
Une compagnie de fusiliers marins ;
Cinq compagnies de tirailleurs tonkinois ;
Deux sections de 95 ;
Deux sections de 80 ;
Deux sections de Hotschkiss.
    Au total :
    31 officiers,
1.317 fusils (dont 578 Européens et 739 Indigènes).

Secteur sud (lieutenant-colonel Metzinger) :

Deux compagnies de zouaves ;
Deux compagnies d'infanterie de marine ;
Un peloton de chasseurs annamites ;
Trois compagnies de tirailleurs tonkinois.
    Au total :
    47 officiers ;
2.206 fusils (994 Européens et 1.212 Indigènes).

L'effectif total du corps de siège comptait, le 20 janvier 1887 :

78 officiers ;
1.579 soldats européens ;
1.951 soldats indigènes.

Le quartier général du colonel Brissaud était installé au grand Tuan-Dao ; celui du lieutenant-colonel Dodds au petit Tuan-Dao ; celui du lieutenant-colonel Metzinger à Cuthon. Les ravitaillements se faisaient par le canal de Ninh-Binh, sur lequel l'intendance avait établi les magasins de Ke-Sua.

Connaissant l'extrême mobilité des Annamites et des Chinois, le colonel Brissaud s'était efforcé, dès les premiers jours de sa prise de commandement, de réaliser l'investissement matériel au moyen de gabionnades et de haies de bambous, de façon à empêcher de passer même l'homme isolé. Le 20, au soir, les travaux d'approche et d'obstruction étaient poussés à un point dont le croquis au $\frac{1}{25.000}$ ci-joint donnera une idée ; pendant la nuit suivante, les assiégés firent une sortie en masse pour s'échapper au dehors ; beaucoup furent tués, mais la majeure partie parvinrent à franchir nos lignes et gagnèrent le massif montagneux du Dollen.
La position de Ba-Dinh fut occupée par nous le 21.

Des colonnes légères parcoururent le Dollen du 26 au 31 janvier sans rencontrer d'ennemis. Les anciens défenseurs de Ba-Dinh, joints aux bandes qui opéraient à l'extérieur pendant le siège, s'étaient retirés dans la région qui s'étend entre le Song-Ma et le Song-Chu et la région montagneuse proprement dite entre nos deux postes de Phu-Quang et de Phu-Tho.
Le colonel Brissaud laissa dans le Dollen le capitaine Joffre avec une petite colonne et se porta contre les rebelles avec les deux colonnes Dodds et Metzinger. Il les atteignit et les battit le 2 février 1887 à Macao.

Le combat de Macao eut pour effet de refouler définitivement les bandes dans la haute région montagneuse.

Les colonnes Brissaud furent disloquées dans le courant du mois de février.

COMBAT DE MACAO (2 février 1887). — Après la battue du Dollen, le colonel Brissaud donna officiellement les ordres de dislocation des colonnes, et les troupes des deux lieutenants-colonels se rendirent ostensiblement à Tanh-Hoa. Mais leurs chefs avaient reçu secrètement l'ordre de faire tête de colonne à droite et de se porter respectivement sur Phu-Tho et Phu-Quang.

La composition des colonnes était la suivante :

Quartier général :

  9 officiers ;
  11 soldats européens.
  72 coolies.

Colonne Dodds :

Un détachement du génie ;
Deux sections d'artillerie ;
Une compagnie de légion étrangère ;
Une compagnie du bataillon d'Afrique ;
Deux compagnies de tirailleurs tonkinois ;
Une ambulance légère ;
  Au total :
  19 officiers ;
  308 soldats européens ;
  448 soldats indigènes ;
  641 coolies.

Colonne Metzinger :

Un détachement du génie ;
Deux sections d'artillerie ;
Deux pelotons de zouaves ;
Une compagnie d'infanterie de marine ;
Une section de légion étrangère ;

Nghi-Vinh

Ligne

des

Petit Rocher

Petit Rocher

Postes

Nui-Xa-Tien

Petit-Tuan-Dao

Rizières
d'Tuan-Dao

Rizières
extérieures

Xa-Tien

Ba-Dinh
Nord

Ba-Dinh
Sud

Grand Rocher

Poste

Batterie

Bat.ᵉ

Bat.ⁱᵉ

Haie

Poste

Rizières

Thuong-Tho
Nord

Rizières

Poste

Rizières

Batterie

Rizières

Haie

Palissade

Sape

Maouting

Batterie

Batterie
(Hotschkiss)

Thuong-Tho
Sud

Haie

Poste

Palissade

Poste

Cu-Thon

Mikhé

Rizières

Poste

Haie

Haie

Rizières

Poste

Batterie

Batterie

Nga-Thon

Rizières

Batterie

Haie

N ←

Poste

Poste

Gabionnade

Poste

Poste

Haie

Poste

Haie

Poste

Phuc-To

Rizières

Poste

Ligne

des

Postes

extérieurs

Canal

de

Ninh - Binh

à

Tanh - Hoa

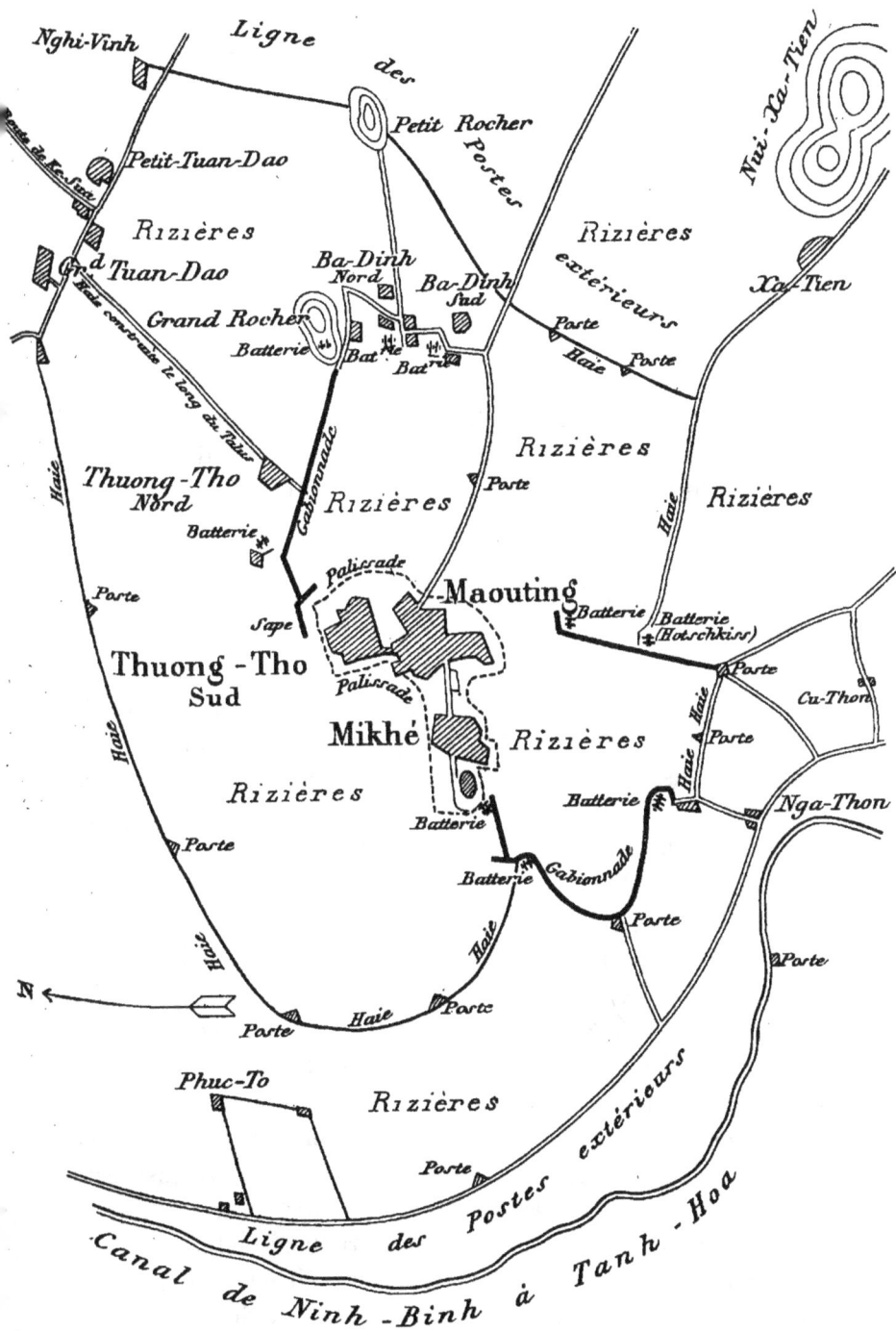

Echelle : 1/25.000.

Deux compagnies de tirailleurs tonkinois;
Une section de chasseurs annamites;
Une ambulance légère.

Au total:

35 officiers;
578 soldats européens;
885 soldats indigènes;
1.034 coolies.

La position ennemie n'était connue que d'une façon très vague; on savait seulement que les rebelles s'étaient réunis du côté des marais de Ho-Sen et y avaient construit des retranchements.

Les deux colonnes quittèrent respectivement Phu-Quang et Phu-Tho le 2 février au matin: leur objectif commun était Vuc-Loï.

La colonne Metzinger, partie de Phu-Tho, se dirigea sur Phuc-Tinh, où elle laissa son convoi, pour continuer sa route vers Buï-Ha et Da-Nam, pendant qu'un détachement comprenant 300 fusils et une pièce, sous les ordres du capitaine de Nugent, marchait directement sur Vuc-Loï par Yen-Lang, Yen-Lac, Vang-Laï, Buc-Soï et Cun-Bao.

La colonne Dodds se porta directement sur l'objectif et en un seul détachement.

Les deux colonnes se rencontrèrent à Buï-Ha à 11 heures du matin.

Plusieurs indices vinrent, à partir de ce moment, démontrer d'une façon certaine au commandant des colonnes que l'ennemi était très près. Il arrêta, en conséquence, le mouvement enveloppant sur Vuc-Loï; la colonne Metzinger, avec laquelle il marchait, prit la tête et la colonne Dodds reçut l'ordre de s'arrêter à Da-Nam jusqu'à nouvel ordre.

Ce que le colonel Brissaud avait prévu se réalisa. Au moment où la tête de l'avant-garde arrivait en vue des premières plantations du village de Macao, elle donna inopinément sur une demi-redoute inachevée. Le feu éclata aussitôt et, au bout d'une demi-heure, l'ouvrage en construction, qui n'était que faiblement occupé, tombait en notre pouvoir.

Le lieutenant-colonel Metzinger se porta alors à l'attaque du village de Macao, en manœuvrant de façon à l'envelopper par l'ouest et par le sud, appuyant peu à peu vers sa droite, pendant que la colonne Dodds, accourue aussitôt, prenait sa place et se livrait à la même manœuvre. En même temps, une partie du détachement laissé à Phuc-Tinh à la garde du convoi Metzinger, arrivait par la route directe de Phuc-Tinh à Macao et complétait l'investissement par le sud-est.

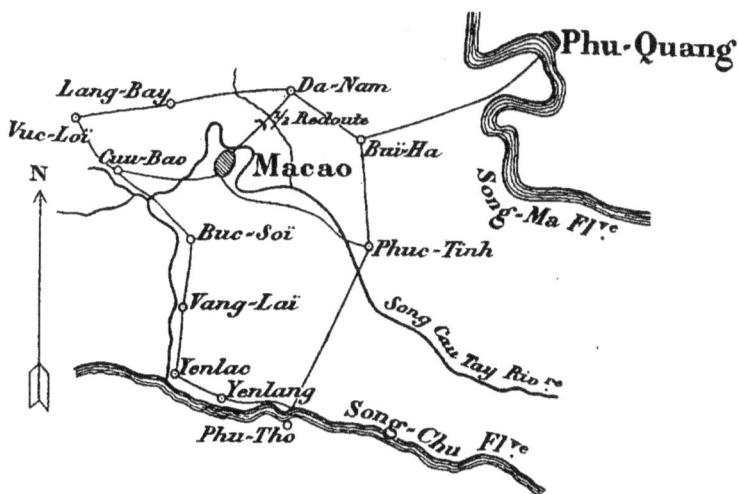

Echelle : 1/300.000.

Au bout d'une heure et demie de combat, dès que les Chinois virent que le cercle allait se refermer sur eux, ils évacuèrent la position, glissant entre les doigts des colonnes, qui la trouvèrent vide lorsqu'elles en prirent possession.

Le lendemain, les trois détachements se rencontrèrent à Cuu-Bao.

Les pertes de la journée du 2 février 1887 ont été 1 Européen tué et 6 blessés, dont les lieutenants de Thuiny et Faure et 3 soldats européens.

Combat de Bo-Gia.

(21 octobre 1887.)

Le combat de Bo-Gia a été livré par le lieutenant-colonel Servière aux bandes de La-Hoan-Dong pendant la marche sur Bao-Lac (colonne des Ba-Be).

La colonne comprenait :

Deux compagnies du bataillon d'Afrique, 157 hommes ;
Deux compagnies de tirailleurs tonkinois, 280 hommes ;
Un capitaine du génie et 5 sapeurs ;
Une pièce de 4 servie par 3 canonniers et 4 auxiliaires du bataillon.

Elle avait été concentrée à Trung-Trang et en était partie le 21 octobre 1887 à 6 heures du matin.

La-Hoan-Dong occupait le marché de Bo-Gia. Entre ce dernier et Trung-Trang, dans la partie la plus resserrée du couloir rocheux que suit le sentier unissant ces deux points, était organisée sa position défensive.

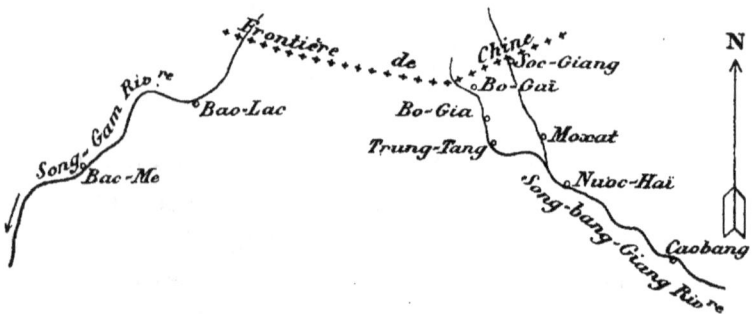

Le colonel l'avait fait reconnaître par deux tirailleurs tonkinois, qui s'en étaient rapprochés sans armes, déguisés en paysans ; elle consistait en un mur de deux mètres de haut et d'une longueur de cinquante mètres construit en blocs de ro-

chers et percé en son milieu d'une massive porte chinoise
formée de madriers en bois de fer, maintenus par des barreaux

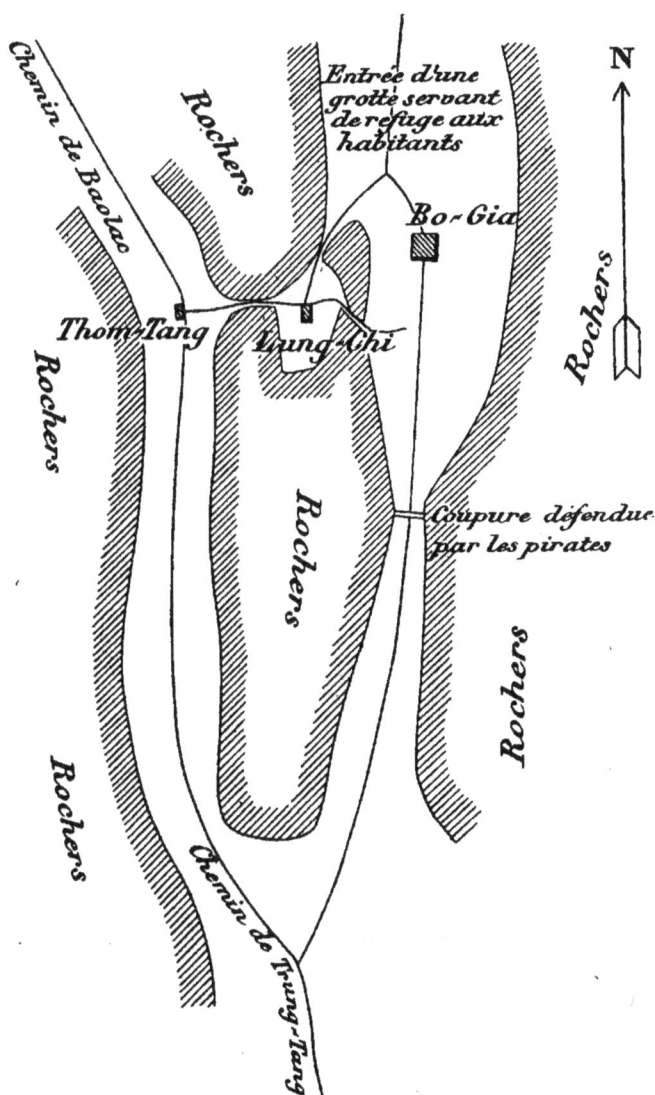

Echelle : 1/20.000.

de même matière. D'après renseignements provenant d'une
autre source, un deuxième sentier très mauvais menait sur les

derrières de la position par les villages de Thom–Tang et Lung-Chi.

Arrivé à la bifurcation des chemins de Bo-Gia et de Thom-Tang, le colonel parqua son convoi qu'il laissa à la garde d'un détachement formant en même temps réserve générale (une section du bataillon d'Afrique, une compagnie de tirailleurs tonkinois) et divisa le reste de sa colonne en deux fractions :

Une fraction comprenant un peloton de tirailleurs tonkinois et une compagnie du bataillon d'Afrique fut mise sous le commandement du commandant Le Camus et se dirigea sur les derrières de la position par Thom-Tang et Lung-Chi;

Une deuxième fraction comprenant ce qui restait de la colonne devait marcher sur la position par la route directe.

Après avoir laissé prendre trois quarts d'heure d'avance au groupe Le Camus, le colonel alla faire la reconnaisance de la position avec le capitaine du génie Léon et le lieutenant Nigote, son major de colonne. A 600 mètres environ en avant du mur, ils rencontrèrent une palissade inoccupée qu'ils franchirent; un terrain ondulé permettait de s'approcher sans trop de difficultés jusqu'à 100 mètres de la position; mais à partir de là, le sol se présentait comme un véritable glacis sans le moindre accident.

A la suite de cette reconnaissance, il fut décidé que la pièce qu'il eût fallu mettre en batterie à 100 mètres de la position, resterait au convoi et les troupes d'attaque marchèrent à l'ennemi dans l'ordre suivant :

En tirailleurs :
A droite, une section de tonkinois;
A gauche, une section du bataillon.
En soutien, à 60 mètres derrière la chaîne :
Une section du bataillon.
En réserve, à 100 mètres derrière le soutien :
Une section du bataillon.

On marcha dans cet ordre jusqu'à la position d'arrêt, située à 100 mètres du mur; à cet endroit seulement, la chaîne de tirailleurs fut saluée par un feu très vif.

La section de tirailleurs (lieutenant Reverlégat) serra aussitôt sur la falaise rocheuse de droite, et, par une série de bonds successifs, de saillie en saillie, parvint jusqu'à l'extrémité du mur.

La section européenne, placée sous les ordres du lieutenant Nigote, opéra la même manœuvre le long de la falaise de gauche, et arriva jusqu'à un bouquet d'arbres où elle fut accueillie par un redoublement de fusillade qui coucha par terre le lieutenant et deux soldats. L'adjudant Chaton prit alors le commandement, poussa jusqu'au mur le long duquel ses hommes se prolongèrent en se blottissant dans l'angle mort, se glissa de sa personne jusque devant la porte qu'il essaya d'ébranler à coups de crosse. A force de tirer sur les barres qui la fermaient, l'une d'elles céda, et l'adjudant se précipita à la tête de ses hommes dans l'ouvrage que les Chinois évacuèrent précipitamment, laissant onze cadavres sur le terrain.

Le mur enlevé, des feux de salve furent tirés sur les tireurs de position embusqués dans les rochers qui ne tardèrent pas à être évacués à leur tour.

Le groupe Le Camus, arrêté par de très mauvais sentiers, ne déboucha sur les derrières de la position que longtemps après.

Nous avons eu, au combat de Bo-Gia, 2 tirailleurs tonkinois tués et 3 Européens blessés, dont le lieutenant Nigote.

Reconnaissance et retraite de Dong-Banh.

(Novembre 1887.)

Après l'occupation de Daï-Lich (janvier 1887), le colonel Brissaud, appelé au Tanh-Hoa pour y prendre la direction du siège de Ba-Dinh, avait été obligé d'interrompre ses opérations contre le Bo-Giap. Les bandes de ce chef s'étaient retirées vers Deo-Hat, Dong-Banh et Nghia-Lo (anciennement Ha-Lo). Le capitaine Fraissines, commandant du cercle de Than-Quan

(Than-Quan, ancien poste chinois situé tout près de notre Yen-Bay actuel), reçut l'ordre, vers la fin d'octobre 1887, de pousser jusqu'à la plaine de Nghia-Lo une reconnaissance destinée à recueillir des renseignements sur le terrain et sur l'ennemi.

La colonne de reconnaissance fut formée à l'effectif suivant :

72 zouaves (lieutenant Maurandy) ;
77 tonkinois (lieutenant Holstein) ;
53 coolies portant 10 jours de vivres.

Concentrée à Traï-Hutt (anciennement Lam), elle en partit le 3 novembre.

Cette opération constitue, à l'aller comme au retour, un exemple complet de marche en montagne avec toutes les péripéties que peuvent y faire naître l'ennemi et le terrain ; il sera donc intéressant d'en avoir le résumé jour par jour.

3 novembre. — La petite colonne passe le fleuve Rouge en sampans de 5 à 7 heures du matin ; elle s'engage dans la vallée du Ngoï-Hutt qu'elle remonte par sa rive droite. A midi 1/2, on fait la grande halte au point où le chemin traverse le cours d'eau qui est large et profond. Pendant qu'on mange, les habitants du village voisin de Ké-Oc-Bi réquisitionnés, fabriquent cinq radeaux de bambous ; le passage s'effectue sur ces radeaux de 3 à 4 heures ; on reprend alors la marche et on arrive à 6 heures à Lang-Nhon, après avoir traversé une deuxième fois le Ngoï-Hutt sur un pont flottant de bambous, que les habitants prévenus ont construit à l'avance.

4 novembre. — Départ à 6 h. 1/2 du matin, avec deux guides que le capitaine Fraissines a eu la veille toutes les peines du monde à se procurer. A deux kilomètres environ de Lang-Nhon, nouveau passage du Ngoï-Hutt sur un pont flottant que les habitants ont construit pendant la nuit. La grand'halte se fait à 11 heures ; au bout de deux heures de repos, on reprend la marche ; à une heure de là, on traverse de nouveau la rivière devenue guéable, puis on s'engage dans un ravin escarpé et broussailleux, le long duquel la marche est très pénible. On s'arrête à la tombée de la nuit et on bivouaque à une distance de l'étape précédente, estimée par le commandant de la colonne à 25 kilomètres (chiffre peut-être un peu fort).

5 *novembre*. — Départ à 5 h. 1/2. Les difficultés de la marche augmentent encore en traversant le col de Lam-Tra et les premiers indices de la présence de l'ennemi apparaissent. A un ou deux kilomètres de l'étape, le sentier est barré par une double rangée d'abatis, que la colonne doit tourner en se frayant un passage ; un peu plus loin, c'est une palissade qui est occupée par quelques hommes et abandonnée dès qu'apparaît la tête de colonne. Enfin, à 9 h. 1/2, après avoir descendu péniblement le lit rocheux et boisé d'un ruisseau, on débouche dans la la vallée du Ngoï-Minh à Thuon-Banh.

Le capitaine y fait sa grand'halte et en profite pour renforcer son convoi de 20 coolies qu'il réquisitionne ; quelques-uns des coolies partis de Traï-Hutt, en nombre tout juste suffisant pour porter les vivres et les bagages, ont en effet déserté et la colonne manque de moyens de transport. A Thuong-Banh, on découvre de nouveaux indices du passage d'une troupe ennemie (étuis de Winchester, etc.).

On repart à midi 1/2 et on va coucher à Lang-Viang, où l'on arrive à 5 heures du soir.

6 *novembre*. — Départ à 6 heures. On débouche dans la vallée du Ngoï-Thia, que l'on remonte. On passe près d'un fort en construction, récemment abandonné, et à 10 heures, on arrive à Nghia-Lo. Là, on apprend que le village était occupé le matin même, que les pirates l'ont évacué quelques heures avant et qu'ils attendent les Français sur la route de Dong-Banh. Un émissaire du pays, envoyé aux renseignements, revient peu de temps après et montre au capitaine sur la rive droite de la rivière, entre celle-ci et le point où le sentier s'engage dans la montagne, un petit groupe de cases qui est occupé par l'ennemi.

Opér. milit.   7

La colonne est remise en marche; elle arrive au groupe de cases qu'elle trouve évacuées et s'engage dans la montagne, où elle échange ses premiers coups de fusil avec une arrière-garde qui cherche à retarder sa marche. Elle atteint le Ngoï-Banh, dont la rive droite est occupée et où la tête de colonne est accueillie par une fusillade générale.

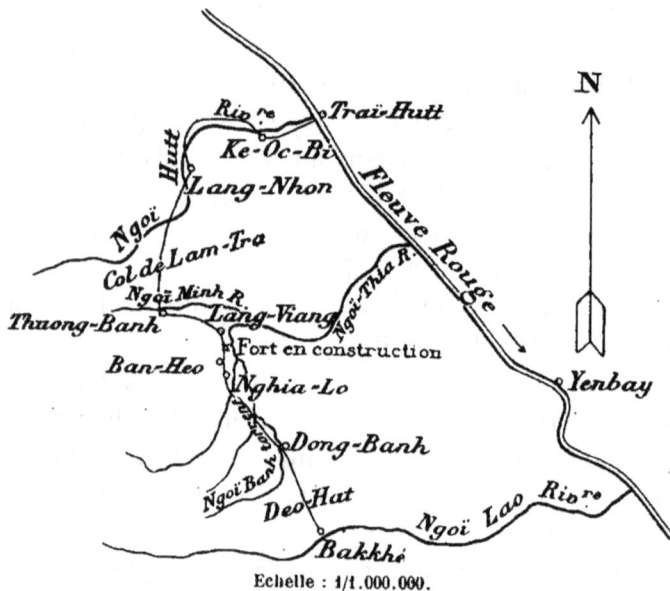

Echelle : 1/1.000.000.

Le capitaine déploie, face à la position, une chaîne qui entre-tient le combat, pendant que 20 zouaves sont envoyés à tra-vers brousse pour tourner la position. Le mouvement tour-nant réussit, et, dès que les premiers coups de feu leur arrivent dans le dos, les pirates prennent la fuite. Un tirailleur est grièvement blessé.

On va camper à Dong-Banh, où l'on arrive à 6 h. 1/2.

7 *novembre*. — Départ à 3 heures du matin. Les bagages sont laissés à Dong-Banh à la garde de 20 fusils mixtes. Après avoir essuyé quelques coups de feu des postes avancés, qui se replient au fur et à mesure, la tête d'avant-garde arrive à

4 h.1/2 en face du col de Dong-Banh, qui est fortement occupé. Un combat très vif s'engage et, au bout d'une heure et demie, l'ennemi évacue la position, après nous avoir mis hors de combat 9 hommes (1 tué et 8 blessés).

On revient à Dong-Banh, que l'on atteint à 7 heures du matin. Après avoir pansé les blessés et enterré le mort, la marche est reprise à 9 heures; la colonne traverse Nghia-Lo et vient coucher à Ban-Héo.

Le capitaine Fraissines avait rempli sa mission : il avait pu, à la suite des renseignements recueillis en route et du combat qu'il venait de livrer, compter les gens du Bo-Giap estimés par lui à 400 environ; il avait, en outre, vu le pays aussi loin qu'il était possible. Il s'agissait maintenant de rentrer.

8 *novembre.* — Dès le départ, se manifestent chez les coolies une inquiétude et des tentatives de désertion, qui font présager que l'étape ne s'effectuera pas sans incidents. Il y a, outre les bagages et les vivres, des blessés à transporter, et fort probablement, il y en aura d'autres pendant la route; il faut donc à tout prix empêcher les désertions de coolies; un soldat est, en conséquence, placé auprès de chaque charge, avec ordre de tirer sur tout porteur cherchant à s'esquiver; cette consigne est communiquée aux intéressés et rigoureusement exécutée : trois coolies cherchant à fuir pendant la route, sont tués à coups de fusils.

Les premiers coups de feu sont tirés sur la colonne un peu avant d'arriver à Lang-Viang; un zouave est blessé grièvement. Ils se succèdent alors sans interruption et sont meurtriers, car on les tire à bout portant et à des points bien choisis du sentier. A deux reprises, on trouve le sentier barré par des abatis défendus, devant lesquels la colonne doit se déployer et exécuter des attaques tournantes. Enfin, on arrive à Thuong-Banh, où la grand'halte est faite.

Il est à supposer que l'ennemi n'a pour la journée préparé d'embuscades que dans le pâté montagneux qui s'étend entre le

Ngoï-Thia et le Ngoï-Minh; voulant profiter de cet avantage probable, le capitaine repart à 4 heures et marche en effet jusqu'à la nuit sans être inquiété.

On bivouaque à la palissade de Lam-Tra, franchie le 5 novembre.

Les pertes de la journée étaient de 9 blessés, dont 2 coolies.

9 novembre. — Départ à 7 heures, après reformation du convoi. Les coolies manquent, les zouaves et les tirailleurs sont obligés de porter quelques-uns de leurs camarades blessés. A 9 heures, on arrive au point le plus étroit du défilé, point occupé par une quarantaine de pirates retranchés derrière des abatis et de petits ouvrages en terre. En arrivant devant cette position, les deux tirailleurs de pointe sont tués, et le sergent qui les dirige grièvement blessé. La colonne est déployée et le capitaine ordonne à travers bois un mouvement tournant qui détermine la fuite de l'ennemi.

On poursuit ensuite la marche jusqu'au Ngoï-Hutt, on le traverse à gué et on bivouaque à un kilomètre au delà du gué.

Les pertes de la journée sont de 2 tirailleurs tués et 8 européens blessés (sergents de tirailleurs ou zouaves).

10 novembre. — La veille au soir, le capitaine a envoyé un tram (1) pour demander des coolies à Lang-Nhon; le tram est rentré rendant compte que le village a été abandonné par les habitants, qui, au bruit des coups de feu, se sont réfugiés dans la montagne. Les soldats de la colonne s'attellent donc encore aux blessés et on part à 11 heures.

On marche péniblement et lentement jusqu'à 5 heures; on s'arrête alors et on bivouaque sur un affluent de gauche du Ngoï-Hutt. Heureusement, la marche n'est pas inquiétée.

11 novembre. — Marche de 7 heures à 11 heures jusqu'au

_____

(†) Courrier indigène armé ou non marchant à pied.

point de passage de la rivière. On bivouaque sur la rive gauche et l'après-midi est employée à construire des radeaux pour passer.

Le capitaine envoie deux trams à Traï-Hutt pour demander des coolies.

12 novembre. — Passage de la rivière. Départ à 7 heures; on suit une route épouvantable, mais qui évite les deux passages de rivière entre Lang-Nhon et Ké-Oc-Bi. La grand'halte est faite à hauteur de Lang-Nhon; on marche ensuite jusqu'à 5 heures et on s'arrête pour bivouaquer sur le bord de la rivière.

13 novembre. — Des coolies envoyés par Traï-Hutt ont enfin rejoint la colonne la veille au soir. Le convoi est reformé et on arrive à Traï-Hutt sans nouvel incident.

Opérations de Chomoï et Chochu.

(Janvier-février 1889.)

Le but de l'expédition était l'enlèvement des repaires de Chomoï et Chochu.

La mission de les détruire fut confiée au général Borgnis-Desbordes, qui organisa à cet effet une colonne unique, partit de Thaï-Nguyen et opéra successivement contre l'un, puis contre l'autre des deux objectifs.

La colonne comprenait :

Une compagnie du bataillon d'Afrique.......... 92 fusils;
Trois compagnies d'infanterie de marine........ 286 —
Trois compagnies de tirailleurs tonkinois....... 384 —
Un détachement du génie .... 17 —
Une section d'artillerie à mulets.............. 2 pièces;
Un peloton de spahis tonkinois............... 26 cavaliers;
Une ambulance légère;
Un convoi;
1.200 coolies dont 820 au convoi et 30 à l'ambulance.

Le 13 janvier, une avant-garde, commandée par le commandant Coustis de la Rivière et comprenant :

La compagnie du bataillon d'Afrique ;
Une compagnie de Tonkinois ;
La cavalerie ;
Le génie.

partit de Thaï-Nguyen et alla coucher à Dong-Du. Le lendemain, cette avant-garde fut rejointe par le gros de la colonne et, le 15, toutes les troupes se mirent en marche sur Chomoï, qu'elles atteignirent le 17 et occupèrent à la suite d'un combat meurtrier.

Le 19, après un jour de repos, le général se mit en marche sur Chochu par la route directe, laissant une petite garnison à Chomoï. Mais la route était mauvaise et à peine tracée ; soit volontairement, soit involontairement, les guides recrutés à Chomoï s'égarèrent ; la colonne dut revenir sur ses pas et il fut décidé que pour aller à Chochu, on repasserait par Thaï-Nguyen.

Ce mouvement de retour fut exécuté les 21 et 22 ; on fit à Thaï-Nguyen les 23, 24 et 25 un séjour pendant lequel la colonne se reposa, se réorganisa et se renforça. Elle comprenait pour la marche sur Chochu :

Trois compagnies d'infanterie de marine ;
Une compagnie du bataillon d'Afrique ;
Deux compagnies de légion étrangère ;
Une compagnie et demie de tirailleurs tonkinois ;
Un détachement du génie ;
Deux pièces d'artillerie ;
Une section de munitions ;
Une ambulance légère ;
Un convoi.

Le 26, un détachement d'avant-garde, composé du détachement du génie et d'une compagnie d'infanterie de marine, sous les ordres du capitaine Bauchet, quitta Thaï-Nguyen, coucha le 27 à Huong-Son et le 28 enleva la position avancée de Quang-Thuong.

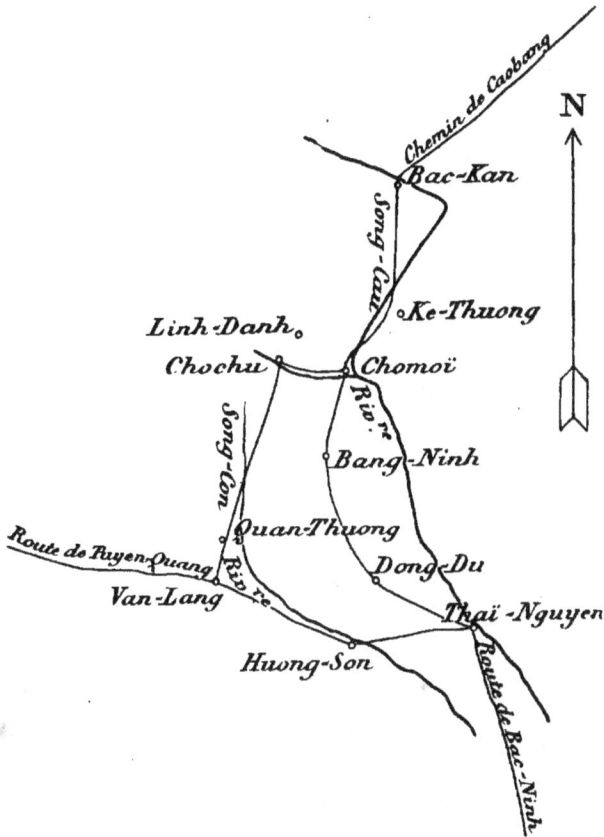

Echelle : 1/1.000.000.

Le 29, le gros de la colonne se mit lui-même en mouvement et, après une marche que retarda un échange de correspondance avec Luong-Tam-Ky, les troupes se présentèrent, le 2 février, devant Chochu qui fut enlevé sans grandes pertes.

COMBAT DE CHOMOÏ (17 janvier 1889). — [La colonne quitta le 17 janvier l'étape de Bang-Ninh en marchant dans l'ordre suivant :

Avant-garde (commandant Coustis de la Rivière) :
Peloton de spahis (lieutenant Deschamps);

Compagnie Leca (bataillon d'Afrique);
Compagnie Gouttenègre (tirailleurs tonkinois);
Génie;
Détachement d'ambulance.

Gros :

Compagnie Gorce (infanterie de marine);
Compagnie Lecacheur (tirailleurs) encadrant la section d'artillerie (lieutenant Lalune);
Compagnie Montguillot (infanterie de marine);
Compagnie Comte (infanterie de marine) encadrant l'ambulance et le train de combat;
Convoi encadré par la compagnie Brunet (tirailleurs) (une section en tête, trois sections en queue) et une section de la compagnie Comte (infanterie de marine).

L'avant-garde se mit en marche à 6 heures et le gros à 7 heures.

A 8 heures, le peloton de cavalerie déboucha dans une clairière au milieu de laquelle se trouvaient les ruines d'un ancien fort; il y fut accueilli par une vive fusillade. Les cavaliers mirent pied à terre et ripostèrent; l'infanterie de l'avant-garde les rejoignit et dessina un mouvement tournant qui détermina la fuite de l'ennemi (un indigène et deux chevaux tués; trois blessés dont un Européen). On se remit en marche; mais en raison de la proximité de l'ennemi, les cavaliers qui ne pouvaient combattre que pied à terre et que leurs chevaux embarrassaient pour faire le coup de feu, furent placés en queue de l'avant-garde.

En débouchant dans la clairière qui précède le col de Deo-Van, on aperçut en arrière des hauteurs qui forment ce col et semblant faire corps avec elles, la montagne dominant Chomoï au nord-ouest; elle paraissait fortement occupée et était couverte de pavillons ennemis. La section fut mise en batterie en I puis en II; mais on ne tarda pas à s'apercevoir que cette montagne était plus éloignée qu'elle ne paraissait et qu'il était impossible de régler le tir sur elle à cause de la dépression existant entre elle et le Deo-Van, sur lequel elle se profilait. Le général, qui venait d'arriver en tête, donna l'ordre au lieu-

tenant Lalune de prendre une troisième position (III) et de se
contenter pour le moment de canonner le Deo-Van ; il renforça
en même temps l'avant-garde d'un peloton de la compagnie
Gorce, et, après achèvement de la préparation par l'artillerie,
lança le commandant Coustis de la Rivière sur cette première
position qui fut occupée sans grande résistance.

Pendant que le Deo-Van était enlevé en tête, le flanc droit
de la colonne était inquiété par un feu intense des tireurs de
position embusqués dans les rochers de l'autre côté du
torrent qui coulait parallèlement à la route. Le général fit
répondre à leur feu ; et, afin d'empêcher leur mouvement
offensif, il fit occuper par un peloton d'infanterie de marine
le mamelon A qui enfilait assez bien le ravin.

En tête, l'artillerie prit une quatrième position (IV) au Deo-
Van, d'où elle battait de très près la montagne des Pavillons
et le village de Chomoï.

Les troupes de l'avant-garde descendirent dans la plaine et
tentèrent sur Chomoï deux assauts consécutifs, qui échouèrent
par suite des difficultés que présentait la traversée du Song-
Chochu, et par suite également de la mise hors de combat à
chaque fois des officiers commandant l'assaut.

Il fallait en finir et à tout prix enlever Chomoï, sous peine
d'une retraite qui eût été probablement plus meurtrière qu'un
troisième assaut. Le général n'avait pas quitté l'avant-garde
depuis le commencement du combat; il avait suivi les péripéties des deux assauts du haut du Deo-Van, où il servait
de point de mire aux tireurs de la montagne des Pavillons, et
où ses deux officiers d'état-major tombèrent à ses côtés (capitaine Gardère, tué, capitaine Bonnier, blessé). Pour donner
du cœur à l'infanterie de tête qui venait de subir deux échecs,
il ordonna (midi et demi) au lieutenant Lalune d'aller, coûte
que coûte, mettre en batterie à la position V, à 150 ou 200
mètres de l'ennemi; en même temps il renforça l'avant-garde
d'un peloton de la compagnie Comte. Un nouvel élan fut
ainsi donné à l'avant-garde qui traversa une troisième fois le

Song-Chochu et pénétra enfin dans Chomoï que les Chinois incendièrent avant de partir (2 h. 35).

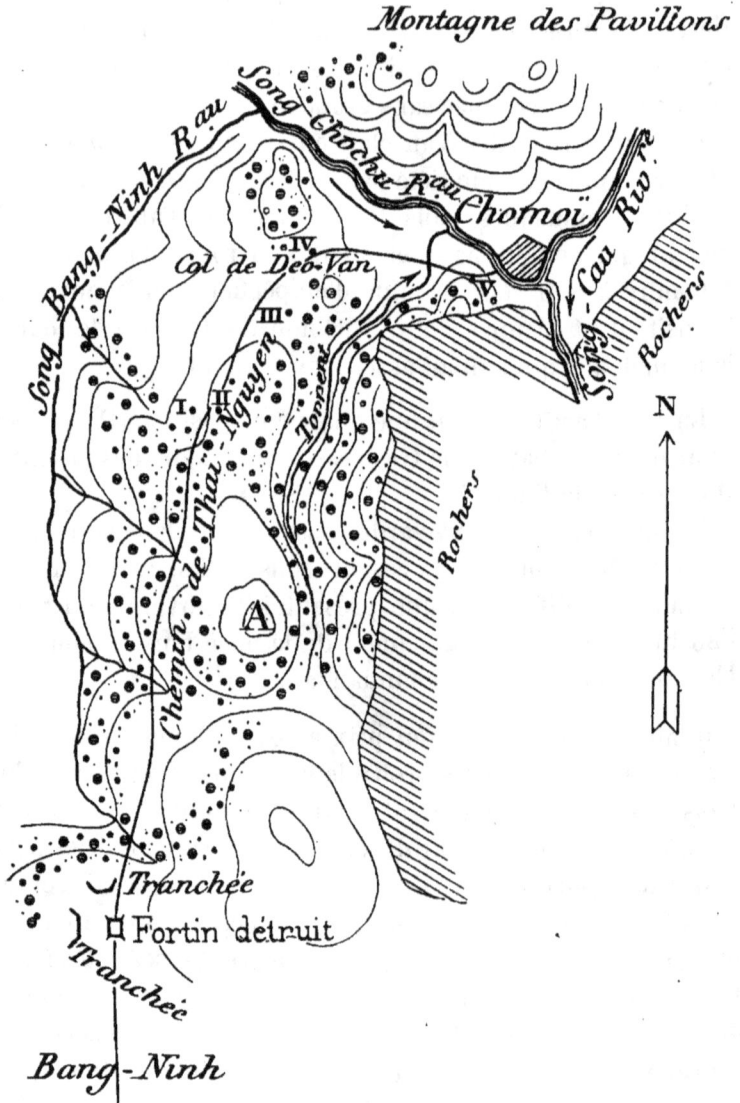

Echelle : 1/40.000.

, On occupa ensuite la montagne des Pavillons.

Pendant que Chomoï était enlevé, le convoi était l'objet, de la part des pirates embusqués dans les rochers, d'une attaque qui fut repoussée par la compagnie Brunet et par les spahis; ceux-ci, ne pouvant trouver leur emploi ailleurs, avaient été envoyés à l'arrière-garde pour la renforcer en fusils.

La journée du 17 janvier 1889 a été meurtrière; elle nous a coûté 17 tués (le capitaine Gardère, 12 soldats européens, 4 soldats indigènes) et 82 blessés (les capitaines Leca, Bonnier, Comte, Gouttenègre, les lieutenants Montguillot, André, Touchard, 64 soldats européens, 11 soldats indigènes).

Combat de Thuong-Lam.

(3 septembre 1889.)

Le combat de Thuong-Lam a été la plus sanglante affaire des battues Prétet et Pegna dans le nord de la plaine de Phu-Lang-Thuong, en août et septembre 1889.

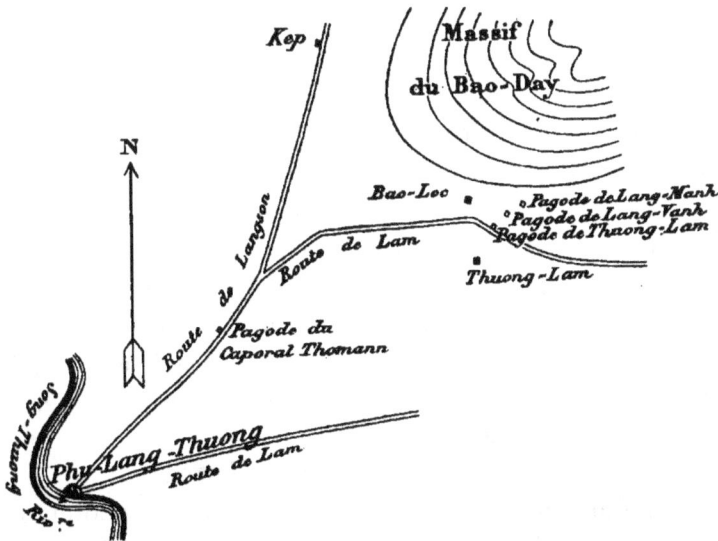

Echelle : 1/300.000.

Pendant que le commandant Pretet fouillait le Bao-Day, à la tête d'une colonne qu'il commandait en personne, il avait envoyé dans la plaine le capitaine Pegna, avec ordre de couper les vivres à Luu-Ky en faisant le vide autour de lui et en forçant les habitants à s'éloigner du Bao-Day pour se rapprocher du Phu-Lang-Thuong.

La colonne Pegna (lieutenant Lizé, adjoint au chef de colonne) était forte de :

78 légionnaires;
114 tirailleurs tonkinois.

et était formée de deux groupes à composition mixte :

Groupe Pegna :

Petoton Savy (tirailleurs tonkinois);
Peloton Ollivier (légionnaires).

Groupe Le Nourrichel :

Peloton de Certeau (tirailleurs tonkinois);
Peloton Meyer (légionnaires).

Elle avait passé la nuit, du 2 au 3, dans la région de Bao-Loc, aux pagodes de Lang-Manh et Lang-Vanh, situées au nord de la route de Lam.

Elle se mit en mouvement le 3 à 5 heures du matin; le groupe Le Nourrichel se dirigeait sur Bao-Loc et le groupe Pegna, suivi de tout le convoi, sur la pagode de Thuong-Lam.

Le capitaine Pegna avait l'intention de visiter le village de Thuong-Lam, qui lui avait été signalé pour ses compromissions avec les pirates. Ne sachant pas trop ce qui l'attendait à ce village, il parqua dans la pagode située au bord de la route tous ses bagages, qu'il laissa à la garde d'une section du peloton Ollivier, commandée par le sergent Vogel, et se dirigea directement sur le village avec le peloton Savy en entier et la deuxième section du peloton Ollivier.

A 6 h. 15 du matin, l'avant-garde, formée d'une section de tirailleurs sous les ordres du lieutenant Savy, atteignit la porte nord du village qui était fermée. A part ce faible indice, rien ne pouvait faire supposer que le village fût occupé. Le lieutenant, sans prendre la peine de descendre de cheval,

s'approcha lui-même de la porte qu'il heurta du manche de
sa cravache pour la faire ouvrir.

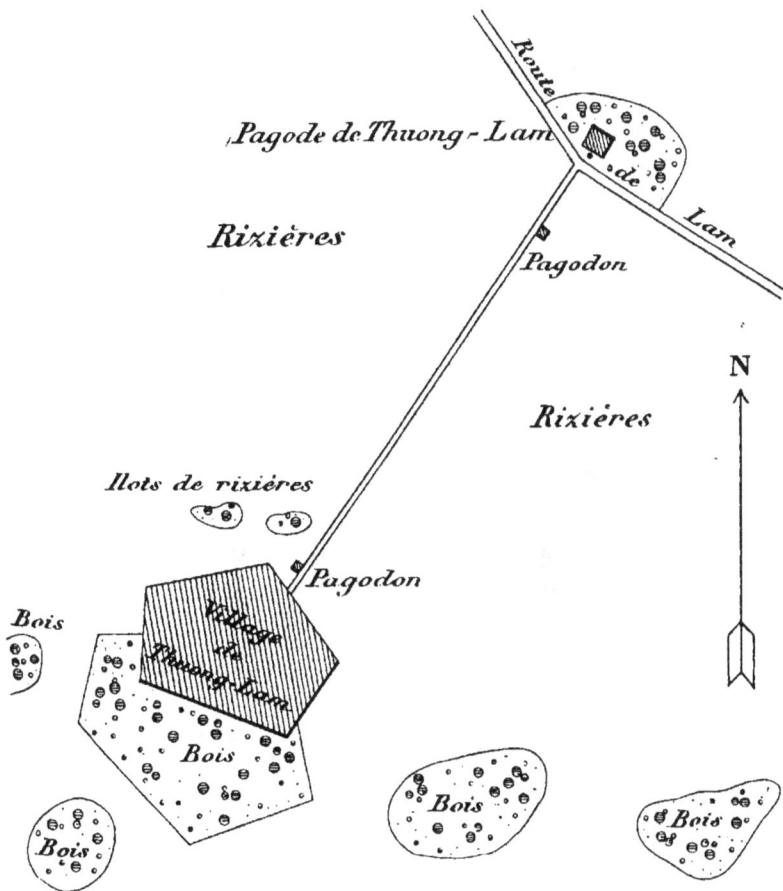

Pagode de Thuong-Lam

Rizières

Pagodon

N

Rizières

Ilots de rixières

Pagodon

Bois

Village de Thuong-Lam

Bois

Bois

Bois

Bois

Echelle : 1/20.000.

Ce fut le signal d'une fusillade subite et violente, qui partit
de tous les points de l'enceinte, coucha par terre Savy, son
cheval et plusieurs hommes, tua le cheval du lieutenant Ollivier et blessa celui du capitaine.

Le peloton Savy se déploya et occupa un pagodon, qui se
trouvait en face de la porte; la section Ollivier se déploya en
échelon légèrement en arrière et à droite et prit pied dans un
îlot boisé qui s'élevait au-dessus de la rizière.

Vers 7 heures, le groupe Le Nourrichel, marchant à la fusillade, arriva sur le lieu du combat et se déploya à la droite du lieutenant Ollivier, dans un deuxième îlot boisé.

A 7 h. 1/4, le capitaine Pegna ordonna au lieutenant Meyer de faire un mouvement tournant et de gagner le flanc gauche de l'ennemi, c'est-à-dire la face occidentale du village; en même temps, il poussa toute la chaîne en avant jusqu'à la palissade extérieure séparée de la palissade intérieure par un fossé plein d'eau. Il y eut là un temps d'arrêt forcé, pendant lequel le capitaine Le Nourrichel fut grièvement blessé; le capitaine Pegna fit attaquer à coups de crosse la porte qui finit par s'effondrer et par livrer passage aux assaillants.

Pendant ce temps, le lieutenant Meyer avait gagné, sur la lisière ouest, un point moins étroitement surveillé que les autres et pénétré dans le village sur le flanc et les derrières des Chinois qui, forcés en tête et surtout débordés sur leur gauche, abandonnèrent le terrain.

La colonne regagna ensuite la pagode après avoir incendié le village de Thuong-Ľam.

Nos pertes ont été : 9 tués dont le lieutenant Savy et 23 blessés, dont le capitaine Le Nourrichel et le lieutenant Ollivier, qui succombèrent des suites de leurs blessures, le lieutenant Lizé et 8 légionnaires.

Combat de Lang-Laï.

(18 septembre 1889.)

Le Doï-Van venait de reprendre la campagne. Dans la journée du 17 septembre 1889, le commandant d'armes de Phu-Lang-Thuong reçut avis que des rassemblements ennemis avaient été vus sur la rive droite du Song-Thuong, vers les villages de Phu-Khe, Lien-Bo et Tranh-Tang. Il y envoya une petite reconnaissance commandée par le lieutenant Meyer et composée de 25 tirailleurs tonkinois et 26 légionnaires.

La reconnaissance partit le 18 à 3 heures du matin avec le convoi fluvial destiné à Bo-Ha, suivit la digue de la rive gauche jusqu'à hauteur de Phu-Khe et passa le fleuve sur les sampans du convoi.

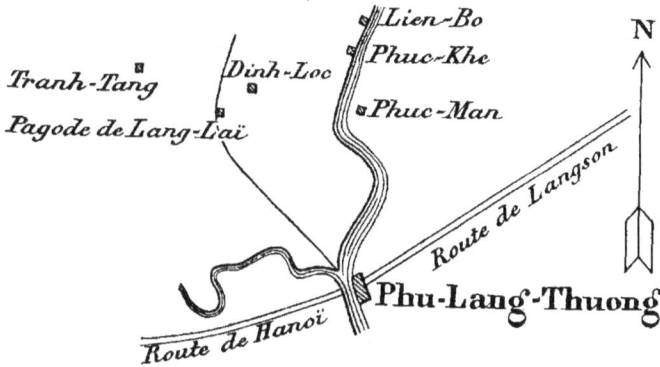

Echelle : 1/200.000.

Après avoir fouillé les deux villages de Phu-Khe et Lien-Bo, où il ne trouva aucun ennemi, le lieutenant Meyer se dirigea sur Trong-Tang un peu à l'aventure, faute de guides. Il arriva à 10 heures à la pagode de Lang-Laï, où il s'arrêta pour manger et se reposer pendant les heures chaudes de la journée.

A 1 h. 1/2, la sentinelle signala, débouchant d'un petit col qui se trouvait à 2.500 mètres vers le sud, une troupe d'environ 400 individus, tant coolies que gens armés.

Le lieutenant les laissa approcher, mais à 1.000 mètres environ, il fut éventé; une partie des pirates se déployèrent en tirailleurs et ouvrirent le feu sur la pagode. Quelques feux de salve tirés par tout le détachement européen détermina la fuite précipitée des coolies; 150 ou 200 hommes armés restèrent sur place et occupèrent, à droite et à gauche de la route, deux hauteurs, l'une à 1.500 mètres environ, l'autre à 1.000 mètres.

Jusqu'à 3 heures, les pirates tiraillèrent hors de portée; le lieutenant fit cesser le feu et employa son temps à mettre la pagode en état de défense.

Vers 3 heures, les assaillants se décidèrent à redescendre dans la plaine; ils se formèrent en quatre fractions; trois déployées en tirailleurs s'avancèrent vers la pagode, une au centre à cheval sur la route, une à droite, l'autre à gauche, la quatrième restant en réserve sur la hauteur la plus rapprochée. Ils arrivèrent ainsi à 200 mètres; là, un feu rapide exécuté soudain les arrêta net et les fit terrer derrière un talus

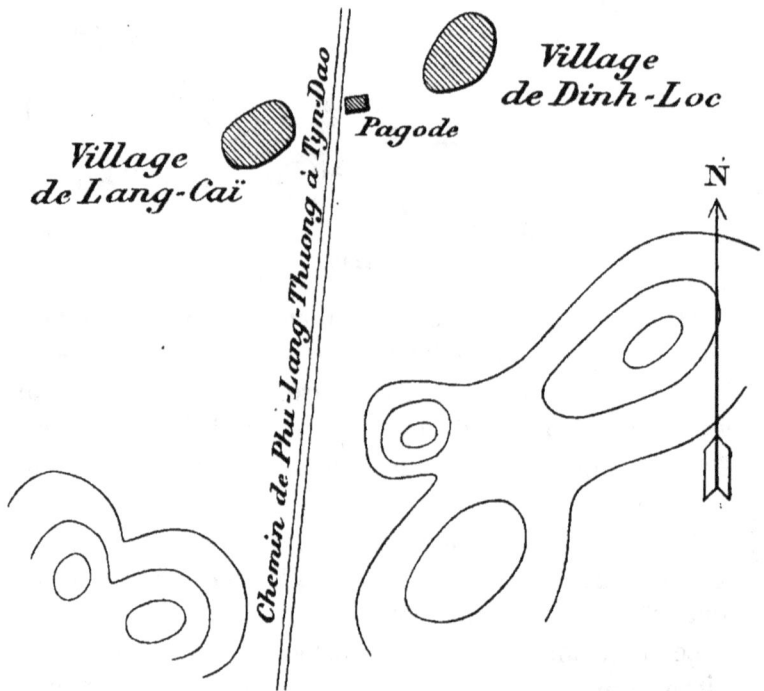

Village de Lang-Caï

Chemin de Phu-Lang-Thuong à Tyn-Dao

Pagode

Village de Dinh-Loc

N

Echelle : 1/20.000.

de rizière. A partir de ce moment, le feu lent individuel succéda au feu rapide; légionnaires et tirailleurs se tenaient en arrêt, le fusil prêt, et tiraient dès qu'un pirate sortait la tête de derrière le talus; l'action devint, pour le détachement, un véritable tir à éclipse, qui amusa les hommes une partie de l'après-midi.

Enfin, à 5 heures, jugeant que ce jeu avait assez duré, le lieutenant forma, sous les ordres du sergent Gaudin, une petite colonne de contre-attaque qui sortit sans bruit de la pagode pour se former. Dès qu'elle fut prête, un feu rapide intense prépara son mouvement, puis elle se lança sur les pirates à la baïonnette. Ceux-ci sortirent de derrière leur talus et s'enfuirent à toutes jambes sur les hauteurs.

Le petit détachement du lieutenant Meyer coucha à la pagode et rentra le lendemain à Phu-Lang-Thuong.

La journée du 18 septembre s'est passée sans pertes de notre côté.

Les pirates assaillants étaient des gens du Doï-Van qui, abusés par les quelques mois qu'ils venaient de passer en contact quotidien avec les miliciens de la colonne de police, avaient acquis une confiance exagérée dans nos méthodes de combat, qu'ils croyaient s'être assimilées et n'avaient pas hésité à attaquer, en rase campagne, un détachement français retranché.

La plupart des gens du Doï-Van étaient habillés en tirailleurs tonkinois.

Combat de Hoang-Chi.

(18 avril 1890.)

Le 17 avril au soir, le capitaine Dallier, commandant du poste de Lienson, était averti, par un émissaire, qu'une bande mixte composée d'environ 30 Chinois et 30 Annamites (bandes du Nui-Tam-Dao) venait de s'installer dans le village de Hoang-Chi pour y passer la nuit.

Le capitaine partit la nuit suivante, à 3 heures du matin, avec 20 Européens et 100 tirailleurs tonkinois; mais, au lieu de prendre la route directe, il passa par Sen-Ho et Dong-Dinh.

Après avoir dépassé ce dernier village, il forma sans bruit quatre détachements égaux comprenant chacun 30 fusils mixtes (25 tirailleurs tonkinois et 5 européens) et commandés chacun par un officier.

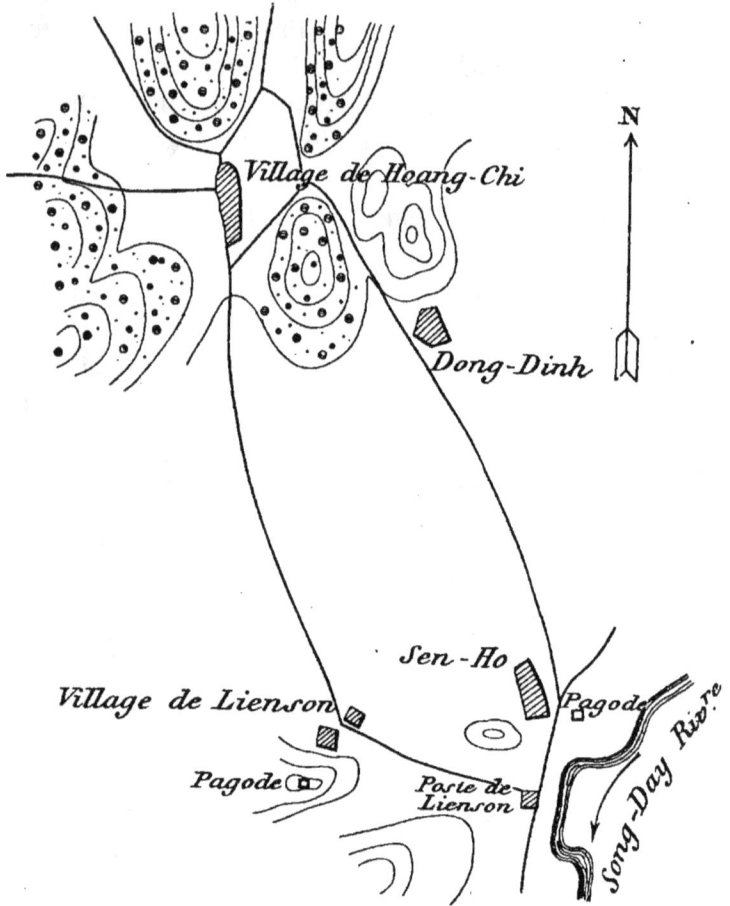

Cinq sentiers aboutissaient au village situé au milieu de la plaine : Celui par lequel la petite colonne était venue; deux se dirigeant vers le nord en passant l'un à droite, l'autre à gauche d'une croupe boisée s'élevant au nord du village où étaient les pirates; le sentier direct de Lienson; enfin un cinquième allant vers l'ouest.

Le capitaine Dallier embusqua : sur le premier, le lieutenant Holstein; sur les deux du nord, les lieutenants Brun et

Grenier; puis il se glissa lui-même avec le quatrième détachement sur le chemin direct de Lienson.

A 6 heures, tout le monde était en place; le détachement Dallier attaqua le village dans lequel il pénétra à la baïonnette.

Ce fut un sauve qui peut général; les pirates surpris s'enfuirent de tous les côtés et allèrent tomber sur les trois embuscades. A 7 h. 15, tout était fini.

Le village et la croupe au nord furent fouillés; on y trouva dix tués et on parvint à capturer douze prisonniers. De notre côté, nous n'avions ni tués ni blessés.

Combat de Lang-Phan.

(6 juin 1890.)

Le 5 juin, au soir, 60 pirates annamites des bandes du Yen-The, commandés par le Caï-Bieou, lieutenant de Ba-Phuc, avaient été signalés au poste de Bo-Ha comme venant de s'arrêter au village de Lang-Phan, près d'un des gués les plus importants du Song-Thuong.

Echelle : 1/225.000.

Le lieutenant Camilatos partit du poste à minuit avec 16 légionnaires (sergent Vondänieken) et 15 tirailleurs (sergent Chappuis).

La petite troupe suivit la route de Kep, puis tourna à gauche à l'embranchement de Lang-Ho.

Arrivé au point M du croquis (il commençait à faire jour)
le lieutenant divisa sa troupe en deux groupes; le premier,
dont il prit le commandement, devait attaquer directement le
village; le second, commandé par le sergent Vondânicken,
devait le contourner à l'ouest, se porter au gué et s'y placer
en embuscade.

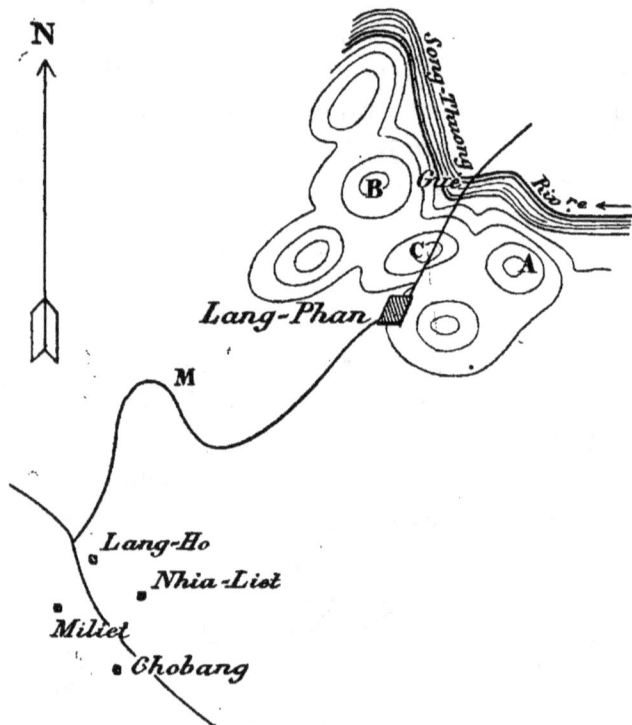

Echelle : 1/50.000.

Les choses ne se passèrent pas comme elles avaient été
prévues. Arrivé à environ 600 mètres du village, le détachement Vondânicken fut aperçu par la sentinelle ennemie; elle
donna l'éveil aux pirates qui vinrent se déployer au point C.
Le sergent répondit par la même manœuvre et le feu commença; l'idée du sergent était, du moment qu'il avait été
éventé, d'attirer toute l'attention des pirates de son côté, de
façon que le lieutenant ne soit aperçu que le plus tard possible; il ouvrit donc le feu à 5 ou 600 mètres environ, se

porta lentement en avant par bonds successifs, et ne se trouvait plus qu'à 100 mètres, lorsqu'en effet le lieutenant déboucha inopinément dans le dos des pirates. Ceux-ci se débandèrent aussitôt et ce fut alors entre pirates et Français une course de vitesse, pour atteindre le gué les premiers. Mais le lieutenant Camilatos, qui prévoyait ce résultat final, et qui connaissait fort bien le pays, avait manœuvré de façon, tout en soutenant son sergent, à être en mesure d'arriver le premier au passage. Il vint en effet l'occuper, pendant que le sergent Vondànicken se portait au pas de course un peu en aval; puis les deux détachements marchèrent l'un vers l'autre, serrant entre eux les pirates, qui durent se jeter à l'eau et dont beaucoup se noyèrent. Ils perdirent ce jour-là une trentaine d'hommes.

Malheureusement, ce brillant petit succès a été attristé par la mort de celui qui l'avait obtenu. Le combat était sur le point de finir, lorsqu'une balle perdue est venue frapper Camilatos à la tête. Nous perdîmes en outre un tirailleur tonkinois.

Défense du poste de Quang-Huyen.

(24 août 1890.)

Au commencement du mois d'août 1890, les deux chefs Danh-A-Hop et Mac-Cuoc-Ahn, qui, après les battues de 1889, s'étaient retirés dans les rochers, se réunirent pour rançonner la région des Ba-Chau.

Ils débutèrent en attaquant avec 3 ou 400 fusils le petit poste optique de Quang-Huyen, qui n'était défendu que par quinze ou vingt tirailleurs tonkinois, commandés par le sergent Drouhain et par quatre télégraphistes militaires européens. (Voir le croquis d'ensemble accompagnant le récit des opérations des Ba-Chau.)

Le poste, en forme d'ellipse de trente mètres environ de

grand axe, était situé au sommet d'un rocher isolé formant le centre d'un cirque rocheux. Dans le même cirque, et à environ 5 ou 600 mètres au sud, s'élevait le village du Tri-Huyen.

L'attaque commença à 6 h. 30 du soir. La façon dont les pirates y ont procédé est à noter, car elle leur est habituelle. Ils ont d'abord exécuté sur le poste un feu destiné à énerver la petite garnison et en même temps à lui faire épuiser ses munitions; au bout d'une heure environ, ils essayèrent alors d'attirer son attention vers le sud, en incendiant le village du Tri-Huyen, que le poste était trop faible pour secourir; pendant ce temps, le vrai détachement d'attaque contournait le pied de la Dent Rocheuse et venait attaquer vigoureusement la palissade du côté du nord. Mais le sergent avait eu la précaution de se garder une petite réserve; l'attaque fut repoussée et, à 8 h. 1/2, tout était fini sans pertes de notre côté.

Combat de Pia-Tchang.

(25 août 1890.)

Après l'attaque du poste de Quang-Huyen, qui vient d'être résumée, des détachements de secours ou d'observation partirent des principaux postes des environs pour converger sur Quang-Huyen, situé au centre des communications de la région appelée les Ba-Chau (ba trois; chau arrondissement).

Du poste de Phuc-Hoa partit une petite colonne composée de 10 soldats du bataillon d'Afrique et de 20 tirailleurs sous le commandement du sous-lieutenant Audubert.

Après avoir fait sa grande halte un peu au delà de Pac-Na, la petite troupe arriva à hauteur de Ké-Man où l'avant-garde signala (en A) une vingtaine de pirates sur lesquels furent tirés quelques feux de salve et qui disparurent dans les rochers. Puis la colonne continua sa marche et se trouva tout à coup en face d'une barricade B construite en quartiers de rochers et barrant l'étranglement qui permet d'accéder dans le cirque de Pia-Tchang.

Ces deux premiers indices indiquaient bien qu'il se passait quelque chose d'anormal du côté de ce cirque ; le lieutenant se décida à aller le reconnaître, et partit avec tout son monde.

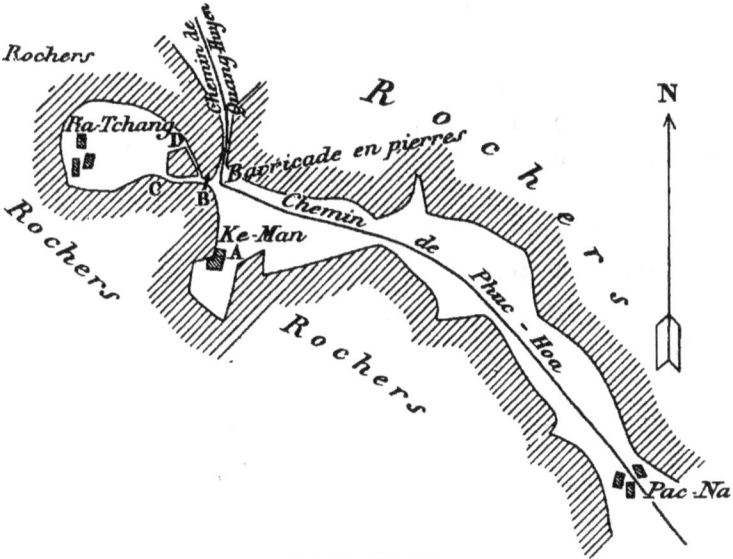

Echelle : 1/25.000

Il franchit la barricade et arriva à l'extrémité du couloir sans avoir reçu un seul coup de fusil ; au moment où il péné-trait dans le cirque lui-même, un feu de salve lui fut tiré du haut du rocher C et fut suivi de quelques coups de feu isolés auxquels nos hommes répondirent. Puis, au bout de quelques instants, probablement après que, hors des vues, les pirates eurent pris leurs positions, un coup de trompette chinoise retentit sur la gauche des Français, un second répondit sur la droite, enfin un troisième en avant semblant partir du village situé au fond du cirque.

A ce triple signal, une violente fusillade éclate du haut de tous les rochers ; le détachement se retire en D à l'entrée d'un petit corridor permettant de regagner la barricade sans suivre le même chemin. On fait d'abord bravement tête à l'ennemi, dix fois plus nombreux, qui a en outre l'avantage de la posi-tion et qui a déjà complètement cerné nos hommes. L'officier donne l'exemple, et, le fusil à la main, fait le coup de feu au premier rang; mais il ne tarde pas à tomber mortellement atteint. Plusieurs hommes étaient déjà par terre; la mort du lieutenant fut le signalement d'une débandade meurtrière le long de ces couloirs à parois taillées à pic et dont tous les sommets étaient occupés.

A une demi-heure au delà de la barricade, le détachement s'arrêta et se reforma; on fit l'appel, il manquait, outre le sous-lieutenant Audubert, 5 soldats européens et 2 tirailleurs; un des européens présents et 2 tirailleurs étaient blessés.

On rentra à Phuc-Hoa et le lendemain un des manquants, qui n'était que blessé et qui avait pu se cacher, rejoignit le poste; ce qui réduisit le chiffre des tués à 5, y compris l'officier.

Combat de Tong-Ba-Xa.

(11 novembre 1890.)

Une bande descendue des repaires du chef A-Coc-Thuong venait d'être signalée vers Tong-Ba-Xa. Le lieutenant Fournier fut expédié du poste de Ha-Giang, avec mission de la reconnaître et d'agir contre elle suivant les circonstances.

Il partit avec une petite colonne comprenant:

12 légionnaires (sergent Grosrenault);
58 tirailleurs (lieutenant Laquerbe).

Le 10 novembre au soir, la colonne coucha à Na-Pan, au pied du sentier menant à la montagne de Bu-Ta-Ca, où étaient signalés les Chinois. Elle se mit en marche le 11 à 6 heures du matin et s'engagea sur le sentier.

La veille au soir, le lieutenant avait envoyé dans cette direction une patrouille qui avait fait 500 mètres environ sur le sentier sans rien voir; et un émissaire lui avait rendu

compte que les pirates étaient bien à Bu-Ta-Ca, mais sans
parler des fortifications élevées par eux.

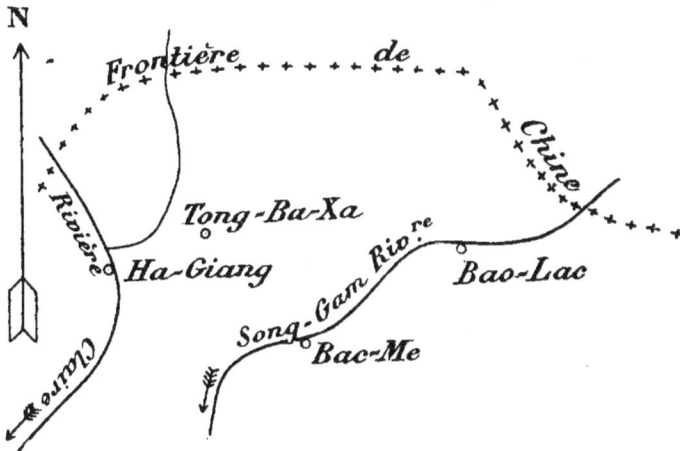

Echelle : 1/1.000.000.

La montagne de Bu-Ta-Ca est, comme la plupart des montagnes du Tonkin, à ossature rocheuse, recouverte en partie
d'un épiderme terreux, qui forme au sud un contrefort à
pentes très raides, le rocher émergeant et restant à nu dans
la partie supérieure; tout cela dans des proportions gigantesques. Le sentier partant des rizières de la plaine de Tong-
Ba-Xa monte à flanc de coteau en suivant le contrefort terreux,
et, à mesure qu'il se rapproche du faîte rocheux, devient peu
à peu de plus en plus rocailleux. C'est un peu avant d'arriver au sommet du contrefort qu'eut lieu l'affaire du 11 novembre. A cet endroit, le sentier est resserré entre une pente
raide terreuse mais un peu pierreuse en même temps que
recouverte d'un épais taillis de petits bambous et un à-pic
rocheux au fond duquel un torrent se précipite dans la
plaine.

On marchait dans l'ordre suivant:

Un guide;
Deux tirailleurs en pointe;
Le reste de l'escouade de tirailleurs en tête d'avant-garde (ser-
gent Bétille).

Une escouade de tirailleurs formant le gros d'avant-garde et en tête de laquelle marchait le commandant de la colonne suivi du chef de canton guide principal.

Le gros de la colonne (lieutenant Laquerbe); en tête de ce gros le reste de tirailleurs, et en queue, formant réserve, les légionnaires du sergent Grosrenault.

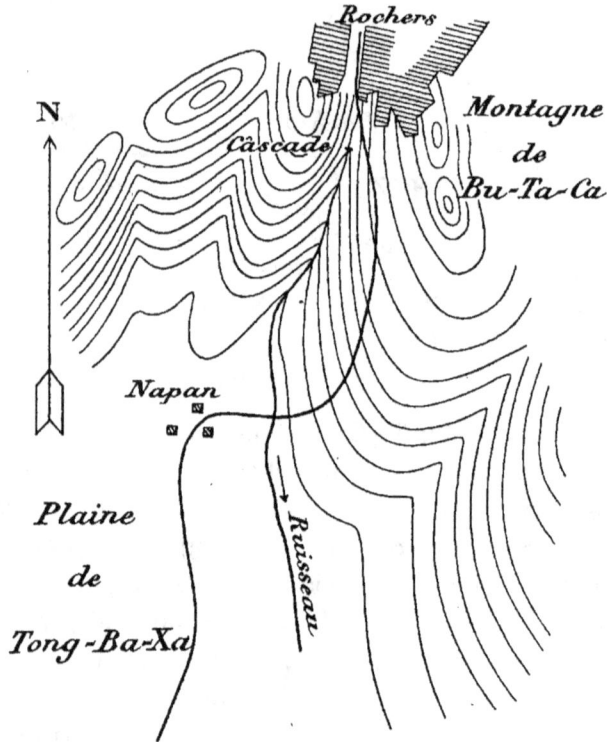

Echelle : 1/20.000.

Le convoi de coolies derrière lequel marchait une petite arrière-garde commandée par un caporal de la légion et comprenant, outre le caporal, 1 légionnaire et 4 tirailleurs.

Toute la colonne, bien entendu, marchait en file indienne et les différents échelons dont l'énumération vient d'être faite, se suivaient séparés par des distances variant de 30 à 40 pas.

Vers 7 h. 15, plusieurs indices caractéristiques de la présence de l'ennemi se manifestèrent : le guide qui, jusque-là, marchait en tête, s'arrêta sous un prétexte quelconque et se plaça derrière les tirailleurs de pointe; des bruissements de branchages et de feuillages furent entendus dans le taillis de bambous qui surplombait la route, etc. Quelques instants après, les tirailleurs de pointe, à un tournant du sentier, se trouvèrent tout à coup en face de la barricade A B C qui barrait la route.

La fusillade éclate alors, intense, en tête et sur la droite.

Le croquis schématique ci-contre donne une idée du terrain.

La coupure A B C était composée d'une partie B, tranchée casematée, d'une levée de terre à l'air libre C et d'abatis A. En J un coude rentrant par rapport à la montagne; en H, un coude saillant; au coude H une pointe rocheuse émergeant de terre se prolongeant un peu en dehors du chemin et pouvant donner abri à deux ou trois hommes; un peu en avant et sur la droite, en L, une deuxième pointe rocheuse de même nature moins large cependant; à droite la pente recouverte de bambous, à gauche le précipice rocheux.

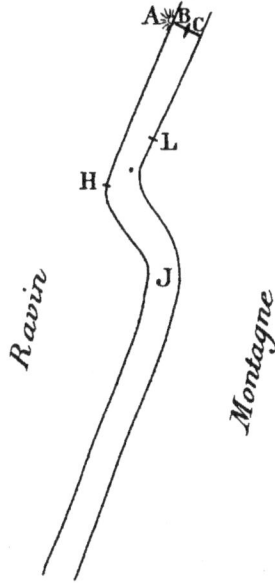

Dès les premiers coups de fusil, les tirailleurs, glacés d'épouvante, se tapissent dans le rentrant J, où cependant ils n'ont qu'un abri illusoire, car ils n'y sont défilés que par des bambous qui n'arrêtent pas les balles. En quelques instants, six d'entre eux sont tués. Les Chinois, embusqués sur le flanc droit, non contents de se servir du fusil, font rouler sur la colonne des blocs de rochers, qui écrasent un tirailleur. Le lieutenant essaye de rendre un peu moins dense la cible vivante formée en J par ses hommes; il veut en porter une partie derrière les rochers H et L : exhortations, ordres, coups de pied, tous les moyens restent impuissants; l'officier se tourne alors vers le gros et appelle à lui les légionnaires. Ceux-ci arrivent au pas de course, s'embusquent derrière les deux saillies rocheuses H et L, exécutent un feu rapide qui éteint un moment celui des Chinois ; mais aussi en quelques minutes la vaillante escouade a quatre hommes hors de combat dont un tué. Toutefois, son dévouement n'est pas inutile ; le lieutenant profite de la courte accalmie produite dans le feu ennemi par sa vigoureuse entrée en ligne, pour reprendre en main les tirailleurs, rompre le combat et commencer la retraite qui s'exécute sous la protection de la légion.

Au bas de la montée, la petite colonne est ralliée ; et, après avoir fabriqué des brancards pour les blessés, on se remet en route ; à partir de la plaine, les pirates cessent du reste la poursuite.

Nous avions 11 tués, dont 1 légionnaire, et 9 blessés, dont les deux officiers.

Les quatre combats de Lung-Kett.

(24 novembre 1890 ; 3 avril 1891 ; 5 et 13 avril 1895.)

La position de Lung-Kett est située sur une des anciennes lignes d'étapes pirates reliant les territoires de Chomoï et Chochu à la Chine. Cette ligne d'étapes passait par Tong-Hoa-Phu, puis entre nos deux postes de Nganson et Yen-Lac pour bifurquer ensuite et aller aboutir soit au nord, vers Binh-Mang, soit à l'est, vers Nalan et Thuy-Khau. Le cirque de Lung-Kett était situé aux abords immédiats de cette bifurcation et formait une citadelle naturelle ayant pour enceinte une ceinture de hauts rochers taillés à pic ; sa situation géographique et ses propriétés défensives en faisaient donc une position de premier ordre, pour les gens dont le principal métier était d'escorter les convois d'exportation et d'importation de Luong-Tam-Ky et Bakky, entre la région tolérée par nous à ces deux chefs et les marchés de Chine.

La première bande qui l'occupa, à notre connaissance du moins, était formée des anciens ouvriers chinois des mines d'argent de Mosat; ils eurent tout d'abord deux chefs : Chung-Qui-Hoa et Pay-Cuoc-Ly-Sam, puis un seul, ce dernier.

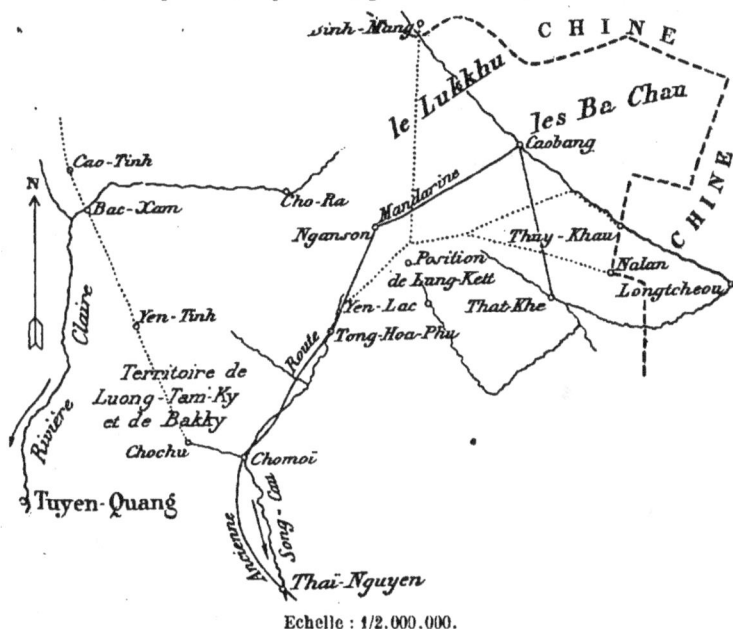

Echelle : 1/2.000.000.

Le repaire fut abandonné momentanément en 1891, après l'opération du commandant Tournier, dont il sera parlé tout à l'heure, et définitivement en 1894, devant l'action lente et pacificatrice du colonel Galliéni.

Lorsque le colonel Galliéni conduisit, en avril 1895, sur le haut Song-Cau, les colonnes qui eurent pour résultat la disparition définitive de Bakky, un parti affilié à Luong-Tam-Ky vint réoccuper le repaire sous le commandement du chef Mouck-Tong-Gié. Il s'agissait de favoriser le passage de Chine au Tonkin d'un gros convoi de munitions; pour atteindre ce but, la réoccupation momentanée de Lung-Kett s'imposait évidemment. Les affaires des 5 et 13 avril gênèrent fort probablement ces projets, car d'après les renseignements recueillis depuis, le convoi dut passer par le Yunnan et descendre à Chochu par Cao-Tinh, Bac-Xam et Yen-Tinh.

Telle est l'histoire succincte de ce coin rocheux, qui a acquis une petite célébrité dans les annales militaires du Tonkin. Il sera certainement intéressant de connaître et de comparer entre elles les quatre affaires qui y ont eu lieu, à quatre ou cinq années de distance.

Le cirque a une forme oblongue; son grand axe est sensiblement orienté N.-N.-E., S.-S.-O.; il est accessible par quatre entrées :

Celle du sud vers Deo–Kett, suivie par les capitaines Ramadié et Félineau, en novembre 1890;

Celle du nord vers Sam–Chiem, suivie par le commandant Tournier, en avril 1891;

Les deux de l'est, suivies par le lieutenant Vacher et le commandant Le Ny, en avril 1895.

COMBAT DU 24 NOVEMBRE 1890. — Ce combat fut une reconnaissance offensive ayant pour but de tâter le nouveau repaire, que l'on savait récemment installé dans les régions de Nganson et Yenlac, par les anciens mineurs de Mosat.

La colonne constituée avec les garnisons de Pho-Binh–Gia et de That-Khe était commandée par le capitaine Ramadié et comprenait deux groupes mixtes :

Groupe de Pho–Binh–Gia (capitaine Ramadié) :

79 tirailleurs encadrés par 3 sous-officiers français et commandés par le lieutenant Morisson.
18 légionnaires.

Groupe de That-Khe (capitaine Félineau) :

40 tirailleurs.
22 légionnaires.

Au total : 3 officiers et 163 fusils.

Le 24 novembre, à midi, après avoir eu un premier engagement à Déo-Kett, la colonne atteignit le point A, puis s'engagea dans l'étroit couloir rocheux A B C D menant au repaire.

Elle était formée dans l'ordre suivant:

Avant-garde (lieutenant Morisson) :
Une section de tirailleurs.
Gros :
Une section de tirailleurs ;
Les deux détachements de légionnaires ;
Une section de tirailleurs ;
Convoi de coolies.
Arrière-garde :
Une section de tirailleurs.

Le capitaine Ramadié s'était placé en tête du gros.

On marchait très lentement et en prenant toutes les précautions possibles. L'avant-garde arriva ainsi en face de la palissade B, sur laquelle furent exécutés plusieurs feux de salve de reconnaissance et qui fut ensuite abattue sans incidents à coups de coupe-coupe. Il en fut de même de la palissade C ; mais à peine l'avant-garde avait-elle pénétré dans l'élargissement compris entre les palissades C et D, qu'un feu violent et subit partit de toutes les hauteurs de droite, de gauche et de face. Le capitaine Ramadié qui, aux premiers coups de fusil, s'était porté en tête, tombe grièvement blessé et à côté de lui plusieurs tirailleurs ; un mouvement de recul se produit dans l'avant-garde, le lieutenant Morisson parvient néanmoins, à force d'énergie, à maintenir à ses côtés une partie des indigènes, que la chute du capitaine a affolés, jusqu'au moment où arrive sur le terrain de combat le capitaine Félineau avec une partie des légionnaires. Ceux-ci entraînent en avant les tirailleurs, et poussent jusqu'à la troisième palissade que brise à coups de coupe-coupe, sous un feu intense, le caporal Tornier aidé de deux tirailleurs. Pendant ce temps, le capitaine Félineau, qui a pris la direction du combat, fait face de tous les côtés, nettoie les rochers à coups de fusil et parvient ainsi jusqu'à l'entrée du cirque (1).

---

(1) Il est indispensable de dire quelques mots du pays rocheux pour les lecteurs que la topographie des croquis se rapportant à ce pays pourrait étonner.

Le rocher se présente sous forme de masses calcaires gigantesques, hautes quelquefois de plusieurs centaines de mètres, escarpées, souvent même taillées à pic, recouvertes de bois et de broussailles qui sortent avec abondance des moindres

Sa mission de reconnaissance était remplie et il ne pouvait pas faire plus sans compromettre sa petite colonne qui venait du reste d'être cruellement éprouvée. Néanmoins, avant de se retirer et afin de produire un effet moral certain, il fit incendier le village pirate. Le lieutenant Morisson fut chargé de

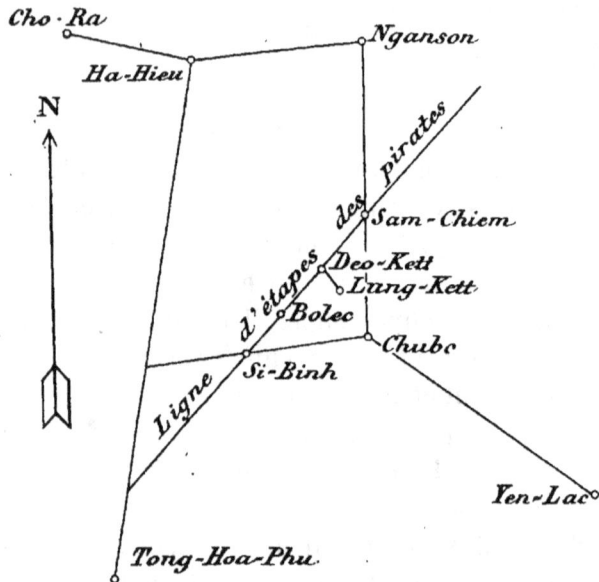

crevasses, enfin percées de grottes qui deviennent en certains endroits d'immenses cavernes capables de donner asile à des populations entières.

Il apparaît quelquefois comme accidents isolés formant témoins au milieu d'une plaine (plaine de Phuc-Hoa; environs de Than-Moï, etc.); le plus souvent, c'est un pâté ininterrompu couvrant tout un pays et découpé en une succession de pics, dents, gorges plus ou moins facilement accessibles, de cirques plus ou moins étendus, auxquels on n'accède presque toujours que par des cols rocheux, étroits et abrupts (région du Caï-Kinh, région de Caobang, etc.)

Mais la grosse anomalie topographique, qui ne manque pas d'étonner celui qui parcourt le pays pour la première fois, est l'indépendance absolue de l'hydrographie par rapport aux cimes rocheuses. Les cours d'eau, tout en restant solidaires des mouvements terreux que l'on peut relever dans les cirques, les golfes ou les abords de la masse calcaire, se comportent absolument comme si cette dernière n'existait pas; ils zigzaguent à travers couloirs et cirques dans des directions qui qui n'ont aucun rapport avec les directions des crêtes rocheuses, pénètrent sous les falaises, en ressortent un peu plus loin, s'y reperdent, etc. Il existe, en somme, dans ce pays, deux orographies: l'orographie terreuse et l'orographie rocheuse; la deuxième, complètement indépendante de la première, à laquelle elle semble superposée, absolument comme si, après formation de la première, ces blocs rocheux étaient tombés du ciel dans un ordre quelconque.

cette besogne, sous la protection de fractions bien placées qui criblaient de feux de salve les rochers du nord et du nord-ouest, du haut desquels les Chinois envoyèrent quelques coups de fusil à nos hommes.

La colonne évacua un peu avant la nuit le cirque et le couloir en dehors desquels elle alla bivouaquer; le lendemain elle s'achemina sur Nganson, où elle arriva le 26. Le capitaine Ramadié rendit le dernier soupir pendant la route.

Nos pertes de la journée étaient un officier et quatre tirailleurs tués, quatre légionnaires et trois tirailleurs blessés.

COMBAT DU 3 AVRIL 1891. — Le commandant Tournier (1) enleva le repaire en l'abordant par le nord.

La colonne quitta Caobang le 21 mars 1891, passa par le cirque de Tapna (où notre poste actuel n'existait pas encore), surprit pendant la nuit du 24 au 25 et détruisit le repaire de Gia-Héo, où s'était retiré Mac-Binh-Giang, après les affaires de Canh-Bien et d'An-Laï, toucha barre au poste de Nganson, et vint bivouaquer le 1er avril à Sam-Chiem.

Elle avait la composition suivante :

Commandant Tournier, commandant la colonne ;
Lieutenant Farret, major de colonne ;
Docteur Rostan ;
Compagnie Virgitti (135 légionnaires) ;
Compagnie Betselère (124 tirailleurs encadrés par 6 sergents français) ;
Une pièce de 80 de montagne (lieutenant Mauriès).

En passant à Nganson, la colonne s'était renforcée d'un détachement de 10 légionnaires et 20 tirailleurs, commandé par le lieutenant Chenard qui connaissait le pays.

Pendant la journée du 2, il fit un brouillard intense, qui immobilisa les troupes dans leur bivouac; le commandant utilisa ce repos forcé en envoyant deux détachements faire

_____

(1) De la légion étrangère.

des démonstrations en face des entrées par lesquelles il n'avait pas l'intention d'attaquer.

Le premier, commandé par le capitaine Virgitti, suivit en sens inverse la route suivie par le capitaine Félineau en novembre 1890 pour gagner Nganson, détruisit la première palissade qui avait été rétablie par les pirates, et rentra au camp;

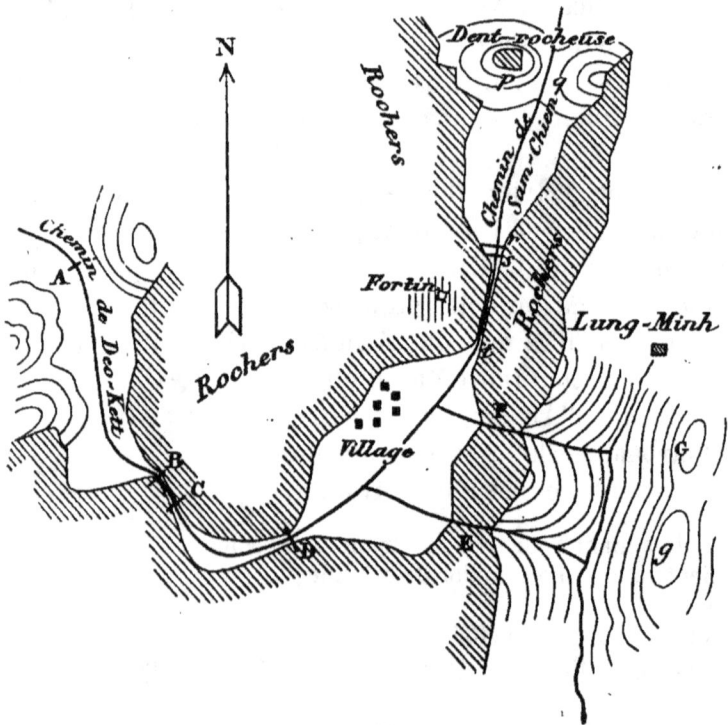

Echelle : 1/25.000.

Le deuxième, commandé par le lieutenant Chenard, se montra en face des entrées est et incendia le village pirate de Lung-Minh, afin que la fausse attaque, que le commandant se proposait de diriger de ce côté le lendemain, restât aussi secrète que possible et ne fut éventée qu'après avoir pris position au col.

Le 3 avril, le camp fut laissé à la garde de 45 fusils

(20 légionnaires, 25 tirailleurs) et la colonne se mit en marche à 6 heures du matin dans l'ordre suivant :

Avant-garde (groupe Chenard) :
10 légionnaires ;
20 tirailleurs ;
Coolies travailleurs portant des outils pour améliorer la route.
Groupe d'attaque (capitaine Virgitti) :
30 légionnaires (lieutenant Auclère) ;
50 tirailleurs (lieutenant Betselère).
Groupe de réserve (lieutenant Wemel) :
30 légionnaires ;
25 à 30 tirailleurs.
Pièce (lieutenant Mauriès) ;
Ambulance (docteur Rostan).
Arrière-garde (lieutenant Rouyer) :
15 légionnaires ;
25 à 30 tirailleurs.

La nuit précédente, un détachement mixte de 30 légionnaires et 30 tirailleurs, commandé par le lieutenant Doudoux, était allé se poster au pied du passage F et avait l'ordre, dès le jour, de se porter au col et de battre de ses feux le flanc ou les derrières de l'ennemi.

Vers 7 heures, l'avant-garde arriva à hauteur de l'aiguille rocheuse *p*, qui était occupée, et s'en empara au moyen de l'action combinée de deux petits détachements, l'un placé dans une direction oblique par rapport à la marche de l'autre, tirant sur le faîte et obligeant ainsi les défenseurs à se défiler loin du bord du plateau ; l'autre, profitant de ce que le flanc à pic du rocher n'était plus surveillé, pour arriver jusqu'en haut sans être vu. Le lieutenant Chenard prit position au sommet, d'où il découvrait l'ensemble des positions et d'où il donna, pendant le reste de l'action, de précieux renseignements. Le groupe d'attaque poussa ensuite jusqu'au col *q*, où la pièce fut mise en batterie.

De ce col on apercevait les premières défenses de l'ennemi, établies à l'entrée du couloir *rst* et consistant en un solide mur en pierres de taille, précédé d'une palissade. A peine arrivé au sommet de son observatoire, le lieutenant Chenard héla le commandant et lui rendit compte qu'il ne voyait aucun défenseur dans les ouvrages. On envoya, pour les reconnaître, une patrouille de cinq hommes (deux légionnaires et trois tirailleurs); ils étaient, en effet, inoccupés; la colonne en prit possession, après avoir parqué au pied du rocher *p* et sous la garde du détachement qui en tenait la cime, les quelques coolies indispensables qui n'avaient pas été laissés au camp. A peu près au moment où la colonne se portait en avant, éclataient, sur les derrières de l'ennemi, les feux de salve du lieutenant Doudoux, auxquels répondait une fusillade individuelle des pirates très reconnaissable.

Après avoir dépassé le mur en pierre, la tête de colonne s'engagea dans un étroit couloir rocheux long de 300 à 400 mètres, tout le long duquel elle essuya de nombreux coups de fusils; puis elle déboucha dans le cirque. Là, elle fut accueillie par un feu violent sous lequel tomba, à une certaine distance de l'entrée, le lieutenant Betselère, que le légionnaire Schmitt alla chercher sous la fusillade, chargea sur ses épaules et rapporta à l'abri du couloir.

Le problème à résoudre était de déboucher; or les feux du lieutenant Doudoux ne battaient qu'imparfaitement les abords du débouché, dont la plus grande partie était en angle mort par rapport à eux. Le commandant le résolut en chargeant le lieutenant Wemel de faire, avec son groupe mixte, en partant de la barricade, l'ascension des rochers de gauche; le mouvement, fort intelligemment exécuté, fut long et pénible mais réussit très bien : aux premiers coups de feu du groupe Wemel, le feu des pirates cessa; la colonne put alors déboucher et s'empara du village dont elle incendia les cases.

Le combat était fini vers 11 heures; on rentra au campement où tout le monde était rassemblé à 1 heure de l'après-midi.

Les pertes de la journée étaient : 1 légionnaire tué, 1 officier, 4 légionnaires et 1 tirailleur blessés.

COMBAT DU 5 AVRIL 1895. — Le lieutenant Vacher, commandant du poste de Nganson, venait d'apprendre la réoccupation du cirque de Lung-Kett par le chef Mouck-Tong-Gié. On disait la bande forte seulement de 100 fusils, il résolut de tenter sur elle une surprise.

Profitant du séjour à Nganson d'un convoi descendant sur notre nouveau poste de Tong-Hoa-Phu, il se mit en marche dans l'après-midi du 4 avril avec 10 légionnaires, 30 tirailleurs et 20 linhs-cos (1), coucha en route et le 5 au matin, s'achemina sur le repaire.

A 6 h. 1/2, il laissa son convoi à la garde de ses 20 linhs-cos sur une bonne position de repli située à l'embranchement des deux sentiers menant à Lung-Kett et à Lung-Minh, pouvant servir en même temps de position d'embuscade sur une des lignes de retraite de l'ennemi. Il continua ensuite sa route sur le sentier suivi en 1891 par le lieutenant Doudoux, parvint au col sans être éventé, prit position, et, à la première éclaircie du brouillard, ouvrit le feu à 300 mètres sur les Chinois qui étaient au bivouac et ne se gardaient pas.

Mais ceux-ci étaient plus nombreux qu'on ne l'avait dit. Aux premiers coups de feu, ils prirent de leur côté leurs dispositions de combat en gravissant les rochers. L'officier ne tarda pas à s'apercevoir qu'il avait affaire à forte partie et qu'il ne pouvait pas espérer, avec ses quarante fusils, faire autre chose qu'une reconnaissance. Le combat du 5 fournit, en effet, le complément de renseignements qui manquait sur la bande et fut un excellent prélude du combat qui eut lieu huit jours plus tard et qui amena la chute du repaire.

Le lieutenant Vacher rompit donc le combat, rallia sa position de repli, qu'il atteignit vers 9 h. 1/2 et rentra le soir à Nganson après avoir eu 1 tué et 1 blessé, tous les deux légionnaires.

_____

(1) Les linhs-cos (*linh* soldat, *co* drapeau) sont théoriquement les soldats du roi d'Annam ; pratiquement ils constituent dans les territoires militaires une sorte de milice recrutée sur place.

Combat du 13 avril 1895. — La colonne Le Ny comprenait :

40 partisans.
Le groupe A (capitaine Dehove) :
   31 légionnaires (adjudant Nicolas) ;
   90 tirailleurs (lieutenant Vacher).
Le groupe B (capitaine Laverdure) :
   150 tirailleurs.
Le groupe C (capitaine Brulard) :
   115 tirailleurs ;
   55 légionnaires (lieutenant Met);
1 pièce de 80 de montagne.
Au total : 96 légionnaires, 355 tirailleurs, 40 partisans, 1 pièce.

Elle aborda le cirque par les deux entrées de l'est.

Partie de Nganson le 12, elle était arrivée le 13, à 7 h. 30 du
matin, sur la montagne G qui est située en face des deux cols
E et F. Le convoi fut parqué à l'abri des feux et la colonne
rassemblée sur la hauteur.

La pièce, défendue par un soutien de 30 légionnaires, se
mit en batterie en G et, à 8 heures, ouvrit le feu sur les deux
côls. Le groupe A fut placé en face du col E et le groupe B en
face du col F. Le groupe C devait rester en réserve sur la
montagne, pendant que les deux autres se porteraient respectivement sur leurs deux objectifs.

Jusqu'à 8 h.30, l'artillerie et l'infanterie de la réserve couvrirent de feu la position; les deux groupes de première ligne
reçurent alors l'ordre de commencer leur mouvement.

Le groupe Dehove descendit le ravin à pentes boisées, salué
à chaque éclaircie par le feu des pirates. Une partie des Tonkinois était en avant-garde sous les ordres du lieutenant
Vacher; le reste des Tonkinois et une moitié de la section de
légion étaient répartis en trois groupes qui marchaient par
échelons, envoyant alternativement des feux de salve en avant
de l'avant-garde; la deuxième moitié de la section de légion
fermait la marche; en passant au fond du ravin, elle y fut

maintenue de façon à parer à une contre-attaque éventuelle venant du sud. A 9 h. 50, la tête de colonne arriva à 100 mètres en face du col, franchit une zone de petits piquets qui ralentit beaucoup sa marche et enfin donna l'assaut à 10 h. 50. Le col fut enlevé, mais au prix de pertes assez sensibles; on occupa ensuite les deux pitons rocheux situés de chaque côté.

A la même heure (8 h. 30), le groupe Laverdure se mettait en mouvement sur le col F en passant par Lung-Minh. Le groupe, formé en trois échelons (tirailleurs, soutien et réserve exécutant des feux de salve) atteignit le col vers 10 h. 45, appuyé par les feux de sa réserve et par ceux de l'infanterie qui couronnait la montagne G. A 10 h. 50, le col était à nous, et, quelques instants après, les deux positions dominantes à droite et à gauche.

Après l'enlèvement des deux cols, toutes les hauteurs voisines furent successivement occupées et, à 4 heures du soir, les pirates avaient complètement évacué le repaire.

Nos pertes de la journée étaient 6 tués dont 1 légionnaire et 18 blessés dont 1 sous-officier français et 17 tirailleurs. La plus grande partie de ces pertes avaient été subies au col de gauche.

Opérations de Hnn-Thué.

(Décembre 1890-janvier 1891.)

Ces opérations, qui ne seront que très brièvement résumées ici, sont relatées avec détails dans l'ouvrage du colonel Frey (1); on s'y reportera avec d'autant plus d'intérêt que le récit du colonel n'est plus un récit aride, comme le sont forcément ceux de ce livre, et donne non seulement tous les détails

---

(1) *Pirates et rebelles.* — *Les Français au Yen-The*, librairie Hachette, boulevard Saint-Germain, 77, Paris.

techniques mais encore un aperçu et une impression de ce qu'est la vie de campagne en extrême Orient.

Les opérations contre les ouvrages de Huu-Thué ont compris quatre séries, savoir :

Affaire du 9 décembre 1890;

Affaire du 11 décembre 1890;

Affaire du 22 décembre 1890;

Opérations du 2 au 11 janvier 1891.

COMBAT DU 9 DÉCEMBRE 1890. — Le 8 décembre 1890, le commandant Tane était de passage à Nha-Nam avec des troupes. Le capitaine Plessier, commandant de ce poste, reçut l'ordre d'en profiter pour aller tâter le fort de Huu-Thué avec la presque totalité de sa garnison, et l'enlever si les circonstances le permettaient.

Il partit avec :

77 légionnaires (lieutenant Meyer);

66 tirailleurs (lieutenant Vermot);

1 pièce de 80.

Il passa par Huu-Thuong sud et Huu-Thuong nord (voir le croquis d'ensemble qui accompagne le récit des opérations contre les forts du De Nam); après avoir trouvé un poste α et une barricade β abandonnés, il arriva en γ à 100 mètres de la palissade du fort, ouvrit le feu et mit sa pièce en batterie. Voyant qu'en face des défenses accessoires accumulées devant lui, il était impossible d'avancer de front, il envoya avec 20 hommes, faire un mouvement tournant en δ, le lieutenant Meyer, qui, après s'être frayé un passage au coupe-coupe jusqu'à la palissade extérieure, engagea avec les défenseurs du fort une vive fusillade, mais fut encore de ce côté arrêté par les défenses accessoires. On amena la pièce en δ, mais elle ne produisit aucun effet.

Reconnaissant l'impossibilité d'avancer tant de flanc que de front, et, après avoir eu un tué et trois blessés, le capitaine Plessier rentra à Nha-Nam.

L'opération du 9 décembre n'a pas été un succès, mais elle fut une très bonne et très utile reconnaissance offensive.

D'après les renseignements recueillis, les défenseurs de Huu-Thué étaient au nombre de 150.

COMBAT DU 11 DÉCEMBRE 1890. — Après l'affaire du 9, le commandant Tane reçut l'ordre de se porter le 11 à l'attaque

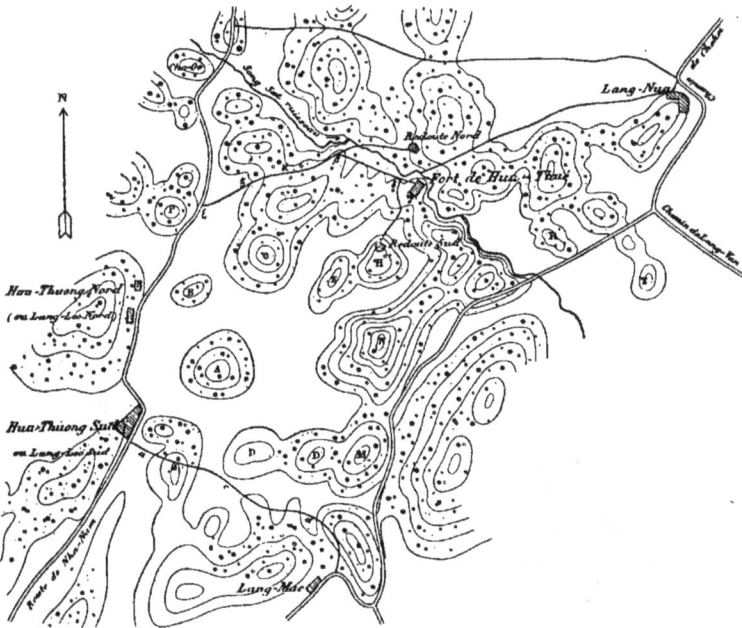

Echelle : 1/20 000.

du fort avec ses troupes qui, renforcées par quelques fractions de la garnison de Nha-Nam, constituèrent une colonne composée de :

100 soldats d'infanterie de marine (capitaine Robert);
50 légionnaires (lieutenant Meyer);
36 tirailleurs (lieutenant Vermot);
60 tirailleurs (lieutenant Blaise);
40 tirailleurs (lieutenant Lefort);
Une pièce de 80 de montagne.

Il suivit le même chemin que le capitaine Plessier. La

colonne était couverte par le peloton Blaise, soutenu par deux sections d'infanterie de marine.

En ε, la colonne fut accueillie par des coups de feu partant de la lisière ζ, le long de laquelle se trouvaient une barricade et des abatis.

Cette sorte de position avancée fut facilement enlevée; on progressa ensuite le long du sentier, et une fraction de l'avant-garde, franchissant le Song-Sat, s'empara sans coup férir de l'ouvrage nord.

A ce moment, la formation de combat de la colonne était la suivante :

En première ligne :
A gauche, à cheval sur le Song-Sat et occupant l'ouvrage nord, le peloton Blaise ;
A droite, la compagnie Robert.
En soutien :
Les sections Vermot et Lefort.
En batterie en β :
La pièce soutenue par la section Corre, détachée de la compagnie Robert.
En flanc-garde sur la droite en θ :
La section Meyer.
En réserve à l'entrée du bois en ζ :
L'arrière-garde formée de 20 légionnaires et 10 tirailleurs.

La première ligne avança jusqu'à 40 mètres de la palissade et engagea une fusillade qui fut sans effet; la palissade extérieure et les défenses accessoires (abatis, trous de loup, petits piquets, etc.) étaient intacts et empêchaient d'avancer. Quant à la pièce mise en batterie sous bois, elle ne voyait rien et ne produisit rien.

Vers 1 heure de l'après-midi, le commandant Tane voyant l'inutilité de ses efforts et après avoir eu 3 tués et 4 blessés, battit en retraite et revint à Nha-Nam.

COMBAT DU 22 DÉCEMBRE 1890. — Pour ne pas rester sur cet insuccès, on organisa aussitôt, sous le commandement du lieutenant-colonel Winckel-Mayer, une grosse colonne comprenant :

Lieutenant-colonel Winckel-Mayer, commandant la colonne ;
Lieutenant Brezzi, major de colonne ;
Premier groupe (commandant Tane) :
60 soldats d'infanterie de marine (lieutenant Audebert) ;
40 légionnaires (lieutenant Meyer) ;
72 tirailleurs (capitaine Tétard) ;
65 tirailleurs (lieutenant Blaise) ;
 3 pièces.
Deuxième groupe (capitaine Robert) :
120 soldats d'infanterie de marine (capitaine Robert) ;
73 tirailleurs (lieutenant Vermot) ;
70 tirailleurs (capitaine Daval) ;
Troisième groupe (capitaine Ronget) :
56 légionnaires (capitaine Ronget) ;
30 légionnaires (lieutenant Becquet).

La colonne se concentra à Nha-Nam, dont la garnison fut également mise à la disposition du colonel.

Le 21, deux reconnaissances sortirent avec mission de rechercher des positions d'artillerie pour bombarder le fort et d'autres chemins d'accès que celui suivi par les deux colonnes Plessier et Tane :

La première reconnaissance (capitaine Tétard) se porta à Lang-Nua par Lang-Mac, où elle échangea quelques coups de fusil avec un petit poste ennemi et rentra sans avoir trouvé ce qu'elle cherchait.

La deuxième (capitaine Plessier) suivit l'itinéraire : Dinh-Tep, Lang-Thuong, Chogo, elle s'engagea sur le sentier qui va de Chogo à Lang-Nua, y fit 800 mètres, fut arrêtée par le feu d'un poste qui barrait la route et rentra à Nha-Nam sans avoir obtenu meilleur résultat que l'autre.

Le commandant de la colonne dut donc se contenter du sentier des 9 et 11 et marcher à l'ennemi sans être assuré qu'il pourrait se servir de son artillerie.

La colonne quitta le poste à 8 heures du matin, le premier groupe en avant-garde. A 10 heures, elle était parvenue sans difficulté en β où, afin de débroussailler, elle prit le dispositif suivant :

Le premier groupe en première ligne, débroussaillant;
Le deuxième groupe sur le flanc droit;
L'artillerie en β soutenue par les sections Meyer et Vermot;
Le troisième groupe en ζ, à l'entrée du bois.

Les pirates laissèrent débroussailler sur une longueur de 100 mètres. A midi 30, à la reprise du travail, après un repos, les travailleurs se rendant en armes au travail furent accueillis par des coups de feu.

Le premier groupe se porta en avant, arriva à une quarantaine de mètres de la palissade et engagea une fusillade qui fut sans résultat, la palissade et les défenses accessoires intactes empêchant d'avancer.

Le lieutenant Blaise avec son peloton, renforcé de la section Meyer, fut envoyé contre l'ouvrage nord; il y subit un premier échec et demanda du renfort; on lui envoya la section Corre, de la compagnie Robert; il recommença et ne réussit pas encore, revint à la charge, tomba mortellement frappé au pied du parapet ennemi et sa troupe dut, pour la troisième fois, battre en retraite. (Depuis l'affaire du 11, l'ouvrage nord, alors simple lunette, avait été transformé en redoute et ses abords hérissés de défenses accessoires).

Devant l'impossibilité d'aboutir par sa gauche, le commandant de la colonne envoya le deuxième groupe exécuter par sa droite un mouvement tournant, qui fut arrêté par des fourrés inextricables et ne réussit pas; ce groupe resta alors en position sur le flanc droit. D'autre part, le débroussaillement effectué au début de l'action, n'avait pas été assez considérable pour donner des vues sur le fort à l'artillerie, qui fut, le 22 décembre, aussi impuissante que le 11.

Les pirates enhardis sortirent de leurs retranchements et vinrent menacer nos derrières. Le colonel reconnaissant l'impossibilité de réussir et, après avoir eu 8 tués (dont le lieutenant Blaise, qui mourut dans la journée) (1) et 24 blessés, battit en retraite et rentra à Nha-Nam.

_____

(1) Vingt ans jour pour jour après la mort du général Blaise, son père, blessé mortellement à la Ville-Evrard et mort le 22 décembre 1870.

D'après les renseignements recueillis depuis, les pirates, dont le nombre s'était déjà sensiblement accru du 9 au 11, étaient près d'un millier à l'affaire du 22.

Opérations de siège du 2 au 11 janvier 1891. — Après l'affaire du 22 décembre, il fut décidé que l'on attaquerait les ouvrages de Huu-Thué, en appliquant les principes généraux de la guerre de siège, savoir :

1° Etablir à une certaine distance une première parallèle;

2° Cheminer lentement de cette première parallèle vers le fort;

3° Rechercher et utiliser les positions d'artillerie, qu'on pourrait découvrir aux différentes distances, en employant au besoin le tir indirect, au moyen d'arbres et de miradors.

On donna la composition suivante aux troupes d'opération :

Colonel Frey, commandant;
Capitaine Dargelos, chef d'état-major;
Commandant Régis, commandant l'artillerie et le génie;
Premier groupe (lieutenant-colonel Winckel-Mayer) :
100 soldats d'infanterie de marine (capitaine Robert);
109 soldats d'infanterie de marine (capitaine Cozanet);
 21 soldats d'infanterie de marine (lieutenant Vache);
130 tirailleurs (capitaine de Guigné);
  2 pièces de 80 ;
  2 mortiers de 15.
Deuxième groupe (commandant Tane) :
120 soldats d'infanterie de marine (capitaine Ozenne) ;
 50 légionnaires (capitaine Plessier);
140 tirailleurs (capitaine Daval);
  2 pièces de 80.
Troisième groupe (réserve générale aux ordres directs du colonel) :
120 soldats d'infanterie de marine (capitaine Piozin);
100 soldats d'infanterie de marine (lieutenant Labaysse);
140 tirailleurs (capitaine Tétard);
 30 tirailleurs (lieutenant Habert) ;
  1 pièce de 80.

Les troupes avaient été concentrées à Bo-Ha et Nha-Nam, le 2 janvier 1891. Le 3, le premier groupe occupa sans coup férir Lang-Mac et le deuxième Huu-Thuong sud (appelé aussi Lang-Léo sud). Ces deux points servirent de centres de réserve aux deux groupes et la première parallèle fut constituée par des ouvrages construits sur les mamelons MDQ et le village de Huu-Thuong sud organisé; les deux centres de réserve communiquaient par le sentier *a b c d*, protégé par la ligne d'ouvrages de la première parallèle.

A partir de celle-ci on chemina :

le premier groupe, par une coulée d'une quarantaine de mètres de largeur pratiquée dans la forêt le long des hauteurs MNH (ce dernier point fut atteint le 7 janvier au soir, après aménagement en N d'une place d'armes fortifiée);

le deuxième groupe, par l'occupation successive des mamelons boisés ABP (ce dernier fut également occupé le 7 au soir).

Pendant ce temps, la réserve générale brûlait Lang-Nua (6 janvier) et Lang-Van sur la ligne de retraite des pirates et y détruisit un assez gros approvisionnement de riz.

Le 8, à la reprise des travaux, les patrouilleurs et travailleurs du premier groupe, en arrivant sur le point terminus, que l'on avait laissé inoccupé la veille au soir, furent reçus par une fusillade partant d'un petit ouvrage situé en arrière de la crête du mamelon H; ils furent obligés de se retirer sur la place d'armes N. Il en fut de même des patrouilles du deuxième groupe en arrivant sur le mamelon O.

Comme conséquence des événements du 8, le 9, fut organisée une action générale ayant pour but de s'installer en O et en H, pendant que l'artillerie de la réserve, installée en R, battait la ligne de retraite sur Lang-Nua et Lang-Van.

Jusqu'à 10 heures du matin, un bombardement fut exécuté des points P (une pièce), A (une pièce), N (une pièce et deux mortiers) d'où l'on faisait du tir indirect à l'aide de miradors installés dans les arbres. Pendant ce temps, la réserve tirait du point R sur de nombreux groupes circulant entre Huu-Thué et Lang-Nua; le capitaine Tétard poussa même jusqu'à Lang-Nua, où il eut un engagement.

A l'issue de ce bombardement (10 h. 30), pendant lequel une bombe heureuse mit le feu aux cases du fort :

le premier groupe forma deux colonnes d'attaque (capitaines de Guigné et Cozanet) qui avaient pour mission d'enlever l'ouvrage du mamelon H (redoute du sud). Elles échouèrent et durent se replier après avoir eu 2 tués (dont le capitaine de Guigné) et 7 blessés ;

le deuxième groupe, sous la protection du lieutenant Audebert envoyé vers Chogo, couronna le mamelon O et le fortifia.

Le premier groupe chercha, les jours suivants, à contourner l'ouvrage H. Un tambour fut établi à la tête des travaux et l'on avait déjà fortement amorcé une sorte de sape parallèle, construite dans la direction du nord-ouest, à l'aide de pare-balles des canonnières, lorsque, le 11, une des patrouilles envoyées sous bois, commandée par le caporal Payn, s'approcha du fort, reconnut qu'il était inoccupé et y pénétra.

Les troupes d'opération furent disloquées les 12 et 13.

Vers les derniers jours du siège, l'effectif des pirates dépassait sensiblement, paraît-il, le chiffre 1.000. La bande du début avait été successivement renforcée d'autres attirées par le succès.

Combat de Xom-Giong.

(13 mars 1891.)

Après le massacre de Cho-Bo (nuit du 2 au 3 février 1891), trois colonnes furent mobilisées contre le Doc-Ngu et le De-Kieu :

La colonne Geil, partie de Sontay ;

La colonne Bergounioux, partie de Hong-Hoa ;

La colonne Fouquet, partie de Van-Yen.

Les deux premières atteignirent, le 13 mars, le repaire de Xom-Giong, pendant que la troisième se tenait en observation un peu au nord-est avec mission d'empêcher les bandes du De-Kieu de venir prêter main-forte à celles du Doc-Ngu.

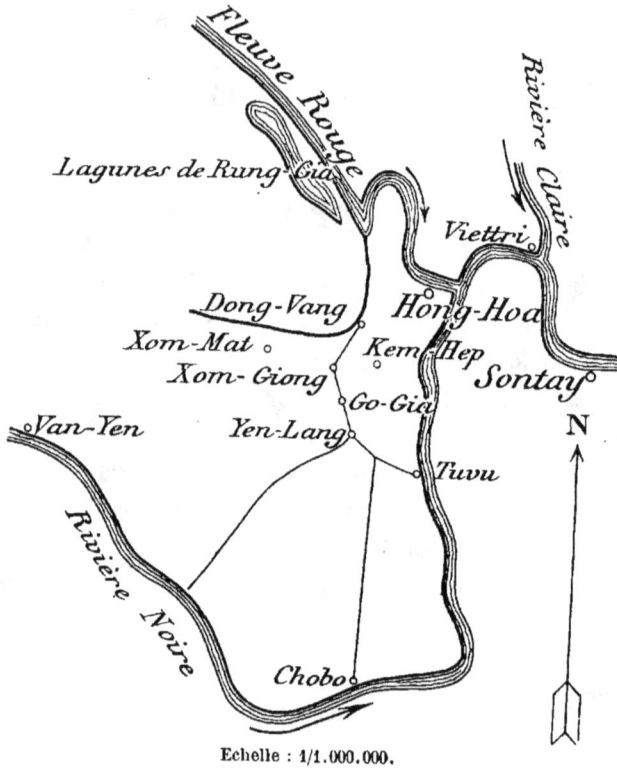

Echelle : 1/1.000.000.

Le cirque de Xom-Giong a trois voies d'accès ; les commandants Geil et Bergounioux convinrent de l'attaquer par trois détachements :

ceux de l'est et du sud fournis par la colonne Geil ;

celui du nord-ouest constitué par la colonne Bergounioux en entier.

Ces trois détachements avaient respectivement les compositions suivantes :

Détachements de l'est (capitaine Géniteau) :

50 linhs-cos ;
Deux sections de garde civile ;
90 soldats d'infanterie de marine ;
Une pièce de 80.

Ce détachement, parti le 13 au matin de Kem–Hep, arrivait
à 10 h. 1/2 en face du col N qui était occupé et qu'il dut
attaquer ;

Détachement du sud (commandant Geil) :

150 linhs-cos ;
Deux sections de garde civile ;
Deux compagnies d'infanterie de marine (capitaines Bernard et
Benoit) ;
Une pièce de 80.

Ce deuxième détachement, parti le 13 au matin de Go-Gia
et environs, déboucha vers 10 h. 1/2 par le col H et vint se
rassembler en G.

Colonne Bergounioux (sentier du nord-ouest) :

150 irréguliers (miliciens, linhs-cos, etc.) ;
200 légionnaires et tirailleurs,

Elle était partie le 13 au matin de Xom-Mat ; elle déboucha
dans le cirque quelques instants après le détachement Geil
et se massa derrière lui.

Les détachements Geil et Bergounioux prirent une position d'attente, afin de laisser au détachement Géniteau, que
l'on n'entendait pas encore, le temps d'arriver. Les linhs-cos
du commandant Geil couvrirent le rassemblement vers le
sud en occupant le col H ; la compagnie Bernard de la même
colonne se plaça en avant-postes vers l'est, le peloton Debay
face au nord-est, le peloton Finet face au sud-est.

Mais en arrivant sur leurs positions respectives, ces deux
pelotons furent salués par des coups de feu partis des croupes
A et B, que l'ennemi avait organisées en y creusant des tranchées dissimulées par la brousse et qu'il occupait en force.
Le commandant Geil fut donc obligé de commencer le combat
plus tôt qu'il ne l'aurait désiré.

La pièce fut mise en batterie aux environs du point D et
canonna aussitôt les deux croupes A et B, puis la croupe A
fut attaquée de front par le peloton Debay, qui dut battre en

retraite après avoir éprouvé des pertes sensibles. Voyant l'échec de ce peloton, le commandant Bergounioux, dont la colonne était placée en réserve derrière la colonne Geil, envoya sur la droite des tranchées A un petit détachement de légionnaires et de linhs-cos commandés par le lieutenant Bels; ce détachement réussit très bien son mouvement, prit les tranchées à revers et les fit évacuer (2 heures de l'après-midi).

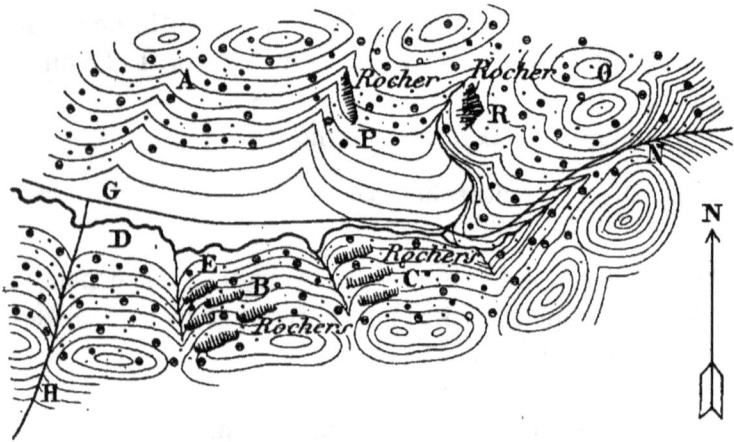

Echelle : 1/12.500.

Pendant ce temps, le commandant Geil faisait traîner en longueur l'action contre les croupes B et C, attendant pour les attaquer résolument que le détachement Géniteau, dont on entendait le canon, débouchât sur les derrières de l'ennemi; mais, comme on le verra tout à l'heure, ce détachement était arrêté au col N.

Enfin, vers midi, après avoir fait exécuter la sonnerie du 9ᵉ de marine, sonnerie à laquelle répondit un ancien clairon déserteur enrôlé dans la bande, et n'entendant pas se rapprocher la fusillade du capitaine Géniteau, le commandant Geil ordonna au lieutenant Hirtzmann, son major de colonne, de constituer une fraction mixte composée de 20 linhs-cos et des pelotons Finet et Bourgeron, de se diriger par le sentier vers le col H, de tourner à gauche à l'endroit le plus favorable, et,

après avoir repéré à la boussole une direction générale, de se
frayer un chemin au coupe-coupe à travers brousse et
d'aller prendre à revers les tranchées B et C. Ce mouvement
difficile fut très hardiment conduit mais dura longtemps;
vers 3 h. 1/2 seulement, les feux de salve du lieutenant se
firent entendre sur les derrières de l'ennemi, les tranchées B
furent évacuées et les tranchées C prises de revers, pendant
que le commandant avec les pelotons Dardenne et Sardi (ce
dernier de la colonne Bergounioux) les attaquait de front et
les occupait. Vers 4 heures, tout le versant sud de la vallée
était à nous; une demi-heure après, le capitaine Géniteau
débouchait par le sentier de l'est.

Le capitaine Géniteau était arrivé à 10 h. 1/2 en face du
col N et s'était heurté à la position O qui, de même que les
positions A B et C, était organisée défensivement au moyen de
tranchées. La colonne prit position au col, où le lieutenant de
Gaudel mit sa pièce en batterie. On tiraillait ainsi de part et
d'autre pendant deux heures sans grands résultats. Vers
midi et demi, le lieutenant Révérony, à la tête d'un peloton
d'infanterie de marine, d'une section de garde civile et de
quelques linhs-cos, tenta sur la gauche de la position, par un
itinéraire paraissant tout d'abord impraticable, un mouvement
tournant qui, de même que celui du lieutenant Hirtzmann,
fut long mais eut plein succès; à 4 heures, il battait de revers
les tranchées O et les faisait évacuer, puis, poussant vers
l'ouest, faisait sa jonction avec le lieutenant Bels.

Le passage déblayé, le capitaine Géniteau put faire enfin sa
jonction avec son chef de colonne.

Le lendemain 14, le peloton Bérard (du détachement Géniteau), qui avait passé la nuit en avant-postes au rocher P,
reçut l'ordre, avant de descendre, de fouiller le versant
nord.

En arrivant en R, il fut reçu par des coups de feu; le lieutenant Hirtzmann, qui était dans les environs occupé à lever le

terrain sous la protection d'une escorte, vint à la rescousse
ainsi qu'une partie de la compagnie Benoit qu'envoya
aussitôt le commandant Geil. Les rochers R formaient le
réduit de la position qu'occupaient encore quelques hommes.

Vers 10 heures, après trois heures de combat, le retranchement R, qui constituait une position des plus fortes, tourné
sur sa droite par le lieutenant Hirtzmann, était enlevé et les
cases, qui s'y trouvaient, incendiées.

Dans l'après-midi du même jour, les colonnes quittèrent
Xom-Giong, se dirigeant, la colonne Geil sur Tuvu et Sontay,
la colonne Bergounioux sur Hong-Hoa.

L'affaire de Xom-Giong nous a coûté 4 tués dont 3 soldats
d'infanterie de marine, 15 blessés dont 11 soldats d'infanterie
de marine.

Combats du Ngoï-Huong et du Movio.

(5 avril 1891.)

Les troupes destinées à opérer sous les ordres du commandant de Beylié avaient été concentrées à Yen-Bay, le 2 avril
1891.

Elles comprenaient :

une première colonne sous les ordres directs du commandant de Beylié et forte de 300 fusils (210 tirailleurs et 90 légionnaires).

une deuxième colonne de même force, mais sans soldats
européens, sous les ordres du commandant Fouquet (deux
compagnies de tirailleurs et un groupe de miliciens du Tanh-
Hoa-Dao).

Les deux colonnes devaient converger sur le Ngoï-Huong :
la première par Phu-An-Binh, Camon et Bao-Haï ;
la deuxième, par le fleuve Rouge et le Ngoï-Tié.

COMBAT DU NGOÏ-HUONG. — Le 5 avril, jour fixé pour le ren-

dez-vous des deux colonnes sur le Ngoï-Huong, la colonne de
Beylié remontait ce dernier cours d'eau en suivant la rive
droite; elle marchait en file indienne, couverte par une avant-
garde de 40 légionnaires et 50 tirailleurs sous les ordres du
lieutenant Hérold. A 10 heures, l'avant-garde venait de s'engager dans un sentier à flanc de coteau à peine large de
$0^m,40$, resserré entre le cours d'eau non guéable et une pente
de 35° environ, couverte de brousse, lorsqu'éclata la fusillade;
les pirates qui avaient choisi ce coupe-gorge pour y attendre
la colonne, occupaient en avant une tranchée qui enfilait le
chemin et, sur la rive gauche, plusieurs tranchées perdues
dans les hautes herbes. Ils ouvrirent le feu à 20 ou 30 mètres.

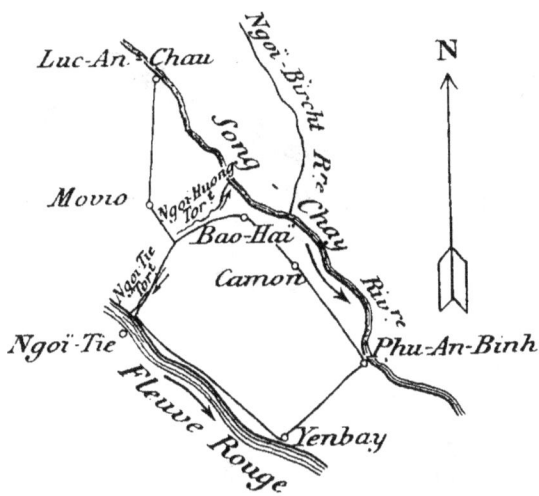

Echelle : 1/1.000.000.

Cette fusillade soudaine et qui fut meurtrière, provoqua,
dans l'avant-garde, un mouvement de recul; quoique blessé à
la première décharge d'une balle à la tête, le lieutenant
Hérold maintint autour de lui la plus grande partie de sa
troupe; mais, malgré l'exemple de l'officier, un petit groupe
de fuyards et parmi ceux-ci, quelques jeunes légionnaires
nouvellement débarqués, détalèrent le long du sentier et,
aveuglés par la panique, renversèrent, à terre, le comman-

dant qui se portait à l'avant-garde. Celui-ci fit sonner « le boudin » (1); à cet appel, tous les vieux légionnaires qui marchaient au gros, quittèrent aussitôt leurs places pour courir en tête, firent faire demi-tour, à coups de pied, à leurs jeunes camarades un moment égarés et, entraînant l'avant-garde, enlevèrent la tranchée qui enfilait la route, puis poussèrent jusqu'au gué. Au même moment, des coups de feu se faisaient entendre sur les derrières de l'ennemi; c'était le commandant Fouquet qui arrivait, de son côté, au rendez-vous. La colonne de Beylié venait de perdre dans cet engagement de

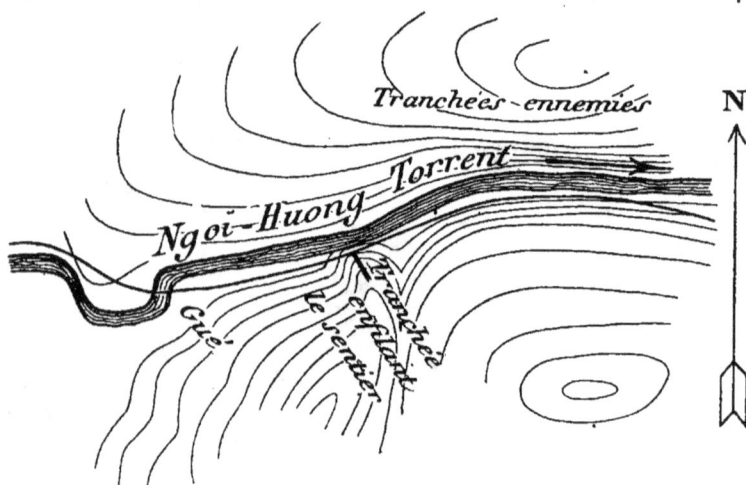

Echelle : 1/10.000.

moins d'une heure, 5 tués, dont 3 légionnaires et 16 blessés, dont le lieutenant Hérold et 7 légionnaires.

---

(1) C'est ainsi que les légionnaires appellent le refrain de la légion étrangère, à causes des paroles qu'ils y ont adaptées :

Tiens
Voilà du boudin (ter)
Pour les Alsaciens,
Les Suisses, les Lorrains,
..... etc.....

paroles qui, comme toutes celles que les soldats adaptent aux sonneries, ne signifient pas grand chose. Quant au refrain lui-même, il fait partie de l'arsenal des vieilles traditions de la légion, et il n'est certainement pas de légionnaire ou d'ancien légionnaire, quel que soit du reste son grade, qui l'entende sans émotion.

Les Chinois, pris entre deux feux, s'échappèrent à droite et à gauche en s'égaillant à travers bois. Des patrouilles leur donnèrent la chasse et échangèrent encore quelques coups de feu avec eux pendant que les deux colonnes se rassemblaient.

On fit une halte pendant laquelle les blessés furent pansés ; on les installa dans un petit groupe de maisons abandonnées qui se trouvaient dans le voisinage, on laissa à leur garde un petit détachement et, à 2 h. 3/4, la colonne se remit en marche pour le mont Movio où se trouvait le repaire.

COMBAT DU MOVIO. — La colonne Fouquet marchait en tête, la pointe d'avant-garde sous les ordres du lieutenant Labonde, le reste de la compagnie de Gineste en avant-garde, puis la compagnie Bailly et, enfin, la colonne de Beylié, tout le monde en file indienne.

On suivit un sentier étroit tout le long duquel nos soldats eurent à subir les coups de feu isolés de Chinois embusqués qui disparaissaient dans les fourrés après avoir déchargé leurs armes. Vers 5 heures, l'avant-garde déboucha en face de la position, saluée aussitôt par la fusillade.

La position était constituée par une longue croupe A B C, couronnée en son sommet par un bois A B dont la lisière était organisée défensivement à l'aide d'abatis. Cette position principale était précédée d'une position avancée, formée par un contrefort D E F à peu près complètement découvert, au sommet duquel on remarquait un groupe de maisons E et un gros arbre isolé F ; elle était séparée de la position principale par un ravin G H.

C'est en débouchant sur ce plateau D E F que la pointe fut accueillie par des coups des feu.

La droite de la position s'appuyait à la forêt et semblait de ce fait pouvoir être tournée. Le commandant arrêta, en conséquence, le lieutenant Labonde sur le bord du plateau, et dirigea le reste de la compagnie de Gineste dans la direction K L, avec mission de chercher à tourner la droite ; mais le terrain étant coupé de ravins infranchissables et couvert d'une végé-

tation épaisse, cette fraction fut arrêtée et ne put pas accomplir sa mission.

Le combat dut donc être continué de front; la section Labonde marcha sur l'arbre F, pendant que le capitaine Bailly,
qui venait d'arriver avec sa compagnie, se déployait à sa gauche et enlevait les maisons E, mais on se trouva bientôt en
face du ravin et on dut s'arrêter; c'est à l'arbre F que le commandant Fouquet et le lieutenant Labonde qui marchaient
ensemble, furent blessés, le second très grièvement d'une
balle au genou.

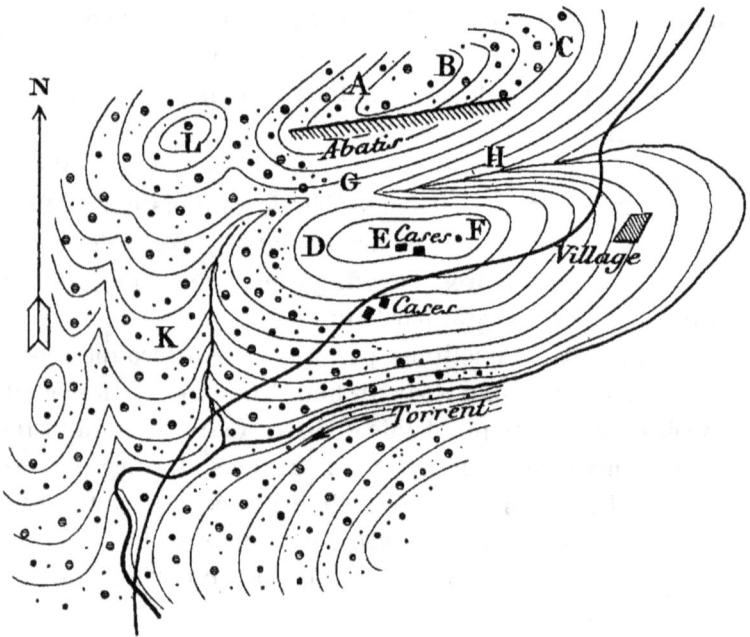

Echelle : 1/10.000.

Sur ces entrefaites, la compagnie Cadars (de l'autre colonne)
arriva à hauteur des troupes engagées; elle fut portée à la
droite de la fraction Labonde et reçut l'ordre de tâcher de déborder la gauche ennemie en franchissant le ravin.

Mais avant que le capitaine Cadars eût achevé son mouvement, le capitaine Bailly, utilisant habilement le terrain qui le
séparait des pirates, franchissait le ravin en gagnant peu à

peu du terrain, d'abri en abri, parvenait ainsi à courte distance de la position, la faisait évacuer et y prenait pied.

Cette deuxième affaire nous coûtait 1 tué et 6 blessés dont 2 officiers.

Les deux colonnes bivouaquèrent sur la position conquise ; le lendemain matin, elles se mirent en marche et, le 7, couchèrent à Ngoï-Tié, d'où les blessés, portés jusque-là en hamac, furent expédiés en jonques à Yen-Bay, où ils arrivèrent le 8.

Combat de Ké-Ha.

(21 août 1891.)

Le 21 août 1891, le garde principal Policand, à la tête d'une quarantaine d'hommes de la garde civile, acculait dans le village de Ké-Ha un nombre à peu près égal de pirates du De-Nam descendus du Yen-The pour se ravitailler ; mais en abordant la lisière nord du village, il était blessé grièvement. Le garde principal Henry prit le commandement, demanda à Phu-Lang-Thuong un renfort de troupes régulières, et, en attendant l'arrivée de ce renfort, se contenta de bloquer l'ennemi dans le village. (Ké-Ha est situé sur la rive droite du Song-Thuong à une dizaine de kilomètres au N.-N.-O. de Phu-Lang-Thuong.)

Le commandant d'armes de Phu-Lang-Thuong mit aussitôt en route, sous les ordres du lieutenant de Vathaire, un détachement composé de 10 soldats d'infanterie de marine et de 55 tirailleurs. Ce détachement, parti de Phu-Lang-Thuong à 10 heures, arrivait à Ké-Ha vers midi. Au même moment, le garde Henry recevait d'autre part un renfort de 40 hommes de garde civile.

Comme tous les villages annamites, le village de Ké-Ha était ceint d'une haie vive de bambous X Y T W et comprenait à l'intérieur plusieurs autres haies de même espèce, telles que

S E. Les pirates s'étaient retranchés dans l'îlot de maisons X R *a b c e f h g i* situé au sud-ouest; c'était la partie du village la plus dense en habitations. La plupart des constructions de l'îlot étaient des maisons de torchis couvertes de paillotes et entourées de murs en pisé; mais au milieu s'élevait un réduit

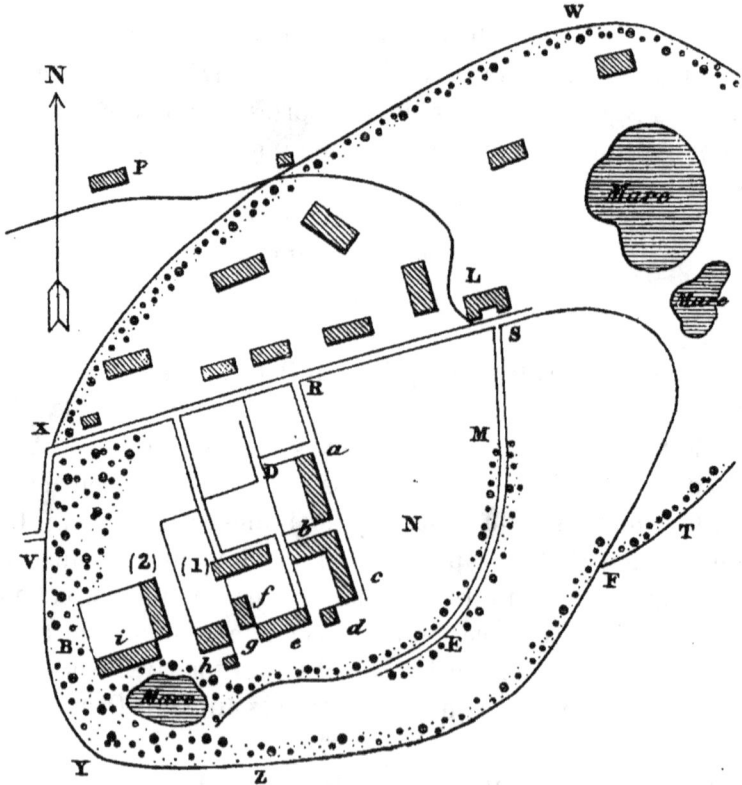

Echelle : 1/6.000.

central constitué par deux solides pagodes construites en briques et couvertes de tuiles. A l'est de la lisière *a c* de l'îlot, s'étendait, dans l'intérieur du village, un espace inhabité couvert d'anciennes rizières et de mares et coupé de haies de bambous; le village était environné de tous les côtés de rizières pleines d'eau jusqu'au bord et particulièrement dans la partie G V Y Z qui paraissait infranchissable.

A l'arrivée du détachement de Phu-Lang-Thuong, la garde
civile occupait la pagode extérieure P comme position principale et la pagode L à l'intérieur; elle avait un poste en X,
tenait la lisière nord X R de l'îlot par un cordon de faction-
naires, et toutes les portes est et sud par des postes de deux
ou trois hommes.

Il existait au sud-ouest et à environ 500 mètres du village,
une sorte de petite mamelle dénudée émergeant de la rizière;
en passant à hauteur de cette mamelle, le lieutenant y avait
laissé un poste de 8 tirailleurs. Il le fit relever par 14 hommes
de garde civile; il renforça ensuite de 6 tirailleurs le poste de
la pagode P et de 10 celui de la pagode L; il répartit le reste
du détachement de garde civile entre les postes P et L et le
cordon des sentinelles X R; puis, gardant avec lui une petite
réserve de 5 hommes d'infanterie de marine, il confia ce qui
restait de troupe régulière (5 hommes d'infanterie de marine
et 30 tirailleurs) au lieutenant Sanyas qui marchait sous ses
ordres, et il lui ordonna d'aller investir la lisière $a\ c$ de l'îlot
de maisons tenu par les pirates.

Le lieutenant Sanyas suivit la rue S E formée, de deux haies
de bambous, fit pratiquer dans la haie de droite un trou par
où ses hommes allèrent un à un, se placer en tirailleurs derrière un talus de rizière, puis, le déploiement achevé, porta
d'un bond la chaîne en avant jusqu'au mur en pisé $a\ c$. Le lieutenant de Vathaire complétait, de son côté, l'investissement en
a et R, par des hommes de la garde civile et par sa petite réserve européenne. Ces mouvements s'étaient opérés sous la
fusillade des défenseurs qui tuèrent deux hommes à la section
Sanyas.

L'investissement achevé au nord et à l'est, le lieutenant
de Vathaire fit confectionner des appareils incendiaires formés
de torches liées à l'extrémité de longs bambous et parvint, à
l'aide de ces engins, à mettre le feu aux cases $a\ b\ c\ d$ que les
défenseurs durent évacuer. A la faveur de l'épaisse fumée de
l'incendie, la chaîne d'investissement de l'est s'avança sans
pertes jusqu'au deuxième mur en pisé parallèle au précédent.

et situé à quelques mètres seulement de la pagode n° 1
(3 h. 1/2). Le lieutenant de Vathaire put alors, à l'aide de cartouches de dynamite dont il s'était muni au départ, pratiquer une brèche dans le mur d'enceinte de la pagode.

Malheureusement, il n'attendit pas que cette brèche, qui
n'avait que la largeur d'un homme, fût élargie; emporté par le
feu de l'action qu'il dirigeait depuis midi avec beaucoup d'ha-
bileté et de bonheur, il se lança sur cette brèche avec les cinq
hommes d'infanterie de marine qui lui servaient d'escorte
personnelle et de réserve, se présenta le premier à l'ouver-
ture et y fut frappé d'une balle en pleine poitrine. L'énergie
qui animait le jeune officier était telle qu'il eut la force de se
retirer seul, de faire une dizaine de pas sans seulement être
soutenu, et de regagner sa chaîne de tirailleurs en disant :
« je suis blessé à mort, tant pis; vive la France! » puis il
tomba entre les bras du garde principal Henry, et expira.

Le lieutenant Sanyas, à qui revenait le commandement,
compléta l'investissement et rendit compte de la situation au
commandant Pardes, chef de la place de Phu-Lang-Thuong,
qui arriva en personne le soir même avec du renfort et un
canon.

L'investissement fut renforcé et complété : on plaça pour la
nuit un cordon de sentinelles le long de la lisière XVY, qui
avait pu être surveillé pendant le jour par le poste du mamelon sud-ouest, puis on mit le feu aux cases e f g h i et on serra
l'investissement jusqu'au contact presque complet avec les
pagodes 1 et 2.

Dans le courant de la nuit, on reconnut, à la lueur de l'incendie et à celle d'un flambeau Lamarre lancé dans la cour
de la pagode, que l'ennemi n'y était plus; l'évacuation s'était
faite homme par homme à travers le cordon de sentinelles
par la rizière VYG que l'on croyait infranchissable, et que les
fugitifs traversèrent en se mettant à l'eau jusqu'au nez.

La journée de Ke-Ha nous a coûté un officier tué, un garde
principal grièvement blessé et 8 tirailleurs ou gardes civils
tués ou blessés.

Opérations dans le Dong-Trieu.

(Novembre 1891 ; mars 1892.)

Les opérations que dirigea le lieutenant-colonel Terrillon dans le pays de Dong-Trieu, présentaient des difficultés toutes particulières. La bande à combattre était une des mieux organisées qui ait tenu la brousse au Tonkin ; commanditée par de riches capitalistes des deux Quangs, elle disposait de capitaux abondants ; en contact constant avec la Chine, elle pouvait à chaque instant s'y refaire et s'y ravitailler ; son chef Luu-Ky, métis sino-annamite, était un homme énergique et d'une grande intelligence, inspirant à ses bandits une confiance sans bornes. Luu-Ky avait su, d'autre part, habilement tirer parti de la situation ; les populations du Dong-Trieu, au milieu desquelles il vivait depuis longtemps, avaient été gagnées à sa cause, soit par intérêt, soit par crainte, et lui étaient inféodées ; elles devaient immanquablement faire le vide autour des colonnes envoyées pour lui faire la guerre. Enfin, au lieu d'avoir comme points d'appui une ou deux citadelles solidement établies mais apparentes et connues comme Than-Maï, Ba-Dinh ou Chomoï, il s'était contenté, fort intelligemment, d'établir en certains endroits déserts de la montagne des repaires provisoires, fortifiés sommairement il est vrai, mais dont les emplacements étaient ignorés et qui pouvaient être à chaque instant évacués sans grand préjudice.

Tel était l'ennemi qu'il s'agissait de faire disparaître, ennemi à la fois puissant et insaisissable, contre lequel notre allié naturel et habituel des hauts pays, la population, allait même nous faire défaut.

Ces opérations furent donc, plus que toutes autres, œuvre de longue haleine et de patience ; elles consistèrent en marches et contre-marches sinon stériles, du moins sans résultat tangible immédiat et réconfortant. L'ennemi se dérobait sans

cesse et ne se montra le plus souvent que lorsque les circonstances lui permirent de tendre à nos colonnes de meurtrières
embuscades comme à Dong-Tiam et à Choï-Xuan. Nos soldats
eurent cependant un jour la satisfaction de livrer un combat
sérieux, celui du Nui-Co-Bang, qui fut un gros succès; ce jour-
là, Luu-Ky, trop confiant en lui-même, voulut jouer au tacti-
cien et nous attendit au grand jour; c'est une expérience qu'il
ne renouvela pas.

Ce fut, en résumé, beaucoup moins par l'action meurtrière
du combat que le lieutenant-colonel Terrillon obtint la désagrégation des bandes de Luu-Ky, que par l'action dissolvante
d'une vie fatigante et improductive, qu'il leur imposa six
mois durant, et qui amena à la longue le découragement des
associés tant capitalistes qu'ouvriers. Ce résultat est dû surtout à la façon dont nos hommes supportèrent ces intermina-
bles fatigues, c'est-à-dire à leur endurance, et à la prévoyance
de leur chef qui ne les laissa jamais manquer de rien.

Le jeu des ravitaillements constituait donc un des points les
plus importants de l'expédition. Les dispositions du terrain les
rendirent relativement assez faciles, entouré qu'il était sur la
moitié environ de son périmètre extérieur par des cours d'eau
accessibles aux chaloupes à vapeur. Le colonel installa sur
ces cours d'eau les deux magasins de Lam et de Dong-Trieu,
qui, avec celui de Sept-Pagodes déjà existant, formèrent les
trois pivots principaux des opérations. Dans l'intérieur des
terres furent installés à Maixu, Dabac, etc., des magasins secondaires ravitaillés sur les trois précédents, ainsi qu'à Napéo
et Dinh-Lap, sur la route de Tien-Yen à Langson pour les colonnes volantes chargées, comme on le verra tout à l'heure,
de surveiller cette route qui se déroule entre le Dong-Trieu et
la Chine.

Le plan général des opérations consistait :

1° A investir le pays au moyen :

a) D'un dispositif fixe de postes placés tout autour et dont
les principaux étaient : Sept-Pagodes, Chin-Ngaï, Luc-Ngan,

Lam, Bien-Dong, An-Chau, Viloaï, Huong-By, Quan-La, Dong-Trieu, etc., et, sur la route de Tien-Yen à Langson, Dinh-Lap, Napeo, Kéo-Co.

b) D'un dispositif mobile de colonnes légères dont les centres d'action étaient : Lam (150 fusils), Kep-Ha (300), Viloaï (250), Quan-La (250), Dong-Trieu (150), Napeo (150) Ban-Phung (150).

c) De six canonnières croisant sur les cours d'eau ;

2° A donner à l'intérieur du périmètre une chasse sans relâche aux bandes, à l'aide d'une grosse colonne qui opéra le plus souvent sous les ordres directs du colonel, et comprenant 600 fusils de troupes régulières et 6 pièces de 80 de montagne.

L'installation de ce qui peut appelé l'ossature du système, donna lieu à plusieurs rencontres préliminaires plus ou moins importantes (affaires du 8 novembre aux environs de Bien-Dong (capitaine Thirion), du 11 à Chua-Kep (capitaine Bailly), du 25 au Nui-Dong-Son (lieutenant Letardif).

La colonne principale fut rassemblée à Luc-Ngan, le 24 novembre, sous le commandement personnel du colonel, assisté du commandant Perreaux comme chef d'état-major.

Le 25, conjointement avec une colonne de tirailleurs partie de Dong-Trieu, une première opération fut dirigée sur le repaire de Choï-Xuan, que les colonnes trouvèrent évacué.

Le lieutenant-colonel Terrillon, après avoir eu un moment l'idée de marcher en une seule colonne, divisa à la fin de novembre ses forces en quatre colonnes, dont il confia le commandement aux commandants Tane, Dufour, Morel et au capitaine Lemoine.

Le 5 décembre, les colonnes furent concentrées à Cong-Luoc. Du 5 au 10, elles battirent le massif entre Loch-Nam et Song-Ky (les Traï, Nui-Da-Bo, Nui-U-Bo), sans rencontrer l'ennemi, qui s'était porté dans le massif entre Song-Ky et Delta (Nui-Dong-Son, Nui-Co-Bang, etc.).

Le 15, après être descendu dans le deuxième de ces deux

massifs, les colonnes partirent de la plaine de Dong-Trieu pour marcher contre Luu-Ky en personne, qui avait concentré ses forces au sommet du Nui-Co-Bang, accepta le combat et fut battu. Le colonel acheva ensuite la battue du massif, qui se termina par l'enlèvement du repaire de Kem-An (31 décembre 1891).

Il se porta ensuite dans le massif du nord (Traï, Nui-U-Bo, etc.) en embarquant ses troupes sur des chalands remorqués. Après quelques pointes dans le Bao-Day (colonnes Tane, Tournier, Guyonnet) et aux environs du Loch-Nam, il fut avisé d'une façon certaine de la présence de Luu-Ky dans le massif des Traï. Le 12 janvier, deux colonnes convergèrent sur le repaire de Choï-Xuan, la colonne Morel partie de Dong-Trieu et la colonne Gallé partie de Luc-Ngan. L'avant-garde de la première tomba dans une embuscade qui fut très meurtrière : le capitaine Lemoine, le lieutenant Esterhazy et 6 hommes furent tués et 12 blessés. La colonne Gallé accourut au bruit de la fusillade et, avec un détachement de la colonne Morel, commandé par le lieutenant Bonnin, mit en fuite les pirates, pendant que le gros de la colonne resté sur les hauteurs, repoussait une contre-attaque.

L'opération de Choï-Xuan, que Luu-Ky réoccupa, fut reprise le 17 par le lieutenant-colonel Terrillon et le commandant Guyonnet. Le repaire fut trouvé évacué; mais, à partir de ce moment, et devant cette tactique bien évidente de navettes à laquelle se livrait Luu-Ky entre les deux massifs encadrant le Song-Ky, le commandant des opérations, tout en continuant son système de chasse à outrance, l'appuya dès lors de la création de postes provisoires destinés, après chaque opération, à empêcher les pirates de se réinstaller, comme à Choï-Xuan, par exemple, trois fois de suite dans le même repaire. Il établit donc à ce dernier point le fort Lemoine, puis se porta aussitôt dans le massif sud, où il créa le poste de Na-Mau (20 janvier 1892).

Une opération d'une certaine importance fut encore dirigée du 29 au 31 janvier par le commandant Guyonnet contre le repaire de Ho-Thuoï : Luu-Ky attendait les Français par l'aval, il fut attaqué par l'amont (capitaines Romey et Leblois) et ne tint pas.

Mais en somme, à partir de janvier, les opérations passent à leur dernière phase, la poursuite.

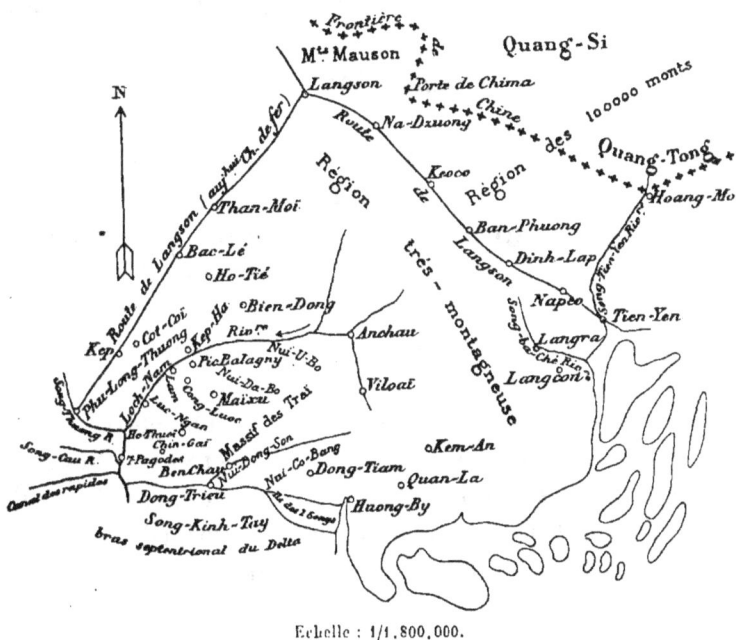

Echelle : 1/1.800.000.

Cette phase terminale, qui ne fut du reste pas la moins longue, avait déjà été entamée au cours même des opérations. Du 24 au 27 novembre, le capitaine Messier de Saint-James, commandant la colonne légère de Napeo, avait déjà remporté sur la ligne d'étapes de Luu-Ky, aboutissant au Quang-Tong, une série de succès dont il est juste d'attribuer une part aux lieutenants Savy et Pauthier. Il en avait été de même le 27 sur le moyen Loch-Nam du commandant Guyonnet avec la colonne de Kep-Ha, et le 10 décembre sur le haut Loc-Nam du capitaine Bailly avec la colonne de Viloaï.

Nous avions été moins heureux au sud-ouest : le 4 décem-

bre, le commandant Tournier (1), commandant la colonne
mobile de Quan-La, était tombé dans l'embuscade de Dong-Tiam
et y avait eu 35 hommes hors de combat.

Les opérations se sont terminées par les faits suivants qui
en sont comme l'épilogue :

Du 11 au 14 février 1892, battue faite par la colonne de Lam
(commandant Tane) dans la région de Loch-Nam, près du pic
Balagny ;

Le 12, combat de Namau, qui coûta la vie au lieutenant
Letardif ;

Le 13, surprise d'un campement chinois aux environs de
Bien-Dong, par le capitaine Magnien ;

Le 19, découverte et destruction de trois repaires dans la
région du Song-Ky par les garnisons de Dong-Trieu et de Ben-
Chau.

En avril 1892, Luu-Ky avait définitivement abandonné la
région du Dong-Trieu pour s'installer dans le Bao-Day, où le
lieutenant-colonel lui fit encore la chasse à la tête des colonnes
Guyonnet et Dagneau (engagements des 8 et 9 avril du capitaine
Dagneau à Ho-Tié et du commandant Guyonnet à Cot-Coï).

Les bandes désagrégées quittèrent, vers la fin de l'année 1892,
le Bao-Day pour le massif du Caï-Binh, d'où elles furent ex-
pulsées et refoulées plus loin en janvier 1894.

COMBAT DU NUI-CO-BANG (15 *décembre* 1891). — Les troupes
qui prirent part au combat de Nui-Co-Bang, avaient l'ordre de
bataille ci-après :

Lieutenant-colonel Terrillon, commandant la colonne ; capitaine Leblois, chef d'état-major.

1er groupe (commandant Morel) :

Compagnie Cortial (100 hommes d'infanterie de marine);
Compagnie Lasalle (200 tirailleurs).

_____

(1) De l'infanterie de marine.

2e groupe (commandant Dufour) .

Compagnie Dumoulin (100 hommes d'infanterie de marine);
Compagnie Bois (160 tirailleurs).

3e groupe (capitaine Lemoine) :

Compagnie Esterhazy (210 tirailleurs) ;
Peloton Yanez (50 hommes d'infanterie de marine).

L'artillerie, commandée par le capitaine Romey, était en dehors des groupes et comprenait deux pièces de 80 de montagne, commandées respectivement par les lieutenants Gaumard et Thouars.

Enfin, une ambulance légère était placée sous les ordres du docteur Maget.

Les troupes, qui étaient cantonnées à Méson et Giamo, entrèrent en colonne à Kimsen, qu'elles dépassèrent le 15, à 1 heure du matin, dans l'ordre suivant :

Avant-garde (groupe Lemoine) :
Extrême-pointe, 50 linhs-cos ;
Pointe et tête, la moitié environ de la compagnie Esterhazy ;
Gros, le peloton Yanez, le reste des tirailleurs, six sapeurs accompagnés de coolies porteurs d'outils et la pièce Gaumard.
Corps principal (groupe Morel) :
Train de combat (munitions et ambulance); un peloton de la compagnie Dumoulin et un peloton de la compagnie Bois, sous les ordres du capitaine Dumoulin ;
Convoi (bagages et vivres), le reste du groupe Dufour, sous les ordres du commandant.

Le convoi fut dirigé sur Lam-Xa, où il resta parqué pendant le combat.

Le reste de la colonne longea le pied du Nui-Dong-Son et, à hauteur des mines, fit tête de colonne à gauche pour gravir la montagne.

Dès le début de la marche, il se produisit un incident de détail qu'il est utile de relater parce qu'il est fréquent sur les pistes du Tonkin, surtout quand on les suit de nuit. On dut, à un moment donné, passer à gué une rivière; ce passage ainsi que le sentier qu'il fallait prendre ensuite étaient tous les deux fort mauvais; le sentier présentait, en outre, dans cette partie plusieurs bifurcations. Il se produisit dans l'avant-garde une augmentation d'allongement, les différents échelons perdirent le contact; l'un d'eux, précisément celui avec lequel marchait le commandant de groupe, s'égara complètement et le colonel dut confier momentanément le commandement de l'avant-garde au capitaine Leblois, son chef d'état-major. De toutes les fractions de l'avant-garde, la pièce

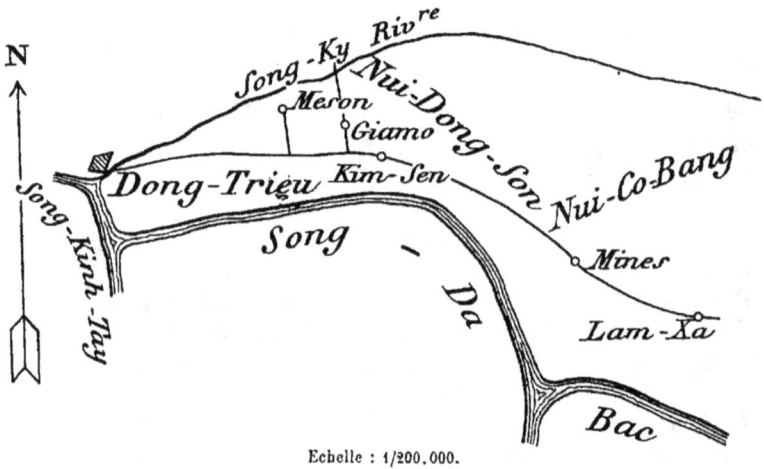

Echelle : 1/200.000.

Gaumard, dont les éléments démontés étaient cependant portés à dos de coolies et, par conséquent, aptes à passer tous les mauvais pas, fut naturellement celle qui subit le ralentissement le plus considérable; l'infanterie, qui marchait en avant d'elle, continua sa route à sa vitesse habituelle, sans s'apercevoir qu'elle n'était plus suivie, et il en résulta que pendant un temps assez long l'artillerie marcha sans avoir en avant d'elle le moindre soutien, isolement qui aurait pu être dangereux.

Ce qui restait de l'avant-garde reconstituée continua son ascension et, à 7 heures, occupait les positions suivantes :

Un peloton de tirailleurs avec le lieutenant Esterhazy en e; le reste de l'avant-garde, y compris la pièce en b avec le capitaine Leblois.

Les positions chinoises étaient constituées par les quatre pics rocheux ch, ch', ch'', ch''' sortant de la partie terreuse de la montagne. Sur notre droite, une croupe za', ch aboutissait au pic ch point d'appui de gauche des Chinois; sur notre gauche, une croupe ych''' aboutissait au pic ch''' leur front d'appui de droite. Ces deux croupes étaient séparées par un ravin qui s'infléchissait ensuite vers le sud.

Le capitaine Leblois fit mettre en batterie et ouvrir le feu sur ces positions, pendant que deux sections de tirailleurs ainsi soutenues par l'artillerie, traversaient la dépression du Déo-Van et allaient prendre pied sur les deux croupes z et y, dont les crêtes constituaient évidemment les deux cheminements tout indiqués pour aborder la position. Ces différents mouvements s'exécutèrent très bien et le combat était donc très correctement engagé par l'avant-garde quand le colonel arriva sur les lieux.

Il fit occuper sur ses derrières, par une section de tirailleurs de l'arrière-garde, le piton f et ordonna au capitaine Lemoine de rejoindre sur la croupe y les tirailleurs qui s'y trouvaient déjà, de grouper en y tout son groupe, y compris la fraction Esterhazy, devenue inutile en e, et de marcher sur la position en prenant pour objectif ch'''.

La compagnie Cortial, suivie de près par la compagnie Lasalle, fut ensuite lancée sur la croupe z, le reste de la colonne restant en réserve au Déo-Van, point de jonction des deux cheminements.

· A 9 heures, les tirailleurs du sergent Vaché (section d'avant-garde envoyée sur la croupe z) prenant position sur la hauteur a', ouvraient le feu à bonne distance sur le piton ch, puis, renforcés par le peloton Lamey enlevaient ce piton que le capitaine Cortial, placé en oblique, couvrait de feux d'écharpe.

Le capitaine Cortial continua à cheminer lentement vers le

deuxième piton ch', pendant que le capitaine Lasalle, prenant en main les fractions Vaché et Lamey, attaquait ce même piton en partant directement du piton ch. Cette dernière·attaque nous coûta quelques pertes ; il fallait traverser un espace battu par le feu des pirates et c'est en effectuant cette traversée que fut tué le lieutenant Lamey et que tombèrent également plusieurs soldats ; le capitaine Lasalle porta résolument ses hommes en avant, les blottit dans l'angle mort d'un à-pic rocheux formant la principale assise du piton, et, après quelques minutes employées à reprendre haleine, escalada l'à-pic et prit pied sur la hauteur, pendant que le capitaine Cortial, placé en oblique, couvrait de feu la position et obligeait les Chinois à se mettre à l'abri loin du bord du plateau. A 11 heures, le pic ch'' était enlevé à son tour.

Pendant ce temps, le capitaine Lemoine attaquait et enlevait le rocher ch''', dernier centre de résistance de Luu-Ky (11 h. 1/2).

A partir de 7 h. 1/2 ou 8 heures, un brouillard intense était venu s'abattre sur le lieu du combat et neutralisa complètement l'action de l'artillerie, qui ne put reprendre son tir que vers 11 heures. Les deux pièces furent alors placées en a'' et employées à canonner les fuyards qui battaient en retraite par le col de Caï-Tram.

A 3 heures, la colonne fut rassemblée en a'' et se mit en marche pour Lam-Xa, où elle arriva à 7 heures du soir et où elle coucha.

Le succès du Nui-Co-Bang nous coûtait deux tués, dont le lieutenant Lamey et sept blessés.

COMBAT DE DONG-TIAM (4 décembre 1891). — Un rassemblement ennemi avait été signalé au nord de Huong-By. Le commandant Tournier (1), commandant la colonne légère de

_____

(1) De l'infanterie de marine.

Quan-La, quitta ce dernier poste le 3 décembre, dans le double but de reconnaître l'ennemi et de se rapprocher de Huong-By qui était menacé.

Après avoir couché à De-Than, la colonne en repartit le 4 au matin, fit sa grand'halte vers 10 heures et, vers 1 heure de l'après-midi, gravissait le versant nord de la haute montagne, contre le versant sud de laquelle était adossé le village de Dong-Tiam, inféodé aux pirates.

Elle avait la composition et l'ordre de marche suivants :

Avant-garde (lieutenant de Carheil) :
Les guides ;
Une demi-section de tirailleurs (25 à 30 hommes) ;
Une escouade d'infanterie de marine (12 hommes).
Corps principal (capitaine Jobard) :
Une section de tirailleurs (50 à 70 hommes) ;
Une demi-section d'infanterie de marine (26 hommes).
Convoi et arrière-garde (lieutenant Béthouard) :
Une vingtaine de coolies ;
Une demi-section de tirailleurs (25 à 30 hommes) ;
Une escouade d'infanterie de marine (12 hommes).

Soit au total 4 officiers et 183 fusils dont 133 indigènes et 50 européens.

Le commandant marchait en tête du gros suivi du guide principal et d'un clairon.

Au sommet de la montagne était placée une vigie ennemie de quelques hommes qui disparut aussitôt, après avoir toutefois déchargé ses armes sur la colonne.

Celle-ci s'empara de même sans grandes difficultés de la position K, située de l'autre côté du ravin de Dong-Tiam, puis elle reprit son ordre de marche et continua sa route sur Huong-By, en descendant le même ravin.

L'avant-garde marchait lentement en fouillant, autant qu'il était possible de le faire, les fourrés épais de droite et de gauche. Elle reconnut ainsi le groupe de maisons M auquel elle mit le feu et ensuite le village de Dong-Tiam, à hauteur

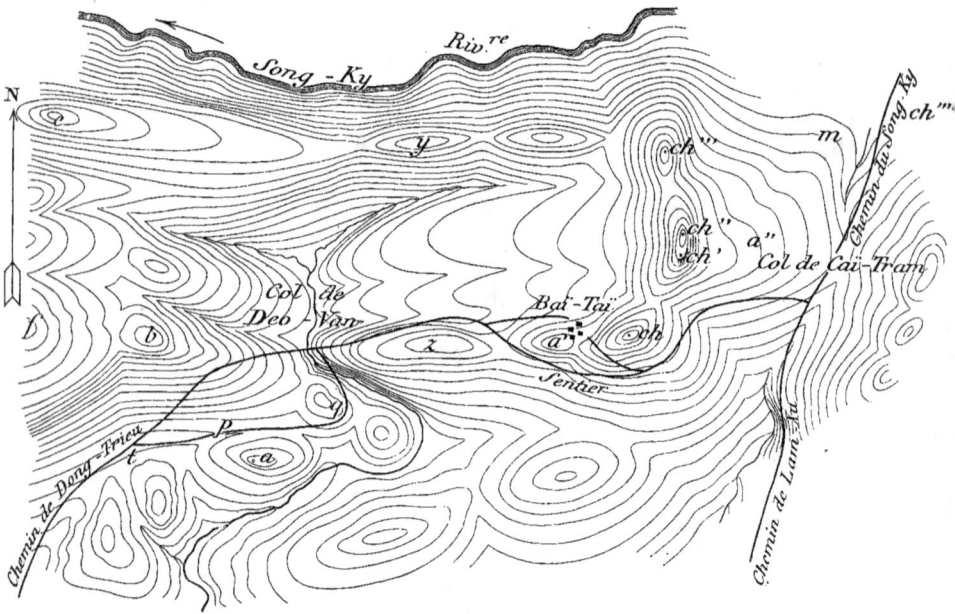

duquel s'arrêta le gros pour laisser serrer l'arrière-garde, pendant que l'avant-garde allait reconnaître un troisième groupe de maisons E.

Or, c'était précisément à hauteur du village qu'était tendue l'embuscade. A cet endroit, la rive gauche du ruisseau, qui servait de route, dominait très sensiblement la rive droite ; sur

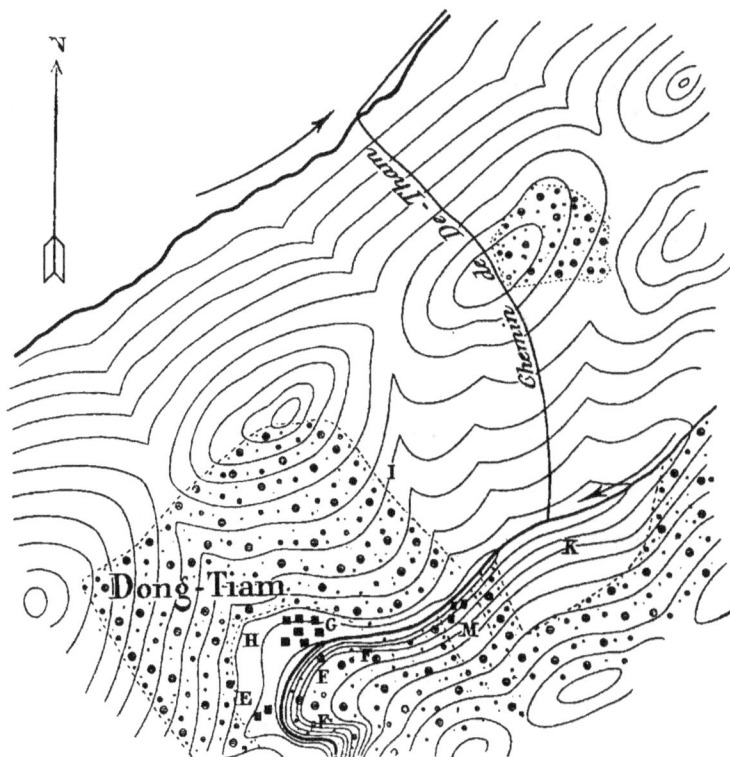

Echelle : 1/30.000.

la rive elle-même se présentait d'abord un escarpement à pic provenant du travail des eaux, puis, à partir du sommet de cet escarpement, un ressaut à pente très raide aboutissant à un replat F F F à peu près parallèle au thalweg, le tout recouvert de brousse et de bois. A droite, au contraire, le terrain s'élargissait en dégageant une sorte de plateau bas sur lequel s'élevait le village adossé à la forêt. Les pirates avaient pris position à gauche sur le replat F F F et à droite tout le long de la lisière, du point G au groupe de maisons E.

Ils attendirent que toute l'arrière-garde eût serré et par conséquent que toute la colonne fût bien engagée dans la nasse et ouvrirent le feu rapide.

Le feu partit d'abord de la position FFF; les hommes purent, contre ces premiers tireurs, s'abriter au moyen de l'escarpement de la rive gauche; mais quand partirent les coups de feu G H E, la colonne tout entière se trouva à découvert, défilée seulement par les cases du village auxquelles on avait mis le feu.

La situation était critique, d'autant plus que l'avant-garde était engagée en E et qu'il fallait l'attendre avant de songer à battre en retraite. Le capitaine Jobard fit mettre baïonnette au canon et se porta résolument sur la position F F F qu'il enleva, malgré l'escarpement et le fourré qui le recouvrait. La gauche était dégagée et avait un point d'appui. De leur côté, le commandant Tournier et le lieutenant Béthouard découvrirent au milieu du village une sorte de réduit palissadé que le feu avait épargné que l'on occupa, et d'où de vigoureux feux de salve imposèrent silence aux tireurs de la lisière G.

Dès que l'avant-garde eut rallié, on commença la retraite. Le lieutenant de Carheil, à l'avant-garde, était chargé de dégager la sortie et d'ouvrir la route; le reste de la colonne suivit, protégé par le lieutenant Béthouard et son arrière-garde qui se retira en tiraillant.

Les coolies avaient disparu presque tous aux premiers coups de fusil; ils étaient du reste en nombre insuffisant; les soldats européens et les tirailleurs s'attelèrent donc eux-mêmes aux hamacs de leurs camarades blessés.

Le dernier épisode de la retraite fut un acte de dévouement du chef de l'arrière-garde qui s'aperçut à un moment donné qu'un de ses hommes manquait à l'appel. Si, dans les circonstances normales de la lutte, l'officier, tout en restant à sa place, doit plutôt se ménager pour éviter les conséquences

fâcheuses de la disparition subite du chef, dans les circonstances critiques, au contraire, il doit payer de sa personne, s'il
ne veut pas que ses soldats cèdent à l'épouvante et se laissent
aveugler par la panique ; les quatre officiers qui encadraient
la petite colonne se montrèrent pendant toute l'action à
hauteur de ce noble rôle de sacrifice, auquel se dévoua une
dernière fois, avant la fin du combat, le lieutenant Béthouard,
en allant lui-même, avec quatre hommes de bonne volonté, à
la recherche du camarade disparu, qu'on retrouva en effet
dans le ruisseau avec une balle dans la cuisse, et qui fut ainsi
sauvé de la décapitation.

La colonne atteignit vers 4 heures le faîte de la montagne,
et, marchant une partie de la nuit, rentra à Quan-La le lendemain matin à 10 heures.

Elle avait eu 13 tués dont 5 soldats d'infanterie de marine
et 18 blessés dont le lieutenant Béthouard et 4 soldats d'infanterie de marine.

Surprise du poste d'Yen-Lang.

(5 février 1892.)

La garnison du poste d'Yen-Lang était d'une demi-compa-
gnie de tirailleurs tonkinois.

Le 5 février, elle comprenait :

Le capitaine Pouligo, chef de poste ;
5 sous-officiers français ;
90 tirailleurs,

effectif qui précisément ce jour-là se trouvait réduit d'un
sous-officier français et de 20 tirailleurs en escorte à Tuvu.
(Se reporter au croquis d'ensemble joint au résumé de l'affaire
de Xom-Giong).

Le 5 février, à la tombée de la nuit, les trois sentinelles
étaient à leurs postes respectifs (une à la porte nord, une à la
porte sud, une au bastion du four) ; la plupart des tirailleurs

étaient encore au village de leurs femmes (1) et achevaient de manger. Les Européens, officier et sous-officiers prenaient leur repas du soir.

Le Doc-Ngu avait pu, sans être éventé, s'approcher du poste et dissimuler jusqu'au soir sa bande dans les environs.

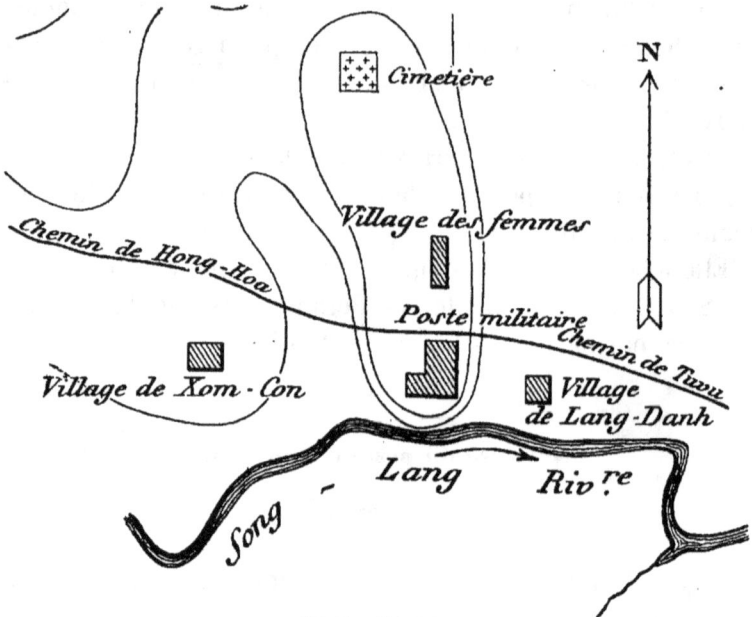

Echelle : 1/12.000.

Vers 7 h. 30, un ou deux pirates vinrent pratiquer au point K une brèche dans la palissade de la face ouest, se glissèrent à l'intérieur et, longeant le rempart, atteignirent la porte nord qu'ils ouvrirent après avoir abattu le factionnaire d'un coup de coupe-coupe. Le flot des pirates se précipita

(1) Aux tirailleurs tonkinois, il y a peu de soldats qui ne soient pas mariés. La base de la société annamite est la famille; l'Annamite se marie donc jeune et vit en famille; c'est un usage que nous avons dû respecter lorsque nous avons recruté des Annamites pour en faire des soldats. A côté de tout poste français comprenant des tirailleurs, on prévoit donc toujours un village de femmes; c'est dans ce village que les hommes vont manger; ils couchent au poste mais, dans la mesure du possible, les permissions de la nuit leur sont accordées toujours très largement.

alors dans le poste et commença le feu sur la case de popote des sous-officiers (bâtiment A).

Au bruit de la fusillade, le capitaine se leva aussitôt de table (bâtiment E), prit le fusil de son ordonnance et courut à la porte sud qui était ouverte ; mais il fut presque aussitôt abattu par une balle et un deuxième torrent ennemi s'engouffra par la porte sud.

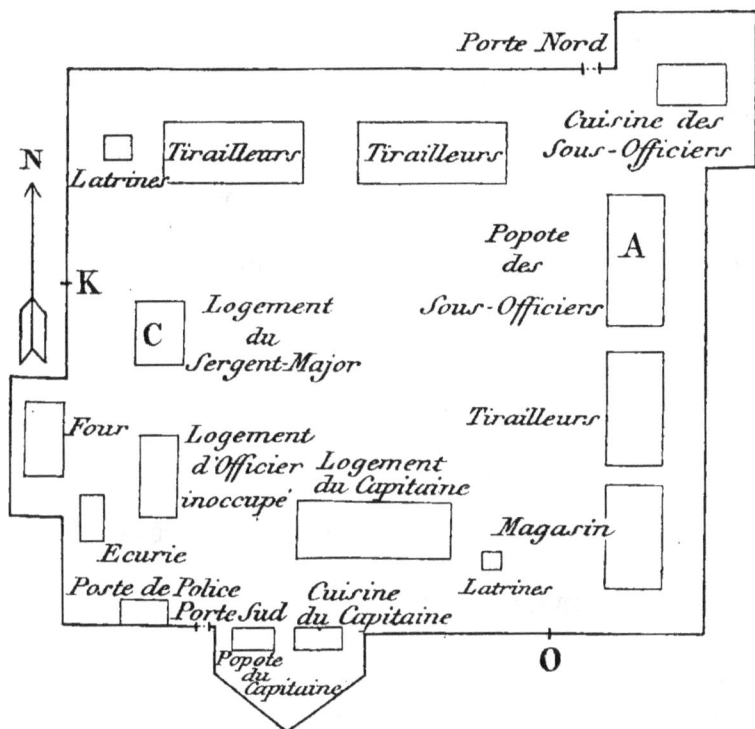

Les tirailleurs qui étaient au village se précipitèrent vers leurs casernements pour y prendre leurs armes mais peu y réussirent ; ce fut alors un sauve qui peut général au milieu d'une nuit complètement noire.

Afin d'attirer l'attention de son côté, et de permettre ainsi aux blessés de s'échapper et de se cacher, le sergent Wartel, qui était parvenu à réunir une dizaine d'hommes, prit position au point O sur la face sud et fit exécuter dans l'obscurité des feux de salve auxquels les assaillants répondirent. Après une résistance qui dura autant qu'il fut possible au sergent de la prolonger, et, se voyant près d'être cerné, celui-ci fit enlever deux ou trois bambous à la palissade et s'échappa à son tour avec son petit détachement.

La surprise d'Yen-Lang nous a coûté, outre les dégâts et les pertes matérielles, 7 tués dont on a retrouvé les cadavres (le capitaine Pouligo, le fourrier de la compagnie et 5 tirailleurs), 3 sous-officiers français blessés et 14 tirailleurs disparus.

On a imputé ce désastre à la trahison de tirailleurs; jamais ce soupçon n'a été confirmé d'une manière certaine. La plupart des tirailleurs disparus ont été retrouvés dans la suite, soit tués, soit mutilés au poignet, selon l'habitude des pirates annamites.

Opérations contre les forts du De-Nam.

(Mars 1892.)

De même que les opérations du lieutenant-colonel Terrillon dans le Dong-Trieu, celles que dirigea le général Voyron contre les ouvrages du De-Nam, furent l'objet d'une minutieuse et sage préparation.

Les bandes du De-Nam étaient moins bien organisées que celles du Luu-ky; mais, en revanche, elles étaient composées en partie des derniers rebelles annamites et devaient, par conséquent, opposer à nos armes une plus grande opiniâtreté de résistance que de simples commerçants chinois. Le De-Nam avait des installations fixes et par conséquent un cœur de position contre lequel il était possible de faire converger nos efforts; mais ses forts étaient noyés dans la forêt, leurs emplacements n'étaient connus que vaguement et le premier objectif de la campagne devait être de les déterminer. Le théâtre des opérations était dix fois moins grand que l'échiquier du Dong-Trieu ; cette réduction de proportions eut pour effet de rendre plus faciles les ravitaillements et communications de toute espèce, si difficiles habituellement. En revanche, la conduite tactique des troupes devient, dans cette région, des plus délicates ; le Yen-The est, en effet, moins tourmenté que le Dong-Trieu, comme sol proprement dit, mais il est couvert d'une végétation abondante et inextricable que l'on a vainement essayé, pendant le siège de Huu-Thué, d'incendier au pétrole. Dans un pays de ce genre, les colonnes peuvent avoir moins de kilomètres à abattre, mais chacun d'eux demande plus de temps à être parcouru ; enfin elles y sont d'autant plus condamnées à marcher à tâtons que, précisément, au milieu de ce dédale, le sol manque de reliefs et, par suite, de vues dominantes.

En résumé, et si on les compare aux opérations du Dong-Trieu, les opérations contre les forts du De-Nam ont été, comme toutes celles exécutées au Yen-The, plus simples dans leur conception, plus faciles dans leur préparation, moins fatigantes comme marches, mais plus délicates comme conduite tactique des troupes et surtout plus meurtrières dans leur exécution.

Le camp retranché du De-Nam était à cheval sur le Song-Soï, à très courte distance du chemin de Bo-Ha à Thaï-Nguyen par Monaluong. Il comprenait sept fortins que l'on a désignés, tantôt par des numéros d'ordre, tantôt par les noms de leurs chefs respectifs, savoir : nᵒ 1 (fort principal du De-Nam) ; nᵒ 2 (De-Lam) ; nᵒ 3 (De-Touat) ; nᵒ 4 (De-Chung) ; nᵒ 5 (De-Dzuong ou De-Tham) ; nᵒ 6 (Tong-Taï) ; nᵒ 7 (Ba-Phuc),

Chaque ouvrage se composait d'un parapet en terre et pisé percé de créneaux permettant les feux étagés (dans une caponnière du fort nᵒ 1, on a compté jusqu'à quatre étages de feux), flanqué soit à l'aide de bastionnets prévus dans le tracé, soit à l'aide de caponnières ou de tambours et entouré à distances variables d'une ou plusieurs palissades en bambous. Dans l'intervalle annulaire compris entre le parapet et la

palissade extérieure, étaient accumulées toutes les défenses
accessoires que des gens patients et tenaces comme le sont
les Annamites étaient capables d'y accumuler (abatis, petits
piquets, trous de loup, chevaux de frise, croix de Saint-
André, etc.) Mais la meilleure de toutes les défenses accessoires était la forêt; loin de débroussailler les abords de leurs
forts, il sont toujours placé, au contraire, leurs palissades extérieures contiguës au fourré; ils réduisaient ainsi la portée de
leur tir, mais ils réduisaient de même celle du tir de l'adversaire, or, celui qui y perdait le plus était encore ce dernier,
seul pourvu d'une bonne artillerie; ils forçaient surtout ainsi
les colonnes d'attaque à s'émietter et à se présenter sans
cohésion à bonne portée de leurs créneaux, ce n'était pas trop
mal tirer parti des circonstances pour des gens qui n'étaient
pas allés à l'École de guerre apprendre qu' « on ne débouche
pas d'un bois ».

La conception d'ensemble des opérations avait une certaine analogie avec celles du Dong-Trieu. Deux colonnes
volantes devaient être placées en observation sur le pourtour
et à une certaine distance des ouvrages, pendant que d'autres
troupes attaqueraient directement; un sommet, qui avait des
vues sur les ouvrages et auquel on donna le nom de point A,
ayant été découvert quelque temps avant de se mettre en
campagne, des pièces de 95 furent adjointes aux colonnes.

L'ordre de bataille était le suivant :

Général Voyron, commandant les colonnes;

Commandant Lalubin, chef d'état-major.

a) Colonnes volantes d'observation :

Colonne Courot (mobilisée à Langson) :

> Compagnie Betboy (60 légionnaires);
> Compagnie Péchillot (100 tirailleurs).

Colonne Bérard (mobilisée à Thaï-Nguyen) :

Groupe Bérard :
> Compagnie Bonnabaud (100 légionnaires);
> Compagnie Daval (175 tirailleurs).

Col de Dev-Juu

Premières

Chemin de Pho-Binh-Gia

Chemin de Thaï-Nguyen

Monaluong

Forêt

Pont de la Tortue

Traï-An

Pays de Motrang

Forêt

Ft de Baphuc (N° 7)

Quinh-Lau

Ft de Tong-Tai (N° 6)

•point A

Ft du De-Touat (N°3)

Forêt

Forêt

Ft du De-Nam (N°1)

Mosat

Caure

Ft du De-Dzuong (N°5)

Ft du De-Chung (N°4)

Ft du De-Lam (N°2)

Yen-The Forêt

Amdong

Chokeï

Dinh-Tep

Lang-Thuong

Forêt

Forêt

Lang-Nua

Chogo

Huu-Thue

Luc-Gioï

Forêt

Hun-Thuong Nord

Forêt

Lang-Van

Hun-Thuong Sud

Lang-Mac

Nha-Nam

Forêt

Bo-Ha

Poste

Village

Luoc-Ha

Cao-Thuong

Dao-Quan

Montagnes du Massif du Caï-Kinh

N

Song-Thuong R.re

Ch. de Phu Lang-Thuong

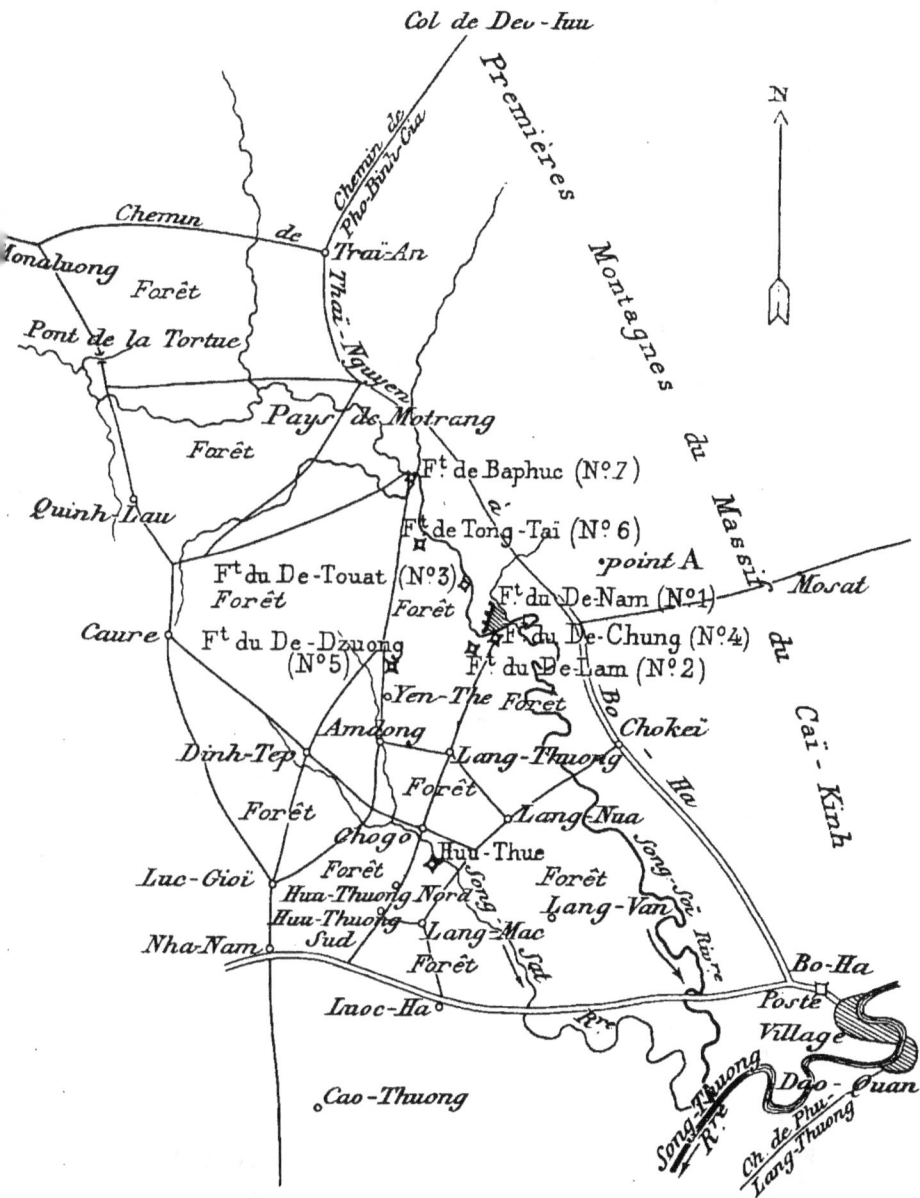

Echelle : 1/140.000.

Groupe Ronget :
> Compagnie Ronget (100 légionnaires);
> Peloton Landeroin (100 tirailleurs).

b) Colonnes d'opérations proprement dites :

Secteur de la rive droite (lieutenant-colonel Bouguié) :
Groupe Henry :
> Compagnie Bois (200 tirailleurs);
> Compagnie Bouvier (140 soldats d'infanterie de marine).

Groupe Berlin :
> Compagnie Cresp (140 légionnaires);
> Compagnie Polacchi (200 tirailleurs).

Groupe Vandenbrock :
> Compagnie Vache (140 soldats d'infanterie de marine);
> Compagnie Vandenbrock (200 tirailleurs).

Artillerie (capitaine Romey) :
> 4 pièces de 80 de montagne ;
> 2 mortiers de 15,

Génie (lieutenant Becquet) :
> 32 hommes.

Secteur de la rive gauche (lieutenant-colonel Geil) :
Groupe Beaujeu :
> Compagnie Jacob (113 soldats d'infanterie de marine);
> Compagnie de Belleville (115 soldats d'infanterie de marine);
> Compagnie David (70 soldats d'infanterie de marine).

Groupe Guyonnet :
> Compagnie Louis (150 légionnaires) ;
> Compagnie Gallé (180 tirailleurs).

Artillerie (commandant Lefournier) :
> 8 pièces de 80 ;
> 2 pièces de 95 ;
> 2 mortiers de 15.

Génie (lieutenant Barbier) :
> 32 hommes.

La base d'opérations était installée à Bo-Ha, ravitaillée sur Phu-Lang-Thuong, soit par la voie fluviale du Song-Thuong, soit par le chemin de fer de Phu-Lang-Thuong à Kep et par une route carrossable ouverte pour la circonstance de Kep à Bo-Ha ; cette route carrossable fut prolongée jusqu'au point A pour y conduire les pièces de 95. Bo-Ha, qui fut placé sous les ordres du capitaine Perrin, qui remplit en quelque sorte les fonctions de directeur d'étapes, devint donc le centre de tous les services (services administratifs, service sanitaire, service télégraphique, etc.).

La colonne Bérard, partie de Thaï-Nguyen, installa à Monaluong un gîte d'étapes et poussa le groupe Ronget à Quinh-Lau. Elle avait pour mission de gagner Motrang par la route qu'elle trouverait libre et d'y donner la main au lieutenant-colonel Geil. Après un petit combat livré le 15 mars sur la route de Monaluong à Motrang, par le pont de la Tortue, route qui était gardée par conséquent, le commandant Bérard se porta les jours suivants sur la route de Monaluong à Motrang par Traï-An, et il était aux environs de ce dernier point le 22 mars.

Ce même jour, le commandant Courot était à Mosat et les troupes du lieutenant-colonel Bouguié occupaient les points suivants :

Groupe Vandenbrock : Lang-Thuong ;

Groupe Henry : Am-Dong ;

Groupe Bertin : Dinh-Tep.

Celles du lieutenant-colonel Geil, par lesquelles on comptait que serait effectuée l'action décisive, et sur lesquelles le général ne désirait attirer l'attention que le plus tard possible, étaient en entier concentrées à Bo-Ha. Elles ne se mirent en marche que le 23, communiquèrent le même jour avec le commandant Bérard et installèrent leur centre d'action au point A.

A partir de ce moment, les colonnes cheminèrent vers le camp retranché, chaque groupe prenant peu à peu le contact avec le fort le plus rapproché, savoir :

La colonne Bérard avec le fort de Ba-Phuc, que le capitaine Bonnabaud découvrit le 25 ;

La colonne Courot, qui avait quitté Mosat pour se joindre aux troupes du secteur Geil, avec le fort du De-Nam ;

Le groupe Vandenbrock avec le fort du De-Chung ;

Les groupes Henry et Bertin avec le fort du De-Dzuong.

La prise du contact avec le fort du De-Dzuong fut dure pour le groupe Henry. Le 25, un détachement mixte de ce groupe (capitaine Bouvier), se heurta au fort sans s'en douter ; après un combat meurtrier, le détachement se dégagea, aidé par le reste du groupe et par le groupe Bertin, mais il eut 13 tués, 21 blessés et 9 disparus.

Le même jour, les pièces de 95 du secteur Geil avaient été hissées au sommet du point A. Le 26, elles ouvrirent leur feu sur le fort du De-Nam ; le groupe Vandenbrock canonna le fort du De-Chung et les groupes Henry et Bertin le fort du De-Dzuong, pendant que le groupe Courot tâtonnait au nord-est du fort du De-Nam à la recherche d'une position d'artillerie plus rapprochée que celle du point A et d'où l'on put faire brèche.

Le commandant Courot découvrit un petit fortin, qui formait comme une avancée du grand fort ; il l'enleva le 27, et entra le 28 dans ce dernier, dont la chute amena celle de tout le camp retranché (3 tués et 12 blessés).

Les deux affaires des forts du De-Dzuong et du De-Nam sont intéressantes à connaître. La première est un exemple des surprises meurtrières auxquelles les plus habiles et les plus prudents sont sans cesse exposés au Tonkin, surtout en forêt. La deuxième est un bon exemple des tâtonnements successifs, qui constituent la vraie façon de procéder dans ce labyrinthe. Nous allons les résumer toutes les deux.

Combat du fort du De-Dzuong (25 mars 1892). — Du haut d'un mirador du camp du commandant Henry avait été signalé, à 700 mètres environ au nord, un groupe de maisons qui semblaient inoccupées.

Deux pièces furent mises en batterie près d'un fort détruit, construit non loin du Song-Sat, en même temps qu'un détachement mixte (deux sections de tirailleurs, deux sections d'infanterie de marine et la section du génie, soit environ 180 fusils) placés sous les ordres du capitaine Bouvier et comprenant à peu près toutes les troupes disponibles du groupe, étaient envoyées contre ces maisons qui n'étaient autres que le village de Lang-Hom (midi 1/2).

Après quelques feux de salve qui, concurremment avec les

feux de l'artillerie, en amenèrent l'évacuation, le détachement déployé aborda le village; en chaîne marchaient les deux sections de tirailleurs et en soutien les deux sections d'infanterie de marine.

Arrivées à hauteur des premières cases, les deux sections de droite (une de tirailleurs et une d'infanterie de marine) reçurent des coups de fusil assez nombreux sur leur flanc droit; elles firent immédiatement face à droite et, devenant toutes les deux sections de première ligne, répondirent au feu ennemi, marchèrent sur la crête boisée d'où il partait, et l'occupèrent sans grande résistance. Mais à peine étaient-elles arrivées sur cette crête qu'un violent feu rapide leur fut ouvert sur leur flanc gauche; il partait d'un ouvrage (fort n° 5 ou du De-Dzuong), qui était dissimulé dans la forêt à une trentaine de mètres de là, et qu'on n'avait pas aperçu.

Les deux sections de réserve et la section du génie, suivies bientôt des quelques hommes encore disponibles du groupe, accoururent aussitôt et alors commença devant la palissade du fort et sous le feu très rapproché d'un adversaire abrité, une lutte meurtrière et héroïque pour enlever les blessés et les morts. A 2 h. 50, on se battait encore, lorsqu'arriva sur le lieu du combat un détachement mixte du groupe Bertin (sections Holstein et Delgove) avec le commandant et le capitaine Plessier (de la garnison de Nha-Nam). Avec le secours de ce renfort, tous les blessés purent être enlevés et une partie des tués.

L'artillerie essaya à plusieurs reprises de prêter main-forte à l'infanterie; mais elle manquait de vues; son tir, dirigé au hasard, était plutôt gênant pour les nôtres; elle dut l'interrompre sur la demande même, communiquée au clairon, des officiers engagés.

Les lieutenants Holstein, Vigneron et Becquet, 9 soldats d'infanterie de marine et 1 tirailleur furent tués; le capitaine Bouvier, le lieutenant Leclère, 6 soldats d'infanterie de marine et 23 tirailleurs blessés; enfin, 4 soldats d'infanterie de marine

et 5 tirailleurs portés disparus (pertes totales des deux groupes Henry et Bertin).

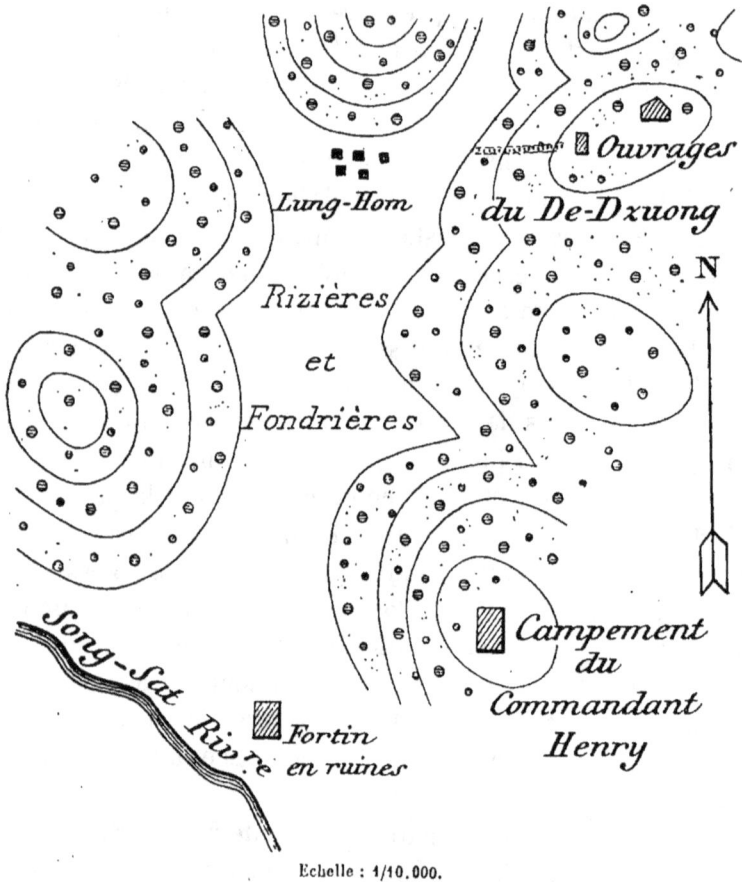

Echelle : 1/10.000.

PRISE DU FORT DU DE-NAM (26 et 27 mars 1892). — On avait
aperçu du point A des cases semblant appartenir à un petit
fortin avancé situé à quelques centaines de mètres à l'est du
fort du De-Nam. Le 24, le commandant Courot partit en reconnaissance dans cette direction avec 60 tirailleurs et 40 légion-
noires, s'engagea sur la ligne de faîte boisée DEF et, après une
marche lente et pénible, poussa son avant-garde (capitaine
Betboy) jusqu'au mamelon F, d'où elle découvrit le fortin à

500 mètres de distance; la reconnaissance faite, on rentra au camp.

Le 27, le même officier supérieur, renforcé des deux compagnies Louis et David, de la section d'artillerie Bourguignon et de la section du génie Barbier, se remit en marche avec mission d'enlever le fortin et de s'approcher ensuite du fort principal.

Le commandant avait réparti sa colonne en deux groupes de première ligne et un troisième groupe de réserve.

1er *groupe* (capitaine Betboy):
1 peloton de légionnaires (capitaine Betboy);
1 section de tirailleurs (lieutenant Millot);
Section du génie (lieutenant Barbier).
2e *groupe* (capitaine Péchillot):
1 peloton de tirailleurs (lieutenant Hutin);
1 section de légionnaires (lieutenant Tessandier);
Section d'artillerie (lieutenant Bourguignon).
3e *groupe* (réserve):
Compagnie Louis, réduite à une section et demie;
Compagnie David, réduite à un peloton.

Le premier groupe formait l'avant-garde; avec lui marchait un officier d'artillerie (lieutenant Fortier), chargé de donner les indications nécessaires au choix de l'emplacement et à la construction de l'épaulement destiné aux pièces, dès qu'on aurait trouvé une position de batterie.

Arrivé au point D, le commandant partagea sa colonne en trois fractions d'un groupe chacune: l'avant-garde poussa jusqu'en F sans être inquiétée et y construisit un épaulement, le groupe Péchillot suivit l'itinéraire BCG, enfin le groupe de réserve et toute l'artillerie restèrent en D.

Dès que l'épaulement fut achevé, les pièces y furent portées; on commença aussitôt le tir en brèche sur le fortin (9 heures) et à midi, la brèche faite, le capitaine Betboy s'en emparait.

Pendant ce temps, le capitaine Péchillot poussait, le coupe-coupe à la main, à travers bois vers le sud-ouest, enlevait trois

petites tranchées et aboutissait à une longue palissade qui
reliait le fortin au grand fort; quelque temps après, ses
recherches l'amenaient à découvrir une petite élévation H,
d'où l'on apercevait, à une cinquantaine de mètres, le parapet
de celui-ci; c'était la place tout indiquée de l'artillerie pour le
tir en brèche. Le capitaine envoya aussitôt pour tâter le retranchement, une patrouille (sergent Déléard) qui s'avança en
oblique sous la protection d'une fraction prête à tirer; elle fut
reçue au pied du parapet par une fusillade générale qui lui
blessa un légionnaire.

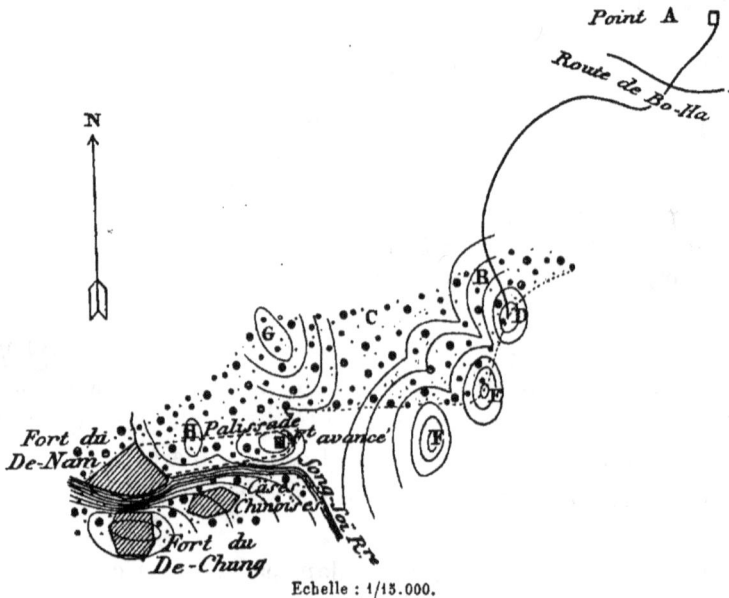

Echelle : 1/15.000.

En arrière, le capitaine Betboy occupait le fortin, le peloton
David venait le remplacer sur le mamelon F et le peloton
Louis prenait position sur le mamelon E. Le fortin occupé, le
premier groupe traversa le Song-Soï pour reconnaître des
cases chinoises qui se trouvaient sur la rive droite, non loin
du fort du De-Chung, dont les feux l'obligèrent à battre en
retraite; il vint donc rejoindre le deuxième groupe en H.

Sur ces entrefaites, le commandant était arrivé au point H
et en avait constaté toute l'importance; il y fit aussitôt com-

mencer par le génie les travaux d'un nouvel épaulement et appela à lui l'artillerie qui se porta de F en H, escortée par le peloton David. Un compte rendu fut adressé au lieutenant-colonel Geil, qui fit renforcer la fraction du mamelon F par trois sections de tirailleurs tonkinois et une section d'infanterie de marine, puis toute cette réserve, sous les ordres du capitaine Louis, fut portée au fortin où l'on installa l'ambulance et où les blessés furent transportés.

Une démonstration sur le village chinois et sur le fort De-Chung fut alors ordonnée au capitaine Louis, dans le but d'attirer de ce côté l'attention de l'ennemi, pendant que les deux autres groupes tenteraient sur l'ouvrage principal une attaque de vive force. La démonstration eut lieu mais on renonça à l'attaque de vive force, qui aurait peut-être été très meurtrière. Deux nouvelles pièces et deux mortiers de 15 furent encore amenés en H; puis, la nuit étant arrivée, on coucha sur les positions.

Le 28, dès l'aube, le tir en brèche fut ouvert et un travail de sape dirigé sur le point contre-battu. Vers midi, l'ennemi avait évacué le fort, ce qui fut constaté du haut d'un mirador établi au sommet d'un arbre. A une heure et demie, nous l'occupions.

Les pertes des journées des 27 et 28 mars ont été de 3 légionnaires tués et de 12 blessés (9 légionnaires, 2 tirailleurs et 1 canonnier indigène).

Combat de Con-Tam.

(22 avril 1892.)

Les pirates de Luu-Ky chassés du Dong-Trieu par le colonel Terrillon, avaient dû aller chercher fortune un peu plus loin du Delta. Quatre cents d'entre eux étaient venus s'installer à portée de la riche vallée de Cao-Lao, dans le massif escarpé du Mauson, situé si favorablement pour eux, à che-

val sur la frontière et qui leur avait servi jusqu'alors de position de stationnement, au terminus de leur principale ligne
d'étapes vers la Chine.

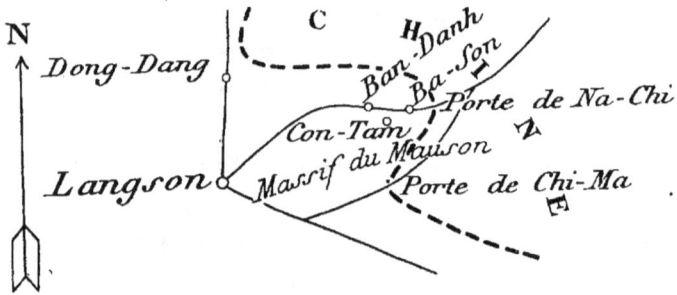

Echelle : 1/1.000.000.

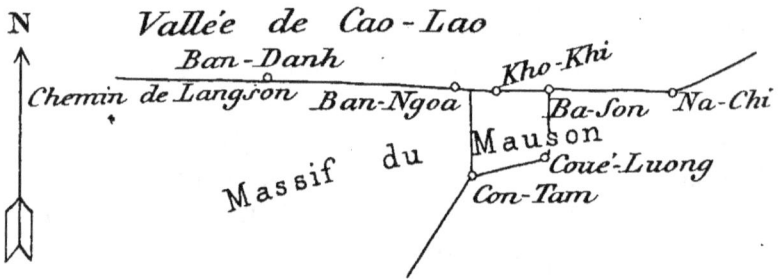

Echelle : 1/200.000.

C'était au moment des colonnes Voyron contre le De-Nam.
Le colonel Servière réunit à grand'peine 200 à 250 fusils
qu'il porta à Ban-Danh, avec l'intention de protéger les villages de la plaine et de surveiller les mouvements des pirates,
jusqu'au moment où la rentrée des colonnes du Yen-The lui
permettrait de réunir un effectif suffisant et de nettoyer le
massif. Devant ce premier mouvement de troupes, les pirates
qui s'étaient tout d'abord installés à Ba-Son, dans la vallée
même, se réfugièrent dans la montagne.

Afin de savoir ce qu'ils étaient devenus, le colonel mit en
mouvement, le 22 avril au matin, deux reconnaissances :

La première, sous les ordres du capitaine Chabrol, forte de
cent six légionnaires et d'une dizaine de partisans, devait
marcher sur le village de Con-Tam, où la bande avait été si-

gnalée quelques jours avant, et y arriver en partant directement de la vallée et en suivant par conséquent d'abord le
sentier de Na-Chi, puis le sentier qui tourne à droite après

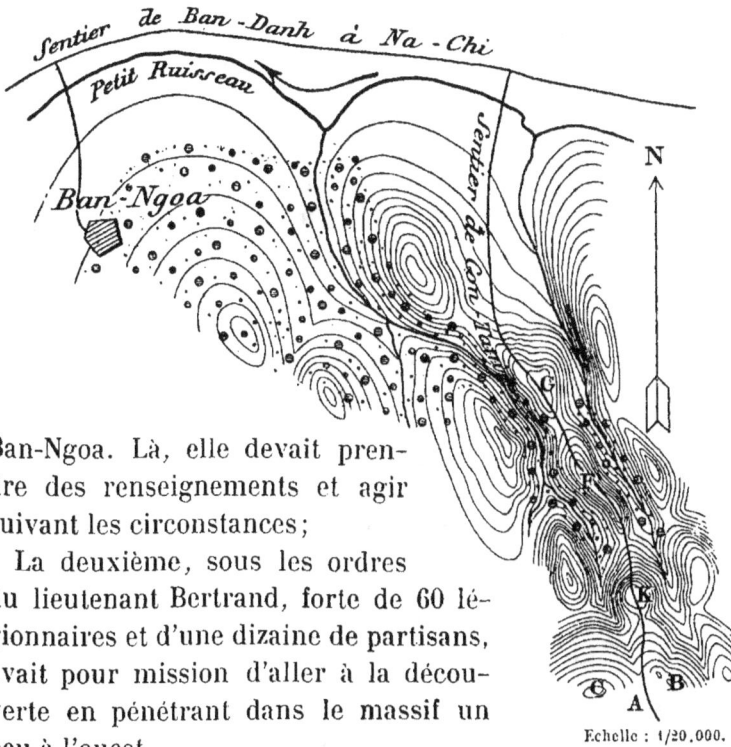

Échelle : 1/20.000.

Ban-Ngoa. Là, elle devait prendre des renseignements et agir
suivant les circonstances ;

La deuxième, sous les ordres
du lieutenant Bertrand, forte de 60 légionnaires et d'une dizaine de partisans,
avait pour mission d'aller à la découverte en pénétrant dans le massif un
peu à l'ouest.

La première fut attaquée à mi-côte par toute la bande,
pendant l'ascension du versant extérieur du massif ; elle parvint à se dégager après un combat de neuf heures, qui lui mit
hors de combat plus du quart de son effectif. Aux premiers
coups de feu, la seconde reçut l'ordre de suspendre son mouvement et de rallier Ban-Danh, où les réserves manquaient
et où elle n'arriva que le soir.

La reconnaissance Chabrol atteignit vers 7 heures du matin
la bifurcation du sentier montant vers Con-Tam entre Ban-
Ngoa et Ko-Khi. Con-Tam est situé en arrière d'une première
crête qui peut être éloignée du thalweg d'environ 1.500 mètres

et haute de 500 mètres au-dessus de ce même thalweg; pour
y aboutir, il fallait donc franchir le col A. Le versant reliant
le thalweg à la crête était généralement découvert, boisé cependant dans certains bas-fonds et présentant une conforma-
tion topographique spéciale, dont on se fera une idée en se
figurant une réunion de gigantesques pains de sucre juxta-
posés, séparés par des dépressions plus ou moins profondes,
et de plus en plus élevés à mesure qu'ils s'éloignaient du
thalweg, pour se rapprocher du faîte.

La compagnie était formée à deux pelotons égaux, de deux
sections chacun, commandés, le premier, par le sergent-
major Bouquin, le second, par le sous-lieutenant Rühl; elle
marchait dans l'ordre réglementaire, savoir :

A une centaine de mètres en avant, les partisans;
En *avant-garde*, une section (sergent Roziès);
Au *corps principal*, le reste de la compagnie,
Le *convoi* suivant immédiatement le corps principal;
En *arrière-garde* une escouade.

La montagne paraissait déserte; les guides et les partisans
parlaient entre eux de l'évacuation à peu près certaine de
Con-Tam, propos corroborés du reste par leur attitude qui
n'était en aucune façon celle qu'ils ont d'habitude lorsqu'ils
flairent une rencontre prochaine.

On arriva ainsi au mamelon F; à ce moment, un petit
groupe chinois se montra au col A et ne tarda pas à diriger
sur l'avant-garde quelques coups de fusil auxquels répondit
une fusillade générale partant de tous les pitons avoisinants.
Comme il résulte de la description donnée plus haut, ceux-ci
se trouvaient, à trajet de balle, très rapprochés du sentier le
long duquel serpentait la colonne, mais ils en étaient séparés
par des ravines profondes, abruptes et en parties recouvertes
d'épais fourrés, toutes circonstances qui, malgré l'aspect
découvert et dégagé qu'offre à première vue l'ensemble de ces
sommets, rendait le terrain fort impropre au service de sûreté
et très favorable aux embuscades.

Les tireurs ennemis étaient placés à des distances variant entre 80 et 300 mètres, sur des pitons dominant tous très sensiblement l'emplacement découvert où était alors la troupe française, emplacement qu'ils avaient répéré. La première idée du commandant de la colonne fut de pousser de l'avant et de gagner coûte que coûte le col A; le mouvement fut commencé, mais les grosses pertes subies en quelques instants, jointes aux difficultés de marche d'un terrain étroit et escarpé, obligèrent vite à le suspendre. On dut se résigner à la retraite qui fut d'autant plus dure, qu'on avait poussé de l'avant et qu'il fallait dégager les blessés.

La section d'avant-garde était alors à mi-côte du mamelon K; elle ramassa ses blessés, redescendit dans la dépression séparant les pitons K et F, et se replia sous la protection de la deuxième section du peloton Bouquin, placé en F.

C'est avec cette section, dont les vides durent à plusieurs reprises être comblés par les autres sections de la compagnie, que le capitaine, aidé du sergent-major Bouquin, des sergents Baar et Tornier et du caporal Reisser, fit tête au principal groupe pirate pendant que les blessés, alors qu'il en était temps encore, gagnaient le fond de la vallée, puis Ban-Danh, et que le reste de la compagnie se ralliait en G par les soins du sous-lieutenant Rühl.

Vers midi, la compagnie, qui comptait déjà une vingtaine d'hommes hors de combat, était réduite, déduction faite des tués et des blessés, ainsi que des camarades qui les emportaient ou les escortaient, à une trentaine de fusils. Les blessés, ainsi que le convoi de la colonne, avaient pu quitter heureusement le terrain de combat; mais les hauteurs commandant le sentier avaient été occupées sur leurs pas et ceux qui avaient assuré leur retraite se trouvaient cernés. Une retraite par le même sentier eût été certainement l'anéantissement de la petite troupe; il y avait à l'ouest un bas-fond boisé et embroussaillé, mais s'y engager sans guide était risquer de s'égarer et de tomber dans un nouveau guêpier plus meurtrier encore; or, les partisans de la colonne, après avoir fait d'abord assez bonne contenance, avaient fini par disparaître les uns après les autres. Il fut décidé qu'on resterait en G jusqu'à la nuit, ménageant les cartouches et prêts à faire tête à la baïonnette, si l'ennemi serrait de trop près; deux petits postes furent installés aux deux pointes est de l'étroit plateau pour surveiller les pentes; le sergent Tornier, qui, malgré trois blessures graves, avait refusé de quitter ses officiers et de suivre les autres blessés, prit la direction d'un de ces postes qu'il commanda couché sur le dos (1), les légionnaires creusèrent avec leurs baïonnettes des trous dans lesquels ils se blottirent; les deux officiers, le sergent-major et deux ou trois autres bons tireurs restèrent à genou, le fusil en joue, tirant, dès qu'elle apparaissait, sur la fumée des tireurs ennemis pour les faire taire.

On resta ainsi jusqu'à 4 heures; le feu des pirates s'était sensiblement ralenti et ne faisait plus trop de mal, mais par cette chaude journée d'avril on mourrait de soif, surtout les blessés. Enfin, vers 4 heures, deux émissaires envoyés par le colonel se glissèrent jusqu'au piton G, après avoir suivi dans les fourrés du ravin ouest un sentier, qui existait, par conséquent. Sous leur conduite, la marche fut reprise par ce sentier le long duquel le détachement s'écoula peu à peu, protégé par une petite arrière-garde dont le sous-lieutenant Rühl prit le commandement avec le sergent Baïssas.

Au moment où la retraite reprenait à travers bois, la pièce de la colonne (maréchal des logis Bonnafous) amenée avec une petite escorte par le capitaine Farret et le lieutenant Lagarde sur les hauteurs nord-ouest de Ban-Ngoa, ouvrait le feu, et, par un hasard des plus heureux, envoyait son troisième projectile en plein au col. C'est tout ce que put faire la réserve de la colonne réduite à quelques hommes et obligée de tenir Ban-Danh.

Vers 5 heures, les derniers combattants étaient réunis à

(1) Tornier, médaillé après la première affaire de Lung-Kett, a été décoré à la suite de l'affaire de Con-Tam.

Ban-Ngoa; ils regagnèrent Ban-Danh sous la protection de deux détachements d'arrière-garde (lieutenant Lagarde et sous-lieutenant Rühl); mais à partir de Ban-Ngoa, la marche ne fut plus inquiétée.

Le combat de Con-Tam nous a coûté 10 tués dont le sergent Baar, le caporal Reisser, 5 légionnaires et 3 partisans et 21 blessés dont le sergent-major Bouquin, les sergents Tornier et Roziès, et 18 légionnaires.

Vers la fin du mois, la colonne Courot étant rentrée du Yen-The, le colonel Servière l'appela à lui et le 2 mai put enfin, avec un effectif suffisant, enlever le repaire de Couë-Luong, où les pirates s'étaient retranchés après Con-Tam, et nettoyer le Mauson.

Deux attaques de convoi près de Bac-Lé.

(22 février et 9 juillet 1892.)

ATTAQUE DU 22 FÉVRIER 1892. — Le convoi qui subit l'attaque du 22 février 1892 descendait de Langson sur le Delta.

Il comprenait :

1o Comme *impedimenta* : 5 voitures d'armes et de munitions, 40 voitures portant des charges diverses et entre autres des malades et des blessés évacués et 70 chevaux conduits en main appartenant à un particulier ;

2o Comme *escorte* : 46 fusils (45 tirailleurs et le légionnaire Erhardt) encadrés par le capitaine Lamey et le lieutenant Renard.

Le convoi avait quitté Than-Moï le 22 au matin ; en avant et à une certaine distance marchaient, comme cela a presque toujours lieu en pays troublé, des marchands annamites et chinois profitant, pour se déplacer, de la protection plus ou moins effective, que donne toujours le voisinage d'une troupe armée.

L'avant-garde, commandée par le lieutenant ,comprenait le légionnaire et 10 tirailleurs ; le reste de l'escorte était réparti en tête du convoi avec le capitaine et en queue.

C'est sur la cohue des gens précédant l'avant-garde que les pirates ouvrirent le feu; ils étaient embusqués en A en travers de la route. Le lieutenant accourut aussitôt, les mit en fuite, passa à leur suite le deuxième pont et les trouva installés en C dans une position formée par le déblai du lit du Song-Thuong; il appuya à gauche, se mit à gravir péniblement le mamelon B élevé, escarpé et broussailleux. Pendant ce temps, le capitaine Lamey mettait de l'ordre dans le convoi, le faisait serrer, le parquait et venait au secours de son lieutenant avec une dizaine d'hommes.

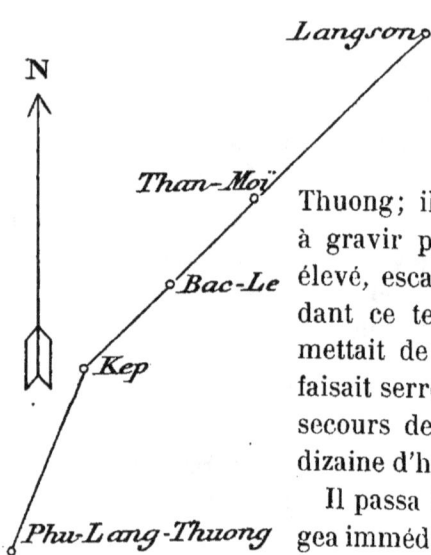

Il passa le deuxième pont et engagea immédiatement le combat de front pendant que le lieutenant achevait sa pénible ascension, ouvrait sur les pirates un feu plongeant et

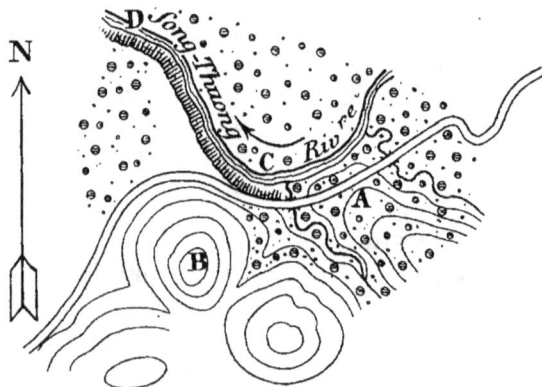

Echelle : 1/20.000.

les obligeait ainsi à évacuer leur position. Ils se retirèrent en D, tirèrent encore de là quelques coups de fusil, puis disparurent au nord-ouest dans la direction des rochers du Caï-Kinh.

Il n'y eut, à l'affaire du 22 février 1892, ni tué ni blessé du côté des Français.

ATTAQUE DU 9 JUILLET 1892. — L'attaque du 9 juillet 1892 a été dirigée par Luu-Ky en personne sur un convoi montant.

Les pirates chinois, toujours bien renseignés par leurs compatriotes de Phu-Lang-Thuong, Kep et Bac-Lé, savaient que ce

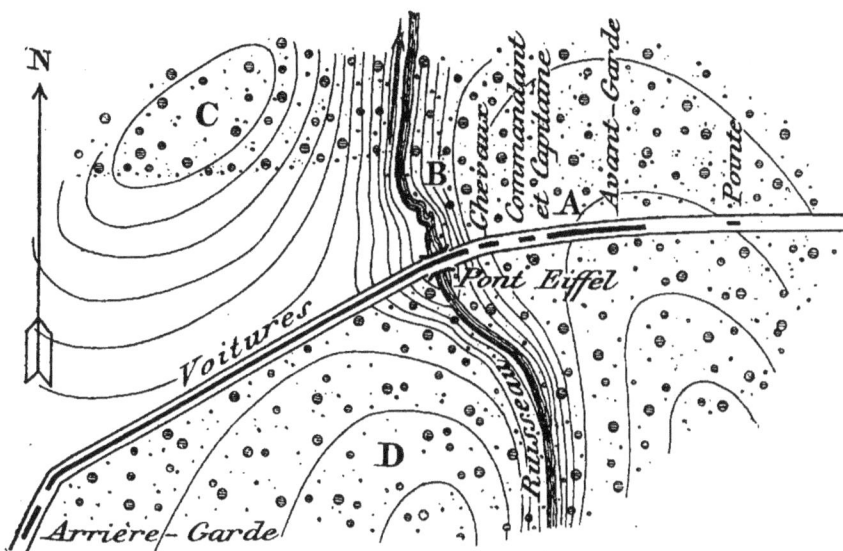

Echelle : 1/1.000.

convoi comprenait un gros stock de fusils et munitions Lebel, représentant la plus grosse partie du nouvel armement du 1er bataillon de la légion étrangère. Par un hasard heureux, dû au manque de moyens de transport, ces armes et ces munitions étaient restées à Bac-Lé.

Le convoi, parti de Bac-Lé à 5 h. 1/2 du matin, comprenait :

4 officiers : le commandant Bonnaud, le capitaine Charpentier, le lieutenant Valton et le docteur Menier ;

46 hommes armés : 26 européens et 28 indigènes, en comprenant parmi ces derniers les canonniers conduisant les voitures ;

18 voitures portant des charges diverses mais pas d'armes ;

4 civils en pousse-pousse.

Il marchait dans l'ordre suivant :

1º En *pointe d'avant-garde*, deux tirailleurs dirigés par un caporal indigène ;

2º Un *groupe* qui, vu le tout petit effectif de l'escorte, constituait à la fois le gros de l'avant-garde et la tête du corps principal. Il était de 22 fusils, 11 européens et 11 tirailleurs et marchait par deux. Le commandant et le capitaine suivaient à pied, suivis eux-mêmes de leurs chevaux et de leurs ordonnances ;

3º Les 18 voitures ;

4º Les 4 pousse-pousse ;

5º L'*arrière-garde* en tête de laquelle marchait le lieutenant Valton et le docteur Menier, composée du sergent Lannoye, de 5 soldats européens et de 3 tirailleurs.

A 8 heures, les huit premières voitures du convoi étaient engagées sur le pont, qui, depuis l'affaire, porte le nom de pont Bonnaud ; tout le groupe d'avant-garde était sur la route, qui est bordée à droite et à gauche d'épais fourrés, lorsqu'éclata la fusillade.

L'embuscade comprenait quatre groupes de pirates :

Le premier (A), le long du bord gauche de la route, la droite au pont ;

Le second (B), le long de la rive droite du ruisseau, la gauche au pont ;

Le troisième sur la hauteur C ;

Le quatrième en D.

Le signal de la fusillade fut donné par deux coups de fusil qui abattirent à bout portant le commandant et le capitaine ; elle coucha par terre la plus grande partie des hommes de l'avant-garde ; le sergent Lafond, qui était des rares survivants, prit aussitôt ceux-ci en main et les rallia à l'extrémité nord-est du pont.

Au même instant, le groupe D ouvrait le feu sur l'arrière-garde et lui tuait quatre hommes.

Le lieutenant Valton crut tout d'abord que le convoi n'était attaqué que par ce groupe et ne s'occupa que de lui. Dès qu'il apprit ce qui venait de se passer en tête, il s'y porta en toute hâte accompagné par deux hommes laissant l'arrière-garde au sergent Lannoye.

Il restait en tête une quinzaine d'hommes valides et encore en y comprenant les huit conducteurs, qui avaient à s'occuper de leurs voitures. Avec ces faibles ressources, le lieutenant établit sur le pont et en arrière, à l'aide des voitures et de leurs charges, une sorte de retranchement improvisé, à l'intérieur duquel il fit transporter les tués et les blessés tombés sur la route.

La fusillade dura d'ailleurs peu de temps, un quart d'heure tout au plus; sa brusque interruption a été imputée à la mort de Luu-Ky, qui, en effet, a été tué à cette affaire.

Les blessés furent pansés par le docteur Menier et, vers 11 heures, arrivait de Bac-Lé un détachement de renfort. Blessés, cadavres et bagages furent ramenés au point de départ en deux voyages.

Les pertes étaient 23 tués dont 2 officiers, 9 soldats européens et 12 indigènes, 8 blessés dont 5 européens et 3 indigènes sur un effectif total de 50.

Combat de Ban-Duoc.

(16 juillet 1892.)

Une bande de cent hommes armés de 80 fusils, commandés par un nommé Hu-Chi (que l'on appelle également O-Si et Ho-Teu) s'était installée vers la fin du mois de juin dans les rochers de Ban-Duoc, entre les deux grandes montagnes du Pomou et du Khau-Khu. Ce point était situé, comme le Mauson, au terminus d'une ligne d'étapes vers la Chine des pirates chinois du Dong-Trieu, du Bao-Dey et du Caï-Kinh. La bande Hu-Chi pouvait se classer dans la deuxième des catégories envisagées à l'article 5 du chapitre II; elle opérait en s'appuyant directement sur la frontière et de temps en temps faisait des convois pour le compte des pirates de l'intérieur.

Le colonel Servière venait de terminer, à l'est de Dong-Dang, des opérations qui avaient eu pour résultat le refoulement en Chine d'un des tronçons de la bande expulsée du

Mauson au mois de mai précédent. Les colonnes dont il disposait comprenaient, entre autres troupes, un groupe prélevé sur les garnisons de That-Khé, Nacham et Dong-Dang. Il chargea le capitaine Chabrol, qui commandait ce groupe, de voir en rentrant ce qu'il y avait à Ban-Duoc et, s'il se jugeait assez fort, d'en chasser la bande qui gênait la libre circulation de l'importante route de Langson à That-Khe.

La colonne comprenait :

Un peloton de 65 légionnaires (sous-lieutenant Abadie).
Un peloton de 50 tirailleurs (lieutenant Thierry de Maugras).

Elle arriva à Dong-Dang le 14 juillet. Là, furent recueillis, auprès du Tri-Chau, les derniers renseignements et, le 14 au soir, munie de bons guides, elle partait pour aller surprendre de nuit les pirates de Ban-Duoc.

Malheureusement la nuit était très obscure, le ruisseau qui longe en partie la route était plein jusqu'aux bords ; à l'un des gués, la deuxième partie de la colonne perdit le contact avec la première et les deux tronçons s'engagèrent sur des chemins différents. On passa le reste de la nuit à se chercher et le lendemain matin tout le monde se retrouva et se rallia à Cap-Khe.

C'était partie remise. La journée du 15 fut employée à se reposer des fatigues inutiles de la nuit précédente, et à compléter sur la position ennemie les renseignements que l'on avait déjà et le 16, au matin, on se mit en marche pour aller l'attaquer.

Quatre sentiers permettaient d'accéder à Ban-Duoc :
Le sentier *ab* venant directement de Cap-Khe ;
Le sentier *cd* partant de la route de Dong-Dang ;

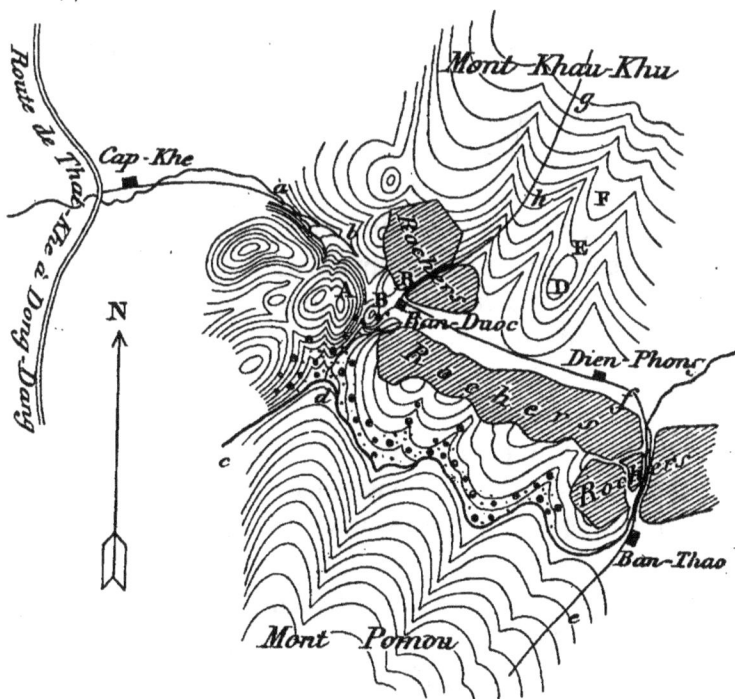

Echelle : 1/65.000.

Le sentier *ef* partant également de cette route et aboutissant à Ban-Duoc, en faisant un long détour par les gorges de Ban-Thao.

Le sentier *gh* traversant le Khau-Khu, après l'avoir contourné à l'ouest et au nord.

Le commandant des troupes se décida à attaquer en deux colonnes séparées et marchant sur l'objectif, chacune pour son compte, ayant toutefois pour instructions, de chercher à se relier au cours de l'affaire. Le détachement fut réparti, en conséquence, en deux groupes mixtes :

Le premier, fort de 35 légionnaires et 25 tirailleurs, commandé directement par le capitaine, aborderait la position en suivant les crêtes entre les deux sentiers ab et cd.

Le deuxième, fort de 30 légionnaires et de 25 tirailleurs, commandé par le lieutenant Thierry de Maugras, aborderait par le sentier ef.

Faute d'un effectif suffisant, le quatrième sentier restait libre.

Quant aux bagages et coolies, ils furent laissés à la garde des habitants du village de Cap-Khe, qui était armé et très solidement fortifié.

On partit au point du jour. Une demi-heure après le départ, le lieutenant Ducongé, commandant du poste de Nacham, qui avait été prévenu la veille, profitant de la présence dans son poste d'un détachement et d'un officier de passage, vint rejoindre, avec 30 fusils, le groupe du capitaine Chabrol, dont l'effectif se trouva ainsi porté à 85 fusils. Il était malheureusement trop tard pour utiliser cette augmentation imprévue d'effectif à envoyer au moins une embuscade sur le sentier du Khau-Khu, qui ne put être surveillé que par les partisans des villages voisins.

Vers 9 heures, à peu près au même instant, les deux groupes ouvraient le feu, celui du capitaine sur Ban-Duoc, celui du lieutenant sur Dien-Phong.

L'avant-garde du lieutenant, en débouchant de la gorge de Ban-Thao, surprit à Dien-Phong une partie de la bande qui ne se gardait pas ; un feu rapide fit évacuer le village, puis poussant vivement de l'avant, le lieutenant enlevait le contrefort DEF, sur lequel il s'établissait et d'où, tout en tenant le sentier de Ban-Thao, il battait celui du Khau-Khu qui, comme on se le rappelle, était libre.

Le capitaine, après avoir fait occuper les pitons avoisinants, était arrivé, de son côté, sur la hauteur A qui dominait le village de Ban-Duoc, sur lequel le feu fut aussitôt ouvert (distance de 500 à 600 mètres). Les rizières qui s'étendaient entre le village et les hauteurs B et C étaient pleines, la chute des balles dans l'eau permit en trois coups de régler très exactement le tir sur les maisons, quoiqu'il fût des plus fichants. L'ennemi les évacua précipitamment et se réfugia dans le couloir rocheux R qui était en angle mort par rapport au sommet A.

- Il était 10 heures; afin de forcer les Chinois à évacuer cet abri et à passer sous le feu du groupe Thierry de Maugras, le capitaine ordonna au sous-lieutenant Abadie, qui marchait avec lui, d'aller avec 20 hommes (10 tirailleurs commandés par le sergent Prée; 10 légionnaires commandés par le caporal Mouttet), occuper le mamelon B qui semblait être bien placé pour enfiler le couloir R. Ce piton B, situé à bonne portée, sous le feu de la hauteur A, paraissait inoccupé; son occupation par nos hommes semblait donc devoir se faire à peu près sans coup férir.

Il n'en fut pas ainsi. Après une marche pénible de trois quarts d'heures, le détachement Abadie gravissait la côte escarpée du piton B et ne se trouvait plus qu'à une dizaine de pas de la crête, lorsqu'un feu rapide violent partit tout à coup d'un petit bois qui la couronnait. Les tirailleurs marchaient en tête; venaient ensuite les légionnaires et entre les deux troupes se tenaient l'officier et le sous-officier. Devant la fusillade, un mouvement de recul se produisit; le sous-lieutenant Abadie et le sergent Prée se précipitent aussitôt en tête, la baïonnette est mise au bout du canon, la petite troupe se reporte en avant entraînée par ses deux chefs et enlève la position; en y arrivant, le sous-lieutenant Abadie et le légionnaire Pelletier tombent, le premier la mâchoire fracassée, le second tué raide d'une balle au cœur. Le détachement marchait directement sur la hauteur à occuper; de ce fait, il fut impossible au gros du groupe placé en A d'appuyer le mouvement en avant du moindre feu de salve, car on lui aurait tiré dans le dos.

Le sergent Prée organisa aussitôt la défense de la position et balaya le couloir R de feux qui obligèrent les pirates à passer sous ceux de l'autre groupe. Malheureusement, le convoi et le butin (femmes, enfants, buffles, etc.), avaient été dirigés vers le Khau-Khu dès les premiers coups de fusil et avant que le lieutenant Thierry de Maugras ne fût parvenu au sommet de la croupe DE.

Les pertes de la journée du 16 juillet 1892 ont été un légionnaire tué et 2 blessés dont 1 officier et 1 tirailleur.

Combat de Bac-Phiet.

(18 août 1892.)

L'affaire de Bac-Phiet a marqué le début de la coalition des bandes de la région de Caobang, opérée contre nous, en 1892, par les mandarins chinois du Quang-Si, au moment des opérations de l'abornement des frontières.

Dans le milieu du mois d'août, un gros rassemblement fut signalé au cirque de Nalan. Le lieutenant Ginalhac, commandant le poste de Phuc-Hoa, partit le 17 août 1892 pour le reconnaître avec un détachement comprenant :

    11 légionnaires (sergent Fehlmann);
    15 tirailleurs;
     8 partisans;

Il se rendit à Nalan, constata qu'en effet le cirque était très fortement occupé, et, après un engagement, dans lequel il perdit son convoi, il revint coucher à Canh-Phan. (Voir le croquis d'ensemble donné à propos des opérations dans les Bachau).

Pour aller de Canh-Phan au poste de Phuc-Hoa, il existe deux sentiers, l'un sur la rive gauche avec passage du fleuve à Canh-Phan, l'autre qui suit la rive droite avec passage en face même du poste. Le sentier de la rive gauche, outre qu'il

est très bon, traverse une grande plaine dans laquelle les embuscades sont peu à craindre; il avait en outre l'avantage de
mettre, entre la troupe rentrant à Phuc-Hoa et les pirates, le

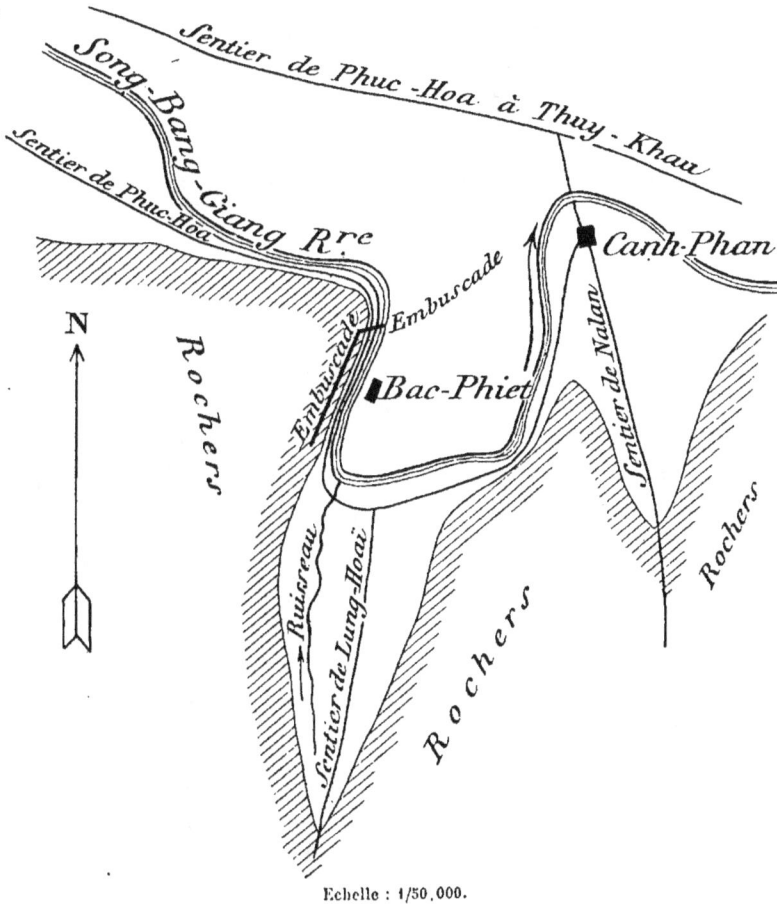

Echelle : 1/50.000.

Song-Bang-Giang, qui était grossi par les pluies et coulait à
pleins bords. Le sentier de la rive droite est, au contraire, très
mauvais; resserré entre le fleuve et de hautes murailles calcaires, il traverse une série de coupe-gorge, qui étaient alors
d'autant plus dangereux, que de nombreux sentiers permettaient d'y accéder en partant de Nalan.

Dès le 17 au soir, le lieutenant Ginalhac avait expédié par

tram au poste de Phuc-Hoa l'ordre de lui envoyer une jonque pour passer l'eau à Canh-Phan et prendre le sentier de la plaine, le 18 au matin. Le tram revint en rendant compte que l'embarcation, partie du poste l'attendait près de Bac-Phiet.

Le lieutenant dut donc se résigner à prendre le sentier de la rive droite, sur lequel il s'engagea un peu après 6 heures, et qu'il dut continuer de suivre, car il ne trouva à Bac-Phiet aucune espèce d'embarcation.

Le détachement marchait précédé d'une petite avant-garde, dont la pointe était formée par les partisans; une arrière-garde composée d'un légionnaire et de trois tirailleurs fermait la marche sous les ordres du caporal Consolin; elle était un peu loin en arrière, retardée par un soldat malade qui suivait difficilement.

Les pirates, au nombre de 200 environ, avaient tendu l'embuscade à un endroit où le sentier se déroule en corniche, entre une falaise à peu près à pic, présentant cependant un certain nombre de petits replats boisés, et le fleuve qu'il surplombe d'une hauteur variant entre cinq et dix mètres. Après avoir franchi sur un pont formé par une grosse liane le ruisseau qui descend de Lung-Hoaï, le sentier reste à peu près horizontal jusqu'à la gorge rocheuse et commence alors à monter; cette montée, qui n'est pas trop dure, se continue jusqu'à un point culminant après lequel le sentier redescend en pente plus raide. Depuis le commencement de la montée, jusqu'au point culminant, il peut y avoir 200 mètres, c'est-à-dire à peu près la longueur de la petite colonne depuis sa pointe d'avant-garde jusqu'à la queue de son convoi, non compris l'arrière-garde qui était très en retard.

Les pirates s'étaient embusqués sur tous les replats boisés de la falaise de gauche, ainsi qu'en travers du sentier lui-même, sur le point culminant, où se trouvait précisément une sorte de barricade naturelle constituée par deux gros rochers. Selon leur habitude, ils attendirent que tout le détachement fût en entier engagé dans le traquenard et ouvrirent le feu. La première décharge coucha par terre l'officier et plus

de la moitié du détachement; ce fut alors une débandade générale, absolument inévitable du reste.

Les survivants se jetèrent à la nage pour passer la rivière,
ou se blottirent dans les anfractuosités broussailleuses des
rochers. Le sergent Fehlmann voulut épargner au corps de
son lieutenant les mutilations habituelles des Chinois; avant
de se jeter à l'eau comme les autres, il le tira par les pieds et
le fit tomber dans un trou herbeux ou, en effet, on le retrouva
intact quelques jours après; mais le brave sous-officier paya
de sa vie ce pieux acte de dévouement; quand il se mit à la
nage à son tour il était trop tard, les pirates garnissaient la
rive, il fut salué d'une grêle de balles dont plusieurs l'atteignirent et emporté par le courant.

L'arrière-garde du caporal Consolin qui se trouvait hors de
l'embuscade au moment de la première décharge, entendant les
coups de fusil, se porta en avant; mais elle était trop faible
pour intervenir efficacement, les Chinois l'aperçurent et lui
donnèrent la chasse à dix contre un; après une course des
plus émouvantes le long du rivage, les cinq malheureux
fugitifs allaient être pris, lorsqu'ils aperçurent un radeau de
bambous, qui allait à la dérive; ils réussirent à l'arrêter,
montèrent dessus et se laissant aller au courant, arrivèrent
au poste chinois de Thuy-Khau, placé à l'intersection du Song-
Bang-Giang et de la frontière.

Nous perdîmes à Bac-Phiet 14 tués dont 1 officier, 1 sous-
officier et 5 légionnaires, 3 blessés dont 2 légionnaires, soit au
total 17 hommes hors de combat sur 27.

Combat de Nalan.

(23 août 1892.)

Le combat de Nalan se rattache à la même série d'événements que celui de Bac-Phiet.

Les capitaines David et Rival commandant, le premier le poste de Phuc-Hoa (où il avait été envoyé après la mort du lieutenant Ginalhac), le second le poste de Dong-Khe, s'étaient entendus pour faire le même jour une opération combinée sur les bandes rassemblées à Nalan. (Voir le croquis d'ensemble joint au récit des opérations des Ba-Chau). Malheureusement, entre Phuc-Hoa et Dong-Khe, les communications, très difficiles en temps ordinaire, l'étaient d'autant plus à ce moment-là, que tous les sentiers étaient parcourus par les pirates; il n'y eut pas concordance entre les deux opérations.

Le capitaine Rival aborda le cirque le 21, se butta contre toute la bande, rompit le combat et se dégagea par une retraite habilement menée, pendant laquelle toutefois la maladresse d'un sergent lui fit perdre son convoi.

Le capitaine David aborda Nalan le 23, tomba dans une formidable embuscade tendue sur une longueur de plus de deux kilomètres, dans deux cirques contigus, par toutes les bandes déjà nombreuses, renforcées encore des soldats chinois du poste de Bo-Cup. C'est de cette deuxième attaque que nous allons nous occuper.

La colonne comprenait :

Le capitaine David commandant la colonne;
Le docteur Thoulon;
63 tirailleurs (capitaine David);
27 légionnaires (lieutenant Bellion).

Elle quitta à 5 heures du matin Canh-Phan, où les bagages furent laissés à la garde de 20 fusils et marchait précédée d'une avant-garde mixte (lieutenant Bellion), et suivie d'une arrière-garde de tirailleurs (sergent Courgey).

Il était environ 8 heures; l'arrière-garde venait de franchir le col A, qui sépare le cirque de Lung-Lao de celui de Lung-Pan, et la pointe d'avant-garde était à une centaine de mètres du col B, qui sépare ce dernier cirque du cirque de Nalan. Toute la colonne était donc engagée en entier dans le cirque de Lung-Pan, qui peut avoir 4 à 500 mètres de long sur 200 à 250 mètres de large. Un coup de feu isolé partit du haut de la falaise du sud, et fut le signal d'une fusillade générale, dont le maximum d'intensité était visiblement à l'arrière du côté du col A occupé fortement par des gens qui avaient laissé passer toute la colonne et ne s'étaient placés qu'après son passage. Le lieutenant Bellion fonça aussitôt sur le col B et l'occupa.

Le cirque de Nalan, contigu au cirque de Lung-Pan, a une forme sensiblement circulaire avec un diamètre d'environ 800 mètres; à sa partie sud-ouest, il communique par un étranglement de 150 à 200 mètres de large avec la bifurcation C des sentiers sur Bo-Cup et sur That-Khe. C'est dans cet étranglement que s'élevait le marché de Nalan, autrefois très florissant, abandonné depuis le mois de juillet 1892 et formé d'un certain nombre de maisons en briques et en tuiles et qui existaient encore le 23 août.

Il n'y avait pas à songer à battre en retraite et à repasser le col A, long couloir rocheux en escalier dont le point le plus élevé était bien à 50 mètres d'altitude au-dessus du sol de la plaine; le salut semblait être du côté du col B, dont le lieutenant Bellion s'était emparé avec beaucoup de coup d'œil et de décision, et dans le cirque de Nalan. Le capitaine rassembla donc la colonne au col B, fit donner l'ordre à l'arrière-garde de rejoindre, et, dès que les premiers hommes de celle-ci furent en vue, descendit dans le cirque de Nalan, en se dirigeant vers l'origine du chemin de Dong-Khe. Non seulement celui-ci était occupé, mais encore toutes les falaises du cirque, du haut desquelles la colonne reçut un grêle de balles. On

chercha alors un refuge aux maisons en briques de l'ancien
marché.

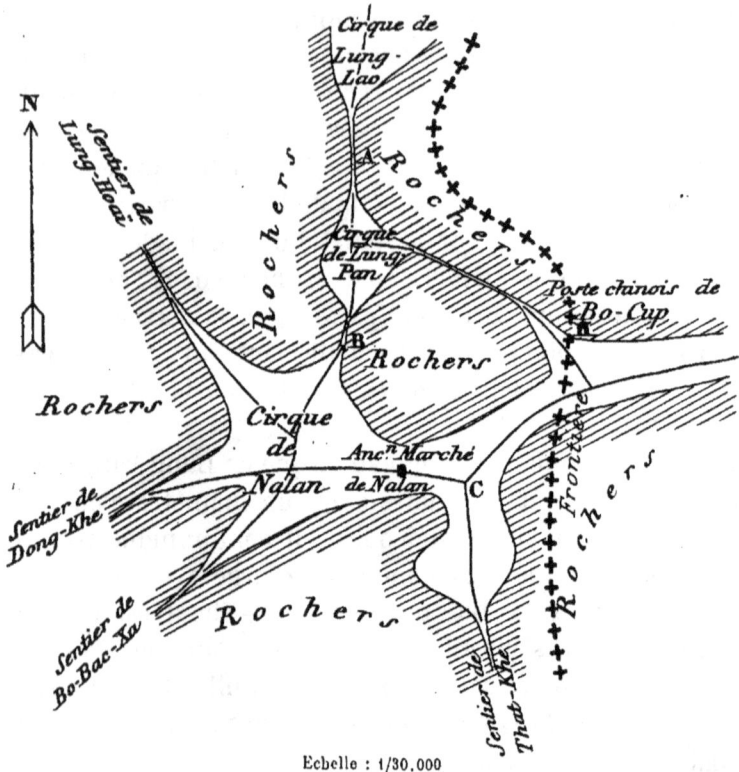

Echelle : 1/30.000

Chemin faisant, le capitaine David s'aperçut que l'arrière-
garde ne suivait pas, il envoya le lieutenant Bellion à sa
rencontre ; mais le col B avait été occupé par l'ennemi sur les
pas de la colonne, il n'y avait pas à songer à l'enlever, l'arrière-
garde était coupée. Comme la presque totalité des hommes
qui la composaient ont été tués, il est assez difficile de savoir
au juste ce qui s'est passé ; les probabilités semblent être les
suivantes : le but évident des pirates était de couper la retraite
de la colonne, ils avaient, en conséquence, occupé très fortement la partie nord du cirque de Lung-Pan, dans lequel était
le col A ; la fusillade dirigée sur l'arrière-garde eut donc dès
le début une intensité considérable, dont l'effet fut de faire

terrer les tirailleurs derrière un talus de rizière où ils s'accro-
chèrent en désespérés; le sergent Courgey, eut, sur ces entrefaites, la cuisse cassée par une balle et tomba, ce qui acheva
d'immobiliser la malheureuse troupe, qui fut anéantie en entier,
sauf un seul homme qui parvint à s'échapper et gagner Dong-
Khé.

A 2 heures, ce qui restait de la colonne était rallié aux maisons désertes de l'ancien marché de Nalan; mais ces dernières,
quoique solides, n'offraient qu'un abri fort précaire; elles
étaient, en effet, commandées à courte distance par les falaises
voisines et c'est sur les tuiles de la toiture, insuffisantes pour
les arrêter, que pleuvaient les balles : le docteur Thoulon eut
un blessé, qu'il était en train de panser, tué entre ses mains.

C'est dans ces conditions que le capitaine David prit la résolution, qui pouvait seule sauver les restes de la colonne, à
savoir de demander asile au poste chinois de Bo-Cup.

Le mandarin To-Tu-Bic (ancien chef pirate lui-même), qui
avait contribué pour une si large part à ce qui venait de se
passer, n'accepta pas sans difficulté; la demande d'asile, que
lui faisait le chef de la troupe française, l'embarrassait d'autant
plus que ceux de ses soldats qui avaient prêté main forte à
nos adversaires n'étaient pas tous rentrés de leur expédition.
Enfin, vers quatre heures, les portes du fort s'ouvrirent pour
recevoir nos hommes tant valides que blessés. Le défilé des
réguliers chinois rentrant de Nalan et de Lung-Pan continua
du reste devant nos officiers et nos soldats, qui les voyaient,
avant de passer la porte du fort, retourner leurs surplis d'ordonnance et remettre à l'extérieur le côté rouge (1); tous
avaient les mains noires de poudre et les armes encore brû-
lantes; l'un d'entre eux fit son entrée à l'intérieur de la palissade avec un fourniment de fusil modèle 1886 autour du cou;

(1) Les soldats chinois des frontières sont habillés, comme tous les autres
Chinois, en toile bleue; leur insigne militaire consiste en une sorte de surplis
rouge sans manches, descendant jusqu'aux genoux et marqué sur le dos et sur la
poitrine de caractères correspondant au matricule, à la compagnie, au bataillon,
etc.

enfin deux ou trois s'approchèrent du lieutenant Bellion, et ne se gênèrent pas pour manifester leur étonnement de le revoir en vie et pour lui témoigner d'ailleurs leur admiration pour sa bravoure.

La journée du 23 août s'est chiffrée comme pertes par 23 tués dont 8 Européens (sergents de tirailleurs ou légionnaires) et 14 blessés dont le capitaine David et 6 légionnaires. .

Défense du poste de Than-Maï.

(31 octobre 1892.)

Il s'agit du poste de Than-Maï, situé dans la région de Moncay et de l'époque où se manifesta dans cette région la recrudescence de piraterie à laquelle mit fin la colonne du lieutenant-colonel Courot.

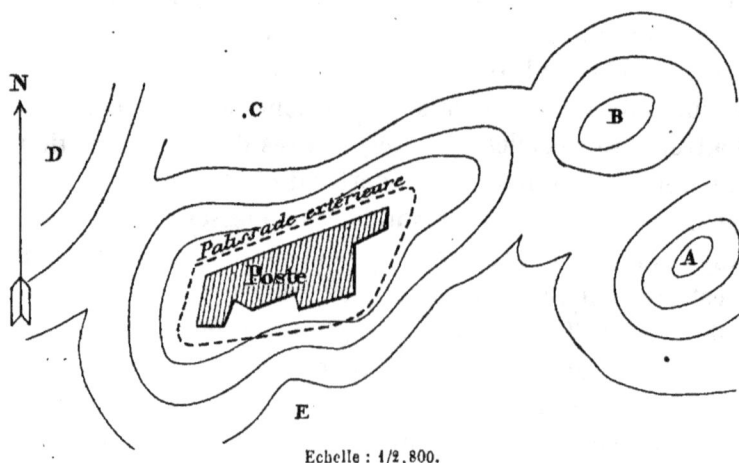

Echelle : 1/2.800.

Le poste était tenu par une section de tirailleurs commandés par l'adjudant Durrive.

Pendant la nuit du 30 au 31 octobre, les Chinois investirent le fort en se plaçant aux points ABCD et, à 3 heures du matin, ouvrirent sur lui le feu rapide; la garnison prit aussitôt les postes de combat.

Dès que les assaillants jugèrent que les dispositions de combat étaient complètement prises, un cinquième groupe E, dissimulé jusqu'alors sur le côté non attaqué, se précipita sur la palissade qu'il attaqua à coups de coupe-coupe, mais l'adjudant s'était constitué une réserve, qui fit face à cette nouvelle attaque.

Au bout de quarante-cinq minutes de combat, l'ennemi battit en retraite sans avoir infligé aucune perte à la garnison du poste.

Opérations dans les Ba-Chau.

(Octobre-novembre-décembre 1892-janvier 1893.

L'historique de ces opérations figure très complet dans l'ouvrage du commandant Famin. Comme elles comportent plusieurs bons enseignements, nous les résumerons sommairement, en nous appesantissant toutefois un peu sur les opérations contre Lung-Noï, qui en ont été la phase initiale et principale et sur la dure affaire de Canh-Ma. Les lecteurs qui désireraient avoir d'autres détails se reporteraient au récit du commandant.

Les opérations des Ba-Chau se rattachent à la même série d'événements que les deux combats de Bac-Phiet et de Nalan, dont elles ont été la revanche sur les bandes coalisées; elles ont amené le nettoyage à peu près complet de la région de Caobang, qui avait été si troublée pendant la deuxième partie de l'année 1892.

Comme ensemble, elles ont beaucoup d'analogie avec celles du Dong-Trieu et consistèrent en une série d'opérations offensives, qui eurent pour effet de chasser les bandes des points successivement occupés par elles, de les disloquer et de produire leur disparition et leur rentrée en Chine. De même que le lieutenant-colonel Terrillon, le commandant Famin organisa avec un soin tout particulier ses colonnes et leur ravitaillement, sachant bien qu'elles étaient appelées à durer long-

temps et, par conséquent, que le premier résultat à atteindre
était de faire durer les hommes. Il est vrai que le piteux état
des approvisionnements simplifia d'une singulière façon le
problème; au moment de la mobilisation des colonnes, le ma-

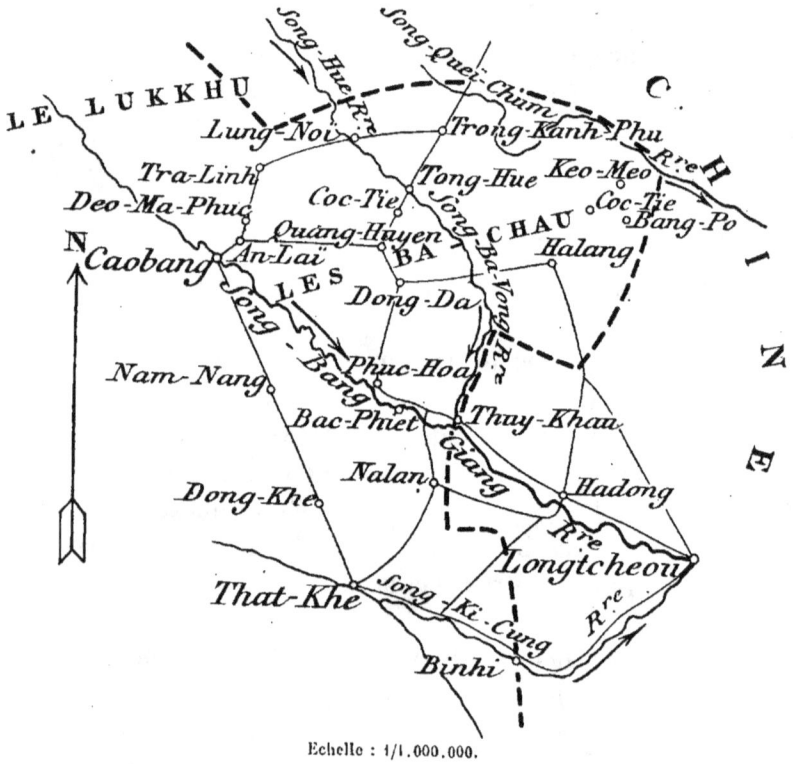

Echelle : 1/1.000.000.

gasin administratif de la place de Caobang ne contenait plus
ni farine, ni vin, ni tafia et n'avait en fait de biscuit qu'un
stock très peu considérable; la garnison vivait au jour le jour
depuis quelque temps déjà sur des convois que lui expédiait
That-Khe (1). Le ravitaillement des colonnes consista donc
en biscuit, riz, viande sur pied et ne comporta ni vin, ni tafia,
c'est-à-dire aucune des denrées liquides qui sont les plus en-
combrantes et les plus difficiles à transporter.

(1) Voir la note de la page 231.

Afin d'éviter les grognements que ne manquent jamais de provoquer les distributions incomplètes et qui ont toujours une fâcheuse influence sur le moral; sachant aussi très bien qu'on fait ce qu'on veut du légionnaire en s'adressant au sentiment, qu'en parfait soldat professionnel, il possède très développé, de l'amour-propre militaire, le commandant fit connaître par la voie de l'ordre qu'il n'emmènerait en colonne que des légionnaires volontaires, ajoutant qu'il ne fallait compter ni sur le pain, ni sur le vin, ni sur le tafia, qu'on mangerait souvent du riz au lieu de biscuit, mais qu'on aurait en abondance de la viande et de tout le reste et surtout des coups de fusil. Malgré le culte traditionnel que professent les légionnaires pour les alcools de toutes catégories, à peu près tous ceux de la garnison se firent inscrire et l'on partit fort gaiement. En somme, on eut toujours largement de quoi manger et le bon moral contrebalança le mauvais effet que pouvait produire le manque de liquides.

Il y avait trois groupes pirates principaux :
Celui du chef Trung-Cat-Nhi (l'homme à l'oreille coupée) fort de 600 hommes et 300 fusils, installé à Lung-Noï ;
Celui du chef Luc-Ha-Sung, fort de 300 hommes et 200 fusils, installé à Dong-Da ;
Celui des chefs Danh-Ha-Hop et Mac-Cuoc-Ahn, installé à Coc-Tié, près de Halang.
Le commandant marcha d'abord sur Trung-Cat-Nhi, avec 260 tirailleurs, 120 légionnaires et 2 pièces de 80, forces qu'il répartit, comme nous le verrons tout à l'heure, en trois colonnes reliées à Caobang par une ligne de postes placés sous le commandement d'un officier. Ces premières opérations durèrent du 17 novembre au 6 décembre, date à laquelle Trung-Cat-Nhi évacua le cirque de Lung-Noï.
Il lui donna la chasse le long du Song-Quoueï-Chum, et, après les affaires de Lung-Giang (10, 11, 12 décembre) et de Keo-Thang (15, 16, 17, 18 septembre), le refoula en Chine le 21.

Il se retourna alors contre le groupe de Coc-Tie. qu'il aborda à peu près avec le même effectif réparti de même en trois colonnes. Le 28, la colonne Rondony surprit et battit à Keo-Méo une partie de la bande, pendant que le commandant, marchant avec les deux autres colonnes, battait l'autre partie à Bang-Po. Les conséquences de cette deuxième série d'opérations furent le refoulement en Chine des bandes de Mac-Cuoc-Ahn et de Danh-Ha-Hop.

Restait Luc-Ha-Sung, dont le centre était Dong-Da. Le 4 janvier, il avait attaqué avec succès un gros convoi fluvial qui remontait le Song-Bang-Giang, après avoir passé par la Chine, et qui était destiné à remettre à hauteur les approvisionnements de Caobang. Les colonnes étaient alors à Phuc-Hoa, le commandant Famin les mit en mouvement le 6 janvier contre Luc-Ha-Sung. Mais le chef n'attendit pas notre choc et nous glissa entre les doigts par petits paquets pour regagner la Chine.

Les colonnes furent définitivement disloquées le 9 janvier.

OPÉRATIONS CONTRE LUNG-NOÏ (17 novembre-6 décembre 1892). — Le cirque de Lung-Noï est un cirque rocheux analogue à tous ceux dont nous avons déjà eu l'occasion de donner une description. Il est situé sur la rive gauche du Song-Hué (qui devient le Song-Ba-Vong, après un cours souterrain assez long sous les falaises calcaires des Ba-Chau) et est accessible par trois sentiers connus.

Le commandant Famin l'a attaqué en trois colonnes, savoir :

1ᵉ colonne (capitaine Bachelier), composée de 40 légionnaires, 100 tirailleurs et une pièce, prélevés sur la garnison de Trung-Khanh-Phu. Elle devait attaquer par le nord est.

2ᵉ colonne (capitaine Rivière), composée de 40 légionnaires et 80 tirailleurs, prélevés sur les garnisons de Halang et de Caobang. Elle devait attaquer en remontant la vallée de Song-Hué.

3ᵉ colonne (capitaine Rondony), composée de 40 légionnaires, 80 tirailleurs et une pièce. Ces troupes, provenant des postes méridionaux du cercle, avaient été rasssemblés à Caobang. Elle devait attaquer par l'entrée sud-ouest.

Les trois colonnes étaient pourvues chacune d'un certain nombre de partisans.

A Tong-Hue était installé, sous le commandement du commandant Virgitti, un gros centre de réserve destiné, en dehors du rôle de réserve, à assurer la possession de cet important point de jonction entre le théâtre des opérations, le poste de Trung-Kanh-Phu et la base d'opération de Caobang. Tong-Hué était relié à Caobang par les postes de Quang-Huyen du Deo-Ma-Phuc et d'An-Laï. Quelques jours plus tard, cette ligne d'étapes fut encore renforcée par l'installation de petits postes intermédiaires à certains endroits importants.

De même à Lung-Quan, point de bifurcation des sentiers menant à Quang-Huyen, à Tra-Linh et à Lung-Noï, avait été placé un poste provisoire sous les ordres du lieutenant Ducharme, poste qui devait servir de pivot d'opérations au troisième groupe.

Deux ambulances avaient été organisées à Tong-Hue (docteur Billet) et à Lung-Quan (docteur Thoulon).

Les opérations commencèrent le 17. Le capitaine Bachelier, parti de Trung-Khanh-Phu, occupa presque sans résistance le col de Canh-Ma et poussa jusqu'au Song-Hue un détachement commandé par le lieutenant Franco, qui donna la main au capitaine Rivière. Celui-ci avait remonté le Song-Hue et occupé Po-Tié. Enfin le capitaine Rondony partit de Lung-Quan et s'avança jusqu'aux deux cols de Pia-Phan à travers un pays très difficile, le long d'un chapelet de petits cirques séparés les uns des autres par d'étroits couloirs; il marcha avec une prudence extrême en ayant soin, pour éviter l'enveloppement si dangereux dans un pays de cette espèce, de laisser aux principaux passages dangereux et en des points favorables à la défense, toujours faciles à trouver, de petits postes de quelques hommes; l'un de ces postes était installé au sommet d'une aiguille rocheuse auquel on n'accédait qu'à l'aide d'échelles, et qui devenait rigoureusement inaccessible dès que les échelles étaient retirées. Les deux cols occupés, il poussa dans la vallée du Song-Hue jusqu'à l'éperon rocheux A très solidement tenu, devant lequel il dut s'arrêter.

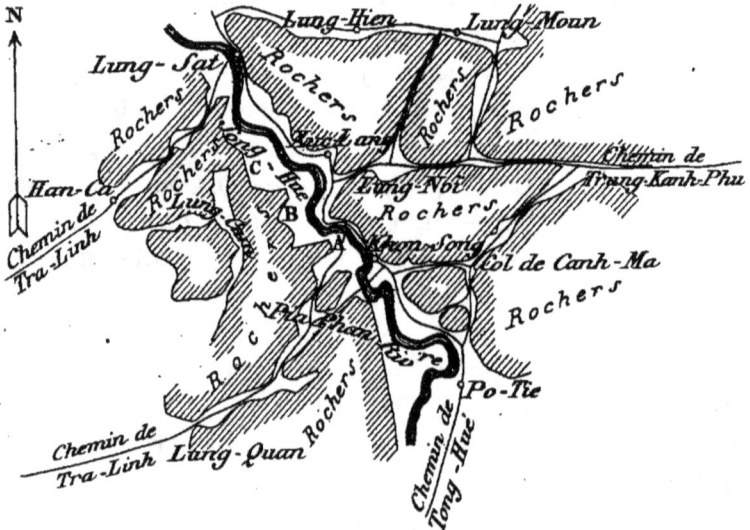

Echelle : 1/150.000.

Les journées qui suivirent furent employées sur la rive gauche à rectifier les positions des deux colonnes. La colonne Bachelier appuya vers Lung-Moun, au nord-est du repaire, et la colonne Rivière, tout en conservant Po-Tié, occupa le col de Canh–Ma. C'est au cours de ce mouvement qu'eut lieu, le 18, le combat de Canh–Ma.

Sur la rive droite, le capitaine Rondony se livra, à partir du 17, à une série de mouvements et de tâtonnements qui avaient pour but de faire tomber ou de tourner l'éperon A qui semblait être la clef de Lung-Noï. Le 18, il avait essayé de résoudre le problème en tournant la position par la rive gauche; il avait, en conséquence, été jusqu'à Khon-Song, mais il ne tarda pas à s'apercevoir qu'au lieu de menacer le flanc de l'adversaire, c'était au contraire sa propre ligne de retraite qui était menacée; il rétrograda et rassembla sa colonne près des cols. On dut chercher autre chose et on tenta de s'emparer par surprise des positions situées au nord-ouest du cirque vers Lung-Sat; les ordres furent donnés comme si la troisième colonne devait aller à Tra-Linh chercher un convoi de vivres; en réalité, elle se rendit à ce poste qu'elle quitta subitement le 22 pour marcher sur Lung-Sat. Mais, malgré toutes les précautions prises, la marche avait été éventée et cette deuxième combinaison échoua encore; néanmoins le capitaine Rondony n'en perdit pas tout le fruit. il transforma son attaque échouée du 22 en action démonstrative, qui attira de ce côté toute l'attention de l'adversaire et pendant la nuit suivante occupa les pitons rocheux qui s'élèvent entre le Song-Hué et le cirque de Lung-Cum, sauf toutefois le piton B qui resta au pouvoir des pirates. Partant de ce point d'appui, ils essayèrent, pendant la nuit suivante, de couper la colonne de Han-Ca et Tra-Linh. Mais le capitaine Rondony avait, suivant son habitude, pris toutes les précautions nécessaires pour garantir sa ligne de retraite, et la tentative des pirates échoua. Le 26, la troisième colonne occupa encore par surprise les hauteurs au nord-ouest de Lung-Sat, complétant ainsi l'investissement de ce côté.

Sur la rive gauche, les troupes d'investissement avaient également progressé tout autour du cirque vers le nord et vers le nord-ouest, tendant à donner la main à la colonne Rondony; vers la fin du mois, la colonne Rivière seule assurait de ce côté l'investissement et le commandant Famin avait rassemblé en réserve sous sa main la colonne Bachelier, afin de pouvoir manœuvrer contre les pitons A et B dont dépendait d'une manière bien évidente la chute du repaire.

Le capitaine Bachelier s'empara du premier le 3 décembre et le capitaine Rondony du deuxième le 5. La position de Lung-Noï devenant dès lors intenable, Trung-Cat-Nhi l'évacua par petits groupes pendant la nuit du 4 au 5.

Pendant que ces événements se passaient autour de Lung-Noï et de la bande de Trung-Cat-Nhi, les deux autres bandes ne restaient pas inactives et cherchaient à intercepter notre ligne de retraite. Au milieu de la nuit du 21 au 22 novembre, Luc-Ha-Sung dirigea sur le poste de Quang-Huyen une attaque que repoussa vigoureusement le sergent Costenadal.

Le 30, les bandes de Mac-Cuoc-Anh et de Danh-Ha-Hop vinrent occuper en force le cirque de Coc-Tié (près de Tong-Hué). Le commandant Famin prescrivit aussitôt aux trois colonnes de laisser dans leurs positions les postes strictement nécessaires pour les défendre et de diriger le reste sur Coc-Tié, qui fut attaqué de trois côtés et évacué dans la journée même.

COMBAT DE CANH-MA (18 novembre 1892). — Le capitaine Bachelier avait reçu l'ordre de remettre au capitaine Rivière les postes avoisinant Canh-Ma, et de se porter, en tournant autour de Lung-Noï, sur Lung-Moun et Lung-Kien; le mouvement s'exécuta le 18.

Le 18, vers midi, le capitaine Bachelier mit en mouvement sa colonne sous les ordres du lieutenant Franco, pendant qu'il restait derrière pour donner les derniers renseignements au capitaine Rivière et pour rassembler tous ses postes détachés, avec lesquels il se proposait de former l'arrière-garde et de rejoindre le reste de sa colonne. L'avant-garde était placée sous les ordres de l'adjudant Lefebvre et avec elle marchait la pièce portée à dos de coolies.

La route paraissait très sûre; un poste commandé par le sergent-major Lorang était placé au col C; le sergent Hellot, avec un deuxième détachement, avait reçu l'ordre de se porter au faîte du piton rocheux D, de façon à pouvoir surveiller les deux parties A et B du cirque A B; enfin, quelques heures avant, un convoi de ravitaillement venant de Trung-

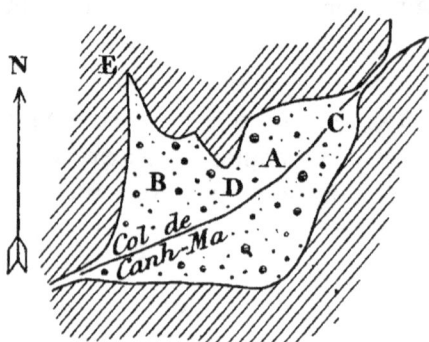

Echelle : 1/10.000.

Khanh-Phu avait traversé le cirque sans encombre. Malheureusement, le poste envoyé à la saillie D n'avait pas pu monter jusqu'au sommet, et avait été arrêté sur le versant sud-ouest, ne surveillant que la partie A. Les Chinois purent ainsi sortir de Lung-Noï par un sentier qu'ils connaissaient et venir directement s'embusquer en E. Ils laissèrent passer le convoi de ravitaillement ; ils laissèrent passer également les premiers échelons de l'avant-garde, et, quand la pièce fut arrivée à leur hauteur, ouvrirent sur elle un feu des plus intenses, qui la fit lâcher par ses coolies et produisit le vide autour d'elle.

Ce vide résultant de la première surprise fut, du reste, de courte durée ; l'adjudant Lefebvre accourut aussitôt, ainsi que le lieutenant Franco et quelques instants après le capitaine Bachelier. Ce quadruple renfort sauva la pièce en détresse, autour de laquelle tombèrent en quelques minutes une vingtaine de tués et de blessés, parmi lesquels l'adjudant Lefebvre, atteint dès le début d'une balle à la cuisse, le lieutenant Franco qui tomba à côté de lui, les deux jambes traversées et, enfin, le sous-lieutenant Duchier, qui, blessé mortellement d'une balle au cou, expira la nuit suivante. Malgré ces pertes, le capitaine Bachelier parvint à maintenir tout le monde autour de la pièce, jusqu'au moment où le capitaine Rivière eut achevé avec huit hommes l'escalade d'un piton rocheux au nord du col de Canh-Ma et put, du haut de ce piton, contrebattre de flanc le parti ennemi qui prit aussitôt la fuite.

La pièce était sauvée et on la remonta au col, mais la journée nous coûtait 5 tués dont 1 officier, et 21 blessés dont 1 officier et 1 adjudant.

Combat de Nabo.

(17 décembre 1892.)

C'était après les colonnes du commandant Herbin, dans la région du Pomou et du Khau-Khu ; une forte bande, commandée par la veuve de Luu-Ky, nous avait encore une fois tenu en échec sur cette ligne d'étape, avec le but probable de faire passer en Chine un convoi de butin.

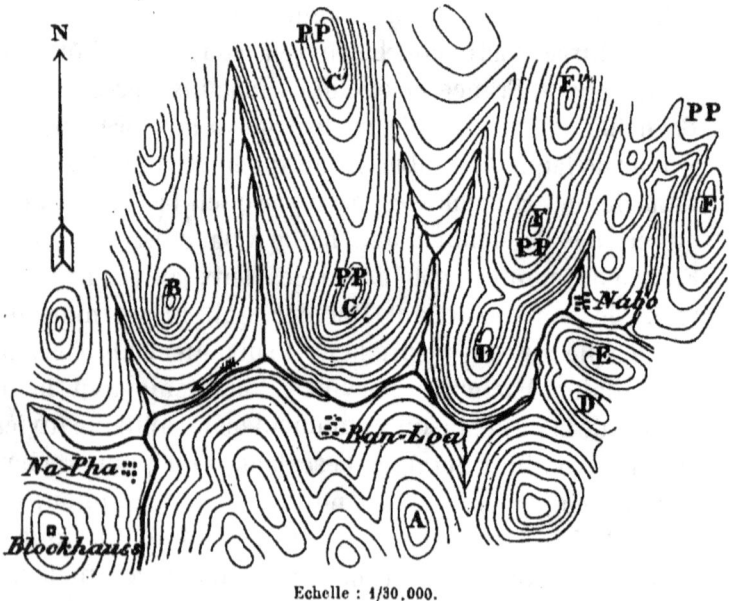

Echelle : 1/30.000.

Après l'évacuation de la position, une colonne de 264 fusils et une pièce commandée par le capitaine Betboy, fut envoyée pour battre la frontière entre le Pomou et le Mauson. Cette colonne arriva le 16 décembre à Na-Pha et apprit que 2 ou 300 Chinois armés occupaient les hauteurs de Nabo. (Voir le croquis d'ensemble donné à propos du combat de Ban-Duoc).

Dès le soir, le capitaine se porta vers Ban-Loa, afin de reconnaître les positions qui semblaient constituées par des postes établis sur toutes les hauteurs P P du croquis, et fort probablement par une réserve placée quelque part dans le bas-fond.

La pièce était commandée par le lieutenant Blanc, et l'infanterie répartie en trois groupes mixtes, savoir :

76 fusils (lieutenant Cruchon);
80 fusils (lieutenant Maillard);
78 fusils (lieutenant Vautier).

plus un groupe de 30 légionnaires formant réserve sous la direction immédiate du capitaine.

Les troupes se mirent en mouvement pour l'attaque, le 17, à 5 heures du matin.

Le lieutenant Maillard occupa le mamelon A, où le lieutenant Blanc mit sa pièce en batterie. Le lieutenant Vautier occupa de son côté le mamelon B puis se porta à l'attaque du mamelon C, qui fut enlevé par une manœuvre très pratique en pays accidenté, qu'il ne sera pas inutile de rappeler. Le mamelon C était défendu par un parti ennemi, qui tira sur nos troupes dès qu'il les aperçut; celles-ci répondirent aussitôt par un feu croisé intense partant de A et de B; les gens du point C se reculèrent alors pour se mettre à l'abri et cessèrent de surveiller les pentes; le lieutenant Vautier put ainsi, sans être vu, gravir la pente presque à pic du piton C et parvenir sans être inquiété jusqu'au bord du plateau d'où le feu fut ouvert sur les occupants, qui se réfugièrent aussitôt au sommet C'.

Pendant ce temps, le lieutenant Maillard poussait jusqu'en D, le lieutenant Cruchon jusqu'en D' et E, et le lieutenant Blanc faisait évacuer le village de Nabo à coups de canon. Il était 8 heures.

Nos positions étaient, comme on le voit, très étendues ; le capitaine Betboy, afin, tout en ménageant ses munitions, de tromper l'ennemi sur l'effectif de sa colonne, avait donné l'ordre de tirer très peu et de se montrer le moins possible. Cette feinte réussit très bien ; les pirates nous croyant peu nombreux, par rapport au front occupé. crurent probablement qu'il était possible de nous couper, et préparèrent en conséquence des hauteurs F F' F" par un feu, auquel nous répondîmes faiblement, une attaque qui fut exécutée par deux colonnes, que l'on vit déboucher vers 9 heures, des deux ravins encadrant le piton F.

Le feu rapide fut aussitôt ouvert sur toute la ligne; le lieutenant Blanc, auquel le commandant de la colonne avait laissé toute initiative pour le tir de son artillerie, appuya le tir de l'infanterie et couvrit de mitraille le mamelon F, que put ainsi enlever le lieutenant Maillard. Il allongea ensuite son tir, qui fit grand ravage dans la partie haute des deux mêmes ravins.

Enfin, comme dernière phase du combat, le sergent Maillet enlevait le piton F" au moyen de la manœuvre qui avait permis au début de l'action au lieutenant Vautier d'occuper le piton C.

Dès lors, la déroute fut complète et la poursuite ne s'arrêta qu'à la frontière, derrière laquelle se réfugièrent les pirates, après avoir toutefois laissé entre nos mains 9 cadavres et 5 fusils.

Nous n'avions, de notre côté, ni tués ni blessés.

Combat de la Tombe-du-Pontonnier.

(25 mai 1893.)

Le convoi fluvial de mai 1893 remontait la rivière Claire; il se composait de 11 sampans portant, entre autres charges, de l'argent, des armes et des munitions. Il était escorté par un détachement de 36 fusils dont 14 Européens (sergents français de tirailleurs ou légionnaires), plus une dizaine de linhs-cos ou partisans, le tout encadré par le capitaine Crouzillard, le lieutenant Philippe et l'adjudant Bétille.

Le 25 mai, à huit heures du matin, il avait subi, à hauteur du point A, une première attaque partant de la rive gauche; le capitaine y avait paré en faisant parquer les sampans le long de la rive droite et en débarquant une partie de l'escorte qui prit position sur la même rive, répondit au feu ennemi et ne tarda pas à le faire taire.

Après cette première attaque, le convoi reprit sa marche et, vers 9 heures, il fut attaqué de nouveau au point B, à hauteur des rochers de Nui-Bianh et en aval du rapide de Tac-Ken, appelé par les soldats, rapide de la Tombe-du-Pontonnier. Le fleuve est, en cet endroit, resserré dans un passage rocheux que termine au nord un promontoire C qu'il faut doubler pour accéder au rapide D.

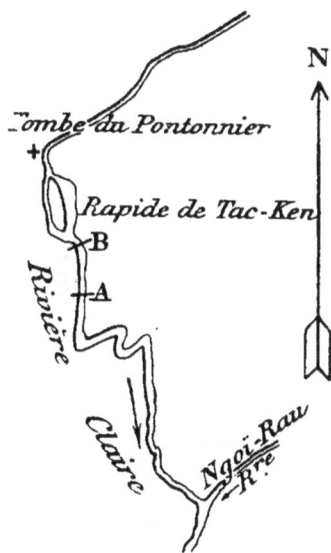

Le sampan de tête était arrivé à hauteur du promontoire C, lorsque éclata la fusillade du

Échelle : 1/100.000.

haut de toutes les hauteurs de la rive gauche. Le capitaine procéda comme pour la première attaque : il parqua le convoi le long de la rive droite à laquelle les sampans furent solidement amarrés, puis on débarqua.

Mais tous ces mouvements préliminaires ne se firent pas sans peine ; la fusillade était intense, ce ne fut que le revolver au poing qu'on parvint à maintenir les bateliers à leurs avirons, puis à leurs amarres, jusqu'à ce que les embarcations fussent solidement fixées ; on les fit ensuite coucher au fond des bateaux, de façon à les avoir sous la main dès qu'il serait possible de reprendre la marche. Le débarquement présenta également de fort grosses difficultés ; la rive droite était, comme la rive gauche, hérissée de rochers qu'il fallait escalader ; après avoir eu 2 hommes tués, le sergent Gouin réussit, avec les 4 ou 5 qui lui restaient vivants, à prendre position sur la rive et à répondre enfin au feu des Chinois. Le débarquement s'acheva sous sa protection ; un poste fut placé en E par les soins de l'adjudant Bétille, le reste de l'escorte débarqua et prit position à hauteur des sampans et les dominant de plusieurs mètres.

On tirailla de part et d'autre sans grand résultat jusqu'à midi; pendant ce temps, le capitaine Crouzillard avait fait descendre, non sans difficulté, jusqu'aux sampans un tirailleur, qui en rapporta des vivres et de l'eau pour tout le monde et surtout un panier de pigeons voyageurs, qui fort heureusement s'y trouvait. On mangea comme on put et un télégramme par pigeon fut expédié à Ha-Giang.

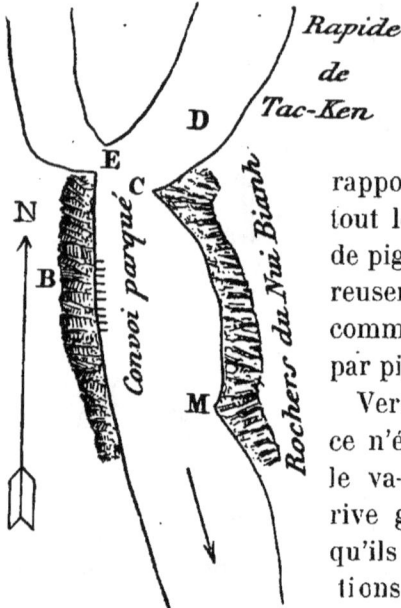

Vers midi, le feu se ralentit; mais ce n'était pas la fin du combat, et le va-et-vient des pirates sur la rive gauche indiquait clairement qu'ils changeaient leurs dispositions et faisaient une manœuvre.

Vers 3 heures, en effet, deux coups de feu tirés de la rive gauche furent le signal de la reprise de la fusillade, qui partait des deux points C et M, ainsi que des hauteurs rocheuses surplombant l'endroit où étaient embusqués les soldats du capitaine Crouzillard. Le feu du rocher C ne faisait pas grand mal; mais celui du rocher M enfilait une sorte de petit parapet naturel, dans lequel notre extrême droite avait trouvé jusqu'alors un emplacement très commode qu'elle dut évacuer. Le feu de la rive droite partait de trop haut pour causer la moindre perte à la troupe française qui se trouvait dans l'angle mort; mais le passage des pirates sur la rive droite, et leur idée de se rapprocher ainsi du convoi, avait une signification menaçante qui n'échappa pas au capitaine Crouzillard.

Il fit rentrer le poste de l'adjudant Bétille et rassembla tout le monde à hauteur du centre du convoi à l'endroit le plus large du replat, sous un arbre gigantesque. Il divisa sa troupe en deux groupes : l'un placé sous les ordres de l'adjudant Bétille devait rester sur place, c'était la dernière réserve; l'autre, sous les ordres du lieutenant Philippe, devait se charger de la contre-attaque. Ces dispositions prises, on chargea les armes, on mit la baïonnette au bout du canon et on attendit.

Au bout de quelques instants, le feu ennemi redoubla d'intensité, les trompettes chinoises firent entendre de tous les côtés leur son lugubre, les hautes herbes voisines s'agitèrent, et un flot de Chinois sortant de la brousse envahit les sampans. Le lieutenant Philippe s'élance aussitôt à la baïonnette, et alors se livre sur les toits des embarcations un combat corps à corps à coups de baïonnettes, de crosses et de coupe-coupe. Nous restâmes maîtres du terrain; l'effort que venaient de donner les pirates ne fut pas renouvelé, les trompettes sonnèrent la retraite et la bande disparut peu à peu.

Quelque temps après, retentit en amont le son d'un clairon de la légion sonnant le « boudin » (1), c'était un détachement de secours que le commandant d'armes d'Ha-Giang, prévenu par pigeon, avait expédié aussitôt et qui annonçait son arrivée.

Les Chinois subirent de fortes pertes, surtout pendant l'assaut qu'ils donnèrent sur les sampans; beaucoup d'entre eux tués ou blessés, tombés à l'eau, furent vus entraînés par le courant et deux cadavres restèrent sur les toits des bateaux, percés de coups de baïonnette.

De notre côté, nous avions perdu 9 tués, dont 3 légionnaires, 2 tirailleurs et 4 bateliers, et nous avions 5 blessés, dont 1 tirailleur, 3 partisans et 1 batelier.

_____

(1) Voir la note de la page 142.

Attaque, blocus et délivrance du poste de Pho-Binh-Gia.

(Juin 1893.)

ATTAQUE ET BLOCUS. — La garnison du poste de Pho-Binh-Gia, commandée par le lieutenant Ducongé, comprenait le sergent Haas, 3 caporaux indigènes et 38 tirailleurs.

Depuis quelque temps déjà, Hoang-Taï-Ngan s'était vanté d'enlever le poste, et le bruit d'une attaque imminente courrait dans le pays lorsque, le 10 juin, on vit déboucher des cols menant au repaire de Lung-Lat, une bande d'environ 300 hommes armés, qui vinrent s'installer à Ta-Yen, Tong-Chu, Tam-Kett et autres villages voisins.

Le lendemain matin, vers 9 heures, ils se portèrent à l'attaque du poste en trois colonnes :

Celle du centre forte de 150 fusils ;

Celle de droite forte de 50 fusils ;

Celle de gauche forte de 100 fusils.

Le lieutenant Ducongé prit aussitôt ses dispositions de combat :

25 tirailleurs garnirent le rempart ;

2 montèrent dans un mirador blindé ;

10 restèrent en réserve dans une case en brique, à l'épreuve de la balle.

Le sergent Haas fut chargé du demi-périmètre est, le lieutenant se réservant le demi-périmètre ouest. En même temps que ces dispositions étaient prises, trois trams étaient envoyés à Langson et aux deux postes voisins de Trile et de Nacham.

Ordre était donné aux hommes de ne pas tirer avant que l'ennemi fût à bonne portée. Les pirates ouvrirent le feu à 7 ou 800 mètres, tirèrent pendant quelque temps, puis la colonne du centre se porta au marché, pendant que les hommes qui composaient les deux autres gagnaient les rochers ABCD.

Jusqu'à la nuit, les tireurs de position qui s'étaient embusqués dans les rochers ne cessèrent de tirer sur le poste ; con-

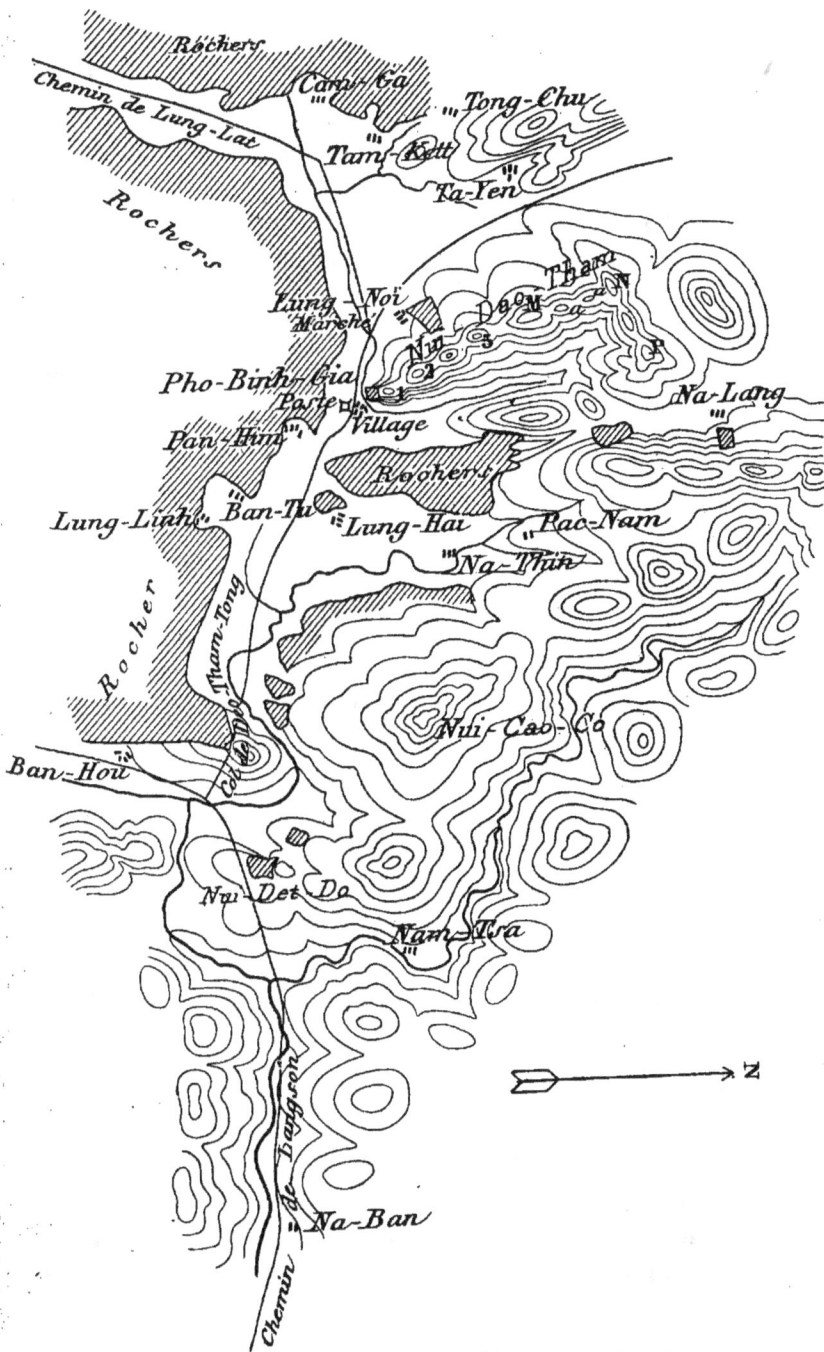

Rochers

Chemin de Lung-Lat

Caru-Ga

Tong-Chu

Rochers

Tam-Kett

Ta-Yen

Do Tham

Lung-Noï
Marché

Nu

Pho-Binh-Gia
Poste

Na-Lang

Pan-Him

Village

Rochers

Lung-Linh

Ban-Tu

Lung-Hai

Pac-Nam

Na-Thin

Rocher

Col de Tho-Nam-Tong

Ban-Hou

Nui-Cao-Co

Nu-Det-Do

Nam-Tsa

Chemin de Backson

Na-Ban

Echelle : 1/65,000.

Opér. milit.

formément à la consigne donnée, les tirailleurs ne répondirent pas.

A 11 heures du soir, les cases des femmes de tirailleurs, situées au sud-est, furent incendiées, puis, suivant la tactique habituelle des pirates, la fusillade éclata aussitôt du côté opposé et un groupe d'attaque se précipita sur la palissade. Sauf quelques coups de feu dirigés sur les cases en flammes, pas un coup de fusil n'avait encore été tiré par la garnison; les assaillants furent reçus, lorsqu'ils arrivèrent sur la palissade, par un feu rapide énergique, qui leur fit lâcher prise; ils battirent en retraite, tiraillèrent à distance encore quelques instants, et cessèrent complètement.

Telle fut la première journée du blocus. Jugeant qu'il pouvait durer quelques jours, le lieutenant profita de la nuit du 11 au 12 pour renforcer ses parapets et se créer sur le terre-plein battu par les feux des rochers ABCD, des cheminements abrités reliant les points principaux du poste.

Il organisa un service de rempart à raison de 15 hommes, couchant sur les parapets, toujours prêts à repousser une attaque, et 15 hommes se reposant à leur aise dans les bâtiments de brique; il défendit de tirer sans l'ordre du sergent ou le sien et dut enfin, dès le troisième ou le quatrième jour, diminuer la ration journalière. Un de ses principaux soucis fut l'eau; le poste, perché au sommet d'un mamelon est situé à une certaine distance des deux cours d'eau, qui prennent leurs sources dans la plaine de Pho–Binh–Gia; il fit creuser des trous qu'heureusement la pluie remplit d'une eau boueuse, il est vrai, mais qui permit de vivre jusqu'au déblocus.

L'attaque de vive force tentée pendant la nuit du 11 au 12 se renouvela, mais beaucoup moins vive, pendant celle du 15 au 16; à 3 heures du matin, le feu fut mis aux latrines situées dans l'espace annulaire compris entre le parapet en terre et la palissade en bambou du même côté que le village des femmes et aussitôt le feu ouvert du côté opposé; mais les assaillants ne s'approchèrent que jusqu'à une centaine de mètres des palissades et se retirèrent.

Pendant ce temps, la garnison pouvait, grâce au dévouement de tirailleurs déguisés en paysans et de gens du pays,
communiquer avec Langson, avec les garnisons voisines et
surtout avec le capitaine Brulard envoyé au secours du poste.

Le 16, le capitaine Brulard avisa le lieutenant Ducongé,
qu'après une démonstration sur la route même, il allait faire
un mouvement tournant vers le nord et attaquer les assiégeants
par le Nui-Dao-Tham.

Le 17, en effet, il s'installa sur ces dernières hauteurs; les
jours suivants, il progressa vers le poste où il fit son entrée le
20, à 8 heures du matin.

Colonne de secours. — La colonne de secours partit de
Langson le 12 au matin; elle était commandée par le capitaine
Brulard, encadrée des lieutenants Met et Révellat et de l'adjudant Heymann et composée de 74 légionnaires. Le 14, elle
s'augmenta d'un détachement de 23 légionnaires et 33 tirailleurs venus de Trile (poste situé à deux journées de marche
au sud-est de Pho-Binh-Gia) sous le commandement du lieutenant Colombat. En résumé, la colonne comprenait :

4 officiers;
1 adjudant;
97 légionnaires;
33 tirailleurs,

soit au total 130 fusils bien encadrés.

En arrivant à Na-Ban, le capitaine Brulard apprit que le col
de Ban-Hou ou de Déo-Tham-Tong était très fortement occupé
et rencontrait un émissaire du lieutenant Ducongé porteur
d'un croquis et de notes; il apprit ainsi qu'il existait une ligne
de hauteurs qui lui permettrait d'accéder jusqu'au piton
dominant le poste au nord, si toutefois il lui était possible de
prendre pied à l'extrémité de la chaîne. Sa résolution fut aussitôt prise : il expédia, le 14 juin, à 7 heures du soir, 35 fusils
mixtes sur les pentes méridionales du Nui-Cao-Co, au nord du

Deo-Tham-Tong; il fit occuper pendant la nuit le Nui-Det-Do par le gros de la colonne, laissant le sergent Lefebvre avec 15 fusils à Na-Ban pour garder les bagages et assurer la ligne de retraite, et enfin relia le Nui-Det-Do à Na-Ban par la section Met placée sur la crête intermédiaire entre ces deux derniers points. Ces positions étaient toutes occupées au lever du jour; nous ouvrîmes alors le feu sur le petit cirque de Ban-Hou.

Cette démonstration dura toute la journée; elle réussit très bien, car les pirates persuadés qu'on allait les attaquer par l'est, se replièrent, se concentrèrent et se fortifièrent au Deo-Tham-Tong.

Le soir, dès que la nuit fut venue, le capitaine replia son monde en arrière du Nui-Det-Do, et le 16, à 4 heures du matin, se mit en route pour le Nui-Dao-Tham, en remontant le ruisseau de Nam-Tsa. Il avait laissé à Na-Ban ses hommes fatigués dont il avait complété l'effectif à dix fusils, avec ordre de se montrer le plus possible et de ne partir que dans l'après-midi pour rejoindre Trile par Duc-Hin.

Comme cela se produit souvent avec un moyen de transport si peu puissant que le coolie, la colonne avait été mise en route avec un nombre de coolies et par conséquent avec un convoi de vivres insuffisant. Cette pénurie de vivres rendait très hasardeux ce mouvement tournant qui devait certainement durer plusieurs jours, et qui était cependant la seule chose à faire; malgré l'urgence de débloquer le poste, tout officier moins résolu et moins sûr de ses hommes que le capitaine Brulard, aurait peut-être hésité à l'entreprendre.

Dès le 16 au soir, il envoya un tram à Langson, pour rendre compte de la situation et pour demander des vivres, puis on partit le lendemain matin, tous, officiers et soldats, résignés à se contenter de la demi-ration, s'il était nécessaire.

La marche longue et pénible dans ce lit de ruisseau rocailleux et embroussaillé dura deux jours, et, le 17 au matin, le lieutenant Met, qui commandait l'avant-garde, couronnait la hauteur M; le capitaine complétait aussitôt cette prise de possession du Nui-Dao-Tham, en occupant les hauteurs P et la hauteur N, derrière laquelle il parqua ses coolies; en même temps il reliait les hauteurs M et N en faisant occuper les sommets aa' par le lieutenant Revellat. A peine cette occupation venait-elle d'être terminée, que les Chinois, qui jusqu'alors ne s'étaient aperçus de rien, couronnèrent les crêtes à l'est, et ouvrirent le feu sur la colonne; mais celle-ci était bel et bien maîtresse de la position point d'appui de départ, et le reste n'était plus qu'une affaire de manœuvre.

Malheureusement, nos hommes furent complètement immobilisés par l'orage et le brouillard pendant l'après-midi du 17 et toute la journée du 18; on coucha sur les positions, grelottant dans l'humidité et le ventre peu garni.

Le 19 au matin, le brouillard s'était dissipé, une manœuvre par échelons, exécutée de piton en piton, par les lieutenants Met et Revellat et par l'adjudant Heymann, nous rendit maîtres des hauteurs 3, 2 et 1. Le 20, dans la matinée, nous occupions le piton rocheux qui domine le poste au nord, et à 8 heures, la colonne de secours entrait dans le poste.

Ces événements, qui, sans le calme, la décision et l'énergie des deux officiers à qui est incombée mission de diriger la défense du poste et sa délivrance, auraient pu se terminer par un désastre, ne nous ont coûté comme pertes qu'un légionnaire tué, le sergent Haas, et un tirailleur blessé.

Combat de Len-Jan.

(8 décembre 1893.)

L'affaire de Len-Jan se rattache aux événements qui se sont passés dans le massif du Caï-Kinh, avant l'expédition finale de janvier 1894, qui nous débarrassa définitivement de la bande de Hoang-Taï-Ngan.

Des troupes d'observation, placées sous les ordres du com-

mandant Barre, étaient réparties en un certain nombre de
postes, au sud du repaire de Lung-Lat. Le 6 décembre, le capitaine Delaunay, dont une partie de la compagnie était à Tranh-
Yen (voir le croquis d'ensemble donné à propos des opérations
de Lung-Lat), partit du poste de Huu-Len pour rejoindre ses
hommes; il leur apportait entre autres choses de l'argent et
des munitions, ce que n'ignoraient probablement pas les
pirates.

L'escorte comprenait :

8 légionnaires (sergent Bec);
L'ordonnance du capitaine ;
20 tirailleurs (1 sergent et 1 caporal indigène);
Au total 30 fusils dont 10 européens.

On marchait dans l'ordre suivant :

Avant-garde de 6 tirailleurs commandés par un caporal indigène;
Le capitaine et son ordonnance,
Le sergent,
6 légionnaires,
Le convoi,
Le reste des hommes.

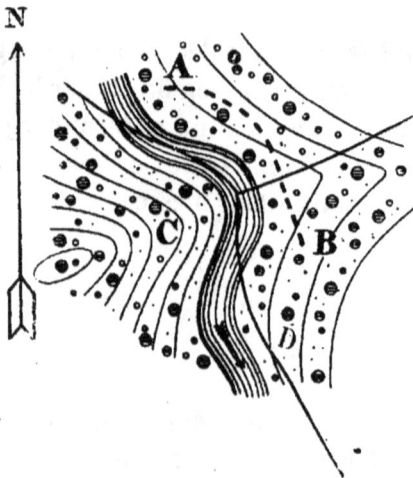

N

Echelle : 1/5,000.

Le chemin suit tout le
temps un ruisseau dont
il remonte le cours et
qu'il traverse à chaque
instant. Il était environ
8 heures; on était parti
depuis une heure envi-
ron, et on traversait pour
la sixième fois le ruis-
seau, lorsqu'un violent
feu rapide partit sur la
droite et abattit dans
l'eau le capitaine De-
launay, et la plupart des
hommes qui marchaient à sa hauteur.

Les pirates s'étaient embusqués sous bois le long de la ligne

AB et avaient attendu, pour ouvrir le feu, que le capitaine fût bien à leur hauteur.

Aux premiers coups de fusil, le sergent Bec rallia les survivants et prit position en C, sur un escarpement de la rive droite ; pendant ce temps l'arrière-garde, qui, au moment de la fusillade, se trouvait hors de l'embuscade, prit position de son côté en D. Les deux fractions ouvrirent ensuite sur les Chinois un feu croisé qui les fit battre en retraite. Quelques heures après, un détachement parti de Hun-Len, recueillait la petite troupe et le convoi.

L'embuscade nous coutait 4 tués, dont 1 officier, 1 légionnaire et 2 tirailleurs ; 3 blessés, dont 1 légionnaire et 2 tirailleurs.

Combat et retraite de Tran-Yen.

(Novembre-décembre 1893.)

La plaine de Tranh-Yen est un grand cirque à ceinture rocheuse long d'environ 6 kilomètres et large de 1.500 mètres, situé sur le chemin le plus direct de Bac-Le au cirque de Lung-Lat, où Hoang-Taï-Ngan avait installé son repaire. De Tranh-Yen à Lung-Lat, le sentier est bon, tandis que de Tranh-Yen à Bac-Le il est épouvantable, traversant plusieurs cols rocheux longs et difficiles dont un des plus mauvais est le Deo-Ka-Ja, qui débouche dans la plaine de Tran-Yen, précisément en face du village qui porte ce nom. La possession de ce débouché avait donc une importance très grande pour les opérations à entreprendre ultérieurement contre Lung-Lat (voir le croquis d'ensemble donné à propos des opérations contre Lung-Lat), et le capitaine Brodiez avait été chargé de l'occuper.

L'occupation s'était faite sans incidents, le 21 novembre avec :

38 tirailleurs (lieutenant Maillard) ;

29 tirailleurs (lieutenant Banal);
58 soldats d'infanterie de marine (lieutenant Vautier).

soit au total 183 fusils, dont un tiers environ européens.

Le 6 décembre, le convoi de Tranh-Yen, attaqué à Len-Jan, dut rétrograder; à partir de ce moment, la colonne Brodiez fut coupée de Huu-Len son point de ravitaillement, et le 8 commencèrent sur elle les tentatives des pirates.

Le gros de la troupe était cantonné au village, couvert à courte distance par deux petits postes placés sur le ruisseau et sur le rocher isolé B et protégé à distance plus grande par une grand'garde de trente hommes postée sur le rocher A.

Du 8 au 13, la colonne fut l'objet de vives attaques qui se renouvelèrent tous les jours, commençant à l'aube et durant quelquefois toute la journée.

A la suite de la première attaque du 8, le capitaine lâcha les maisons du village et répartit sa troupe entre les deux points d'appui constitués par les deux rochers isolés A (lieutenants Maillard et Banal), B (capitaine Brodiez et lieutenant Vautier). Le jour suivant, il réoccupa le point D, afin de rester maître de l'eau et plaça un quatrième poste en C pour se donner un peu d'air. Ces dernières dispositions furent maintenues jusqu'au 14, date de l'évacuation.

Malgré la vivacité de l'attaque du 8, les assaillants n'étaient au début pas plus de 150; ils n'occupaient tout d'abord que les rochers à l'ouest. Leur nombre doubla les jours suivants; ils complétèrent le blocus en occupant les rochers à l'est; quant aux communications avec Huu-Len, elles ne furent interceptées en force que vers le 12 ou le 13. Mais le capitaine Brodiez concevait toute l'importance de la position de Tranh-Yen et, malgré l'énervement qu'il fallait craindre pour les hommes à la suite de ces attaques incessantes et journalières, malgré le manque de vivres, il était décidé à ne l'évacuer que lorsqu'il ne pourrait plus faire autrement.

Ce ne fut donc que le 13, quand il eut épuisé tous ses vivres, qu'il prit cette détermination extrême; mais à ce mo-

Len-Day

Tam-Moun

Rochers

Chemin de Lung-Lat

Ruisseau de Tranh-Yen

N

Rochers

N°1
Lang-Dong

Lang-Dong

E   ★ N°2

A

Chemin de Trile

N°3

+D   Village de
Tranh-Yen

C

B

Rochers

Col du
Deo-En-Ja

Chemin de Huu-Len

Rochers

Rochers

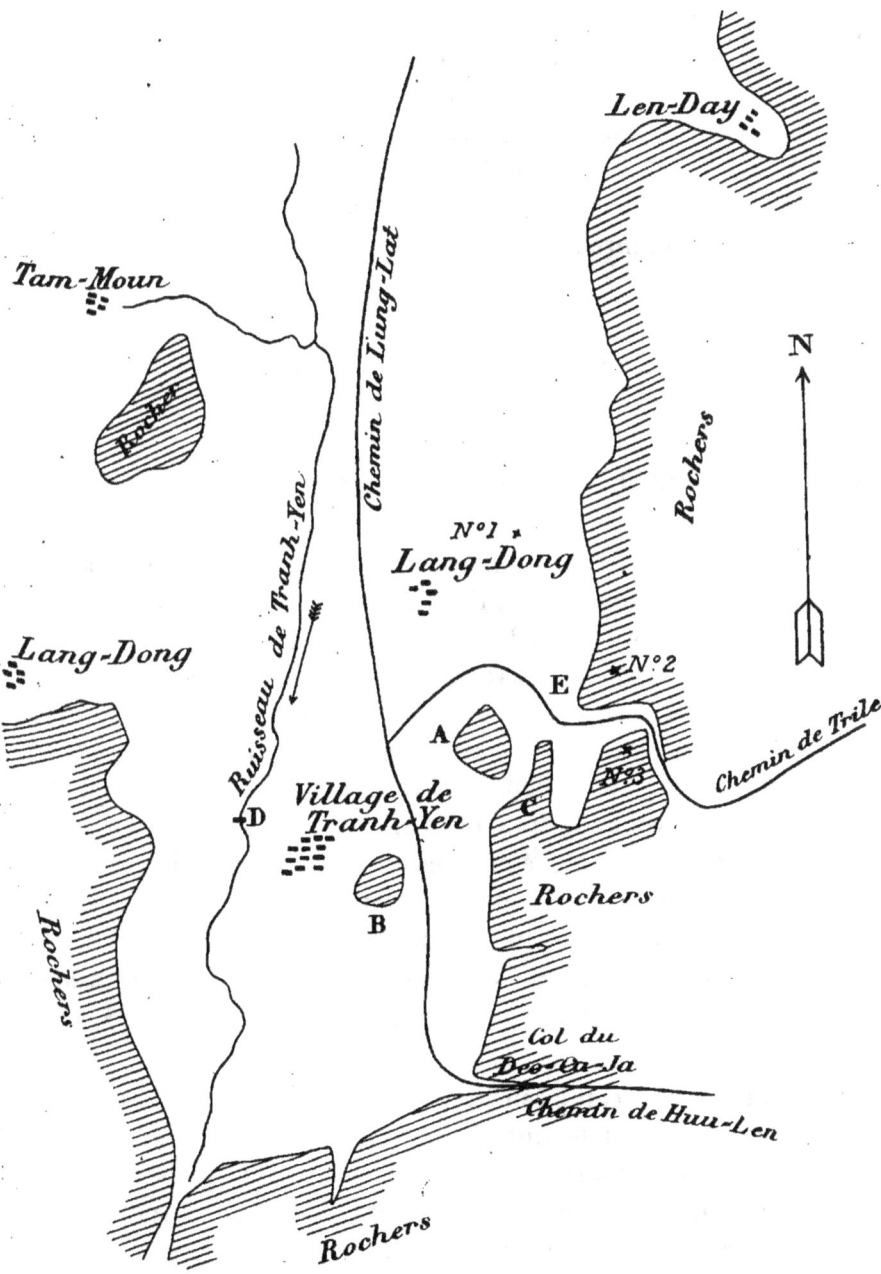

Echelle : 1/25.000.

ment, le nombre des assiégeants s'était encore augmenté, le Deo-Ka-Ja était occupé et des détachements chinois étaient échelonnés à tous les mauvais passages du sentier direct de Tranh-Yen à Huu-Len ; il fallait donc franchir de véritables lignes d'investissement tenues par un ennemi quatre ou cinq fois plus nombreux.

Les guides se refusèrent absolument à conduire la colonne par la route directe ; il ne fallait, du reste, pas songer à passer par là et le capitaine se décida pour un très mauvais sentier menant au poste de Trilé, sentier qui était peu connu mais qu'un des guides connaissait très bien et qui était peu et mal gardé.

Son origine dans la plaine était en E ; les pirates avaient par là trois petits postes, l'un (nº 1) était dans la plaine même, un peu au nord-est de la pagode de Lang-Dong, les deux autres (nᵒˢ 2 et 3) se trouvaient de chaque côté de l'entrée du sentier, mais au sommet de la falaise ; le tout était d'arriver à l'entrée du sentier sans donner l'éveil à ces trois postes et, par suite, avant que l'ennemi n'ait garni les rochers qu'il eût été alors impossible de franchir sans d'énormes pertes. Le poste nº 1 était assez éloigné du chemin ; il n'en était pas de même des deux autres ; mais comme ces derniers étaient au sommet de rochers et qu'aucune sentinelle ne se tenait sur la route même, on pouvait encore, avec un peu de chance et beaucoup de précautions, espérer passer entre eux sans être aperçu.

On laissa au camp tous les bagages qui furent abandonnés ; les quelques chiens qui n'avaient pas encore été mangés furent tués ; on roula les baïonnettes dans de la paille et on les passa entre le corps et le ceinturon, les quarts furent placés dans la poche ou dans la musette, etc. Toute la petite colonne fut rassemblée en B, le 23, dès la tombée de la nuit ; on dormit jusqu'à 4 heures et, à 4 heures, on partit dans l'ordre suivant :

Avant-garde (lieutenant Mafllard) :
35 tirailleurs ;
15 soldats d'infanterie de marine.
Corps principal (capitaine Brodiez et lieutenant Vautier) :
50 tirailleurs ;
25 soldats d'infanterie de marine.
Arrière-garde (lieutenant Banal) :
50 tirailleurs ;
15 soldats d'infanterie de marine.

La traversée de la plaine se fit sans incidents et ne coûta à nos hommes qu'un peu d'émotion ; à 6 h. 1/2, on avait gagné

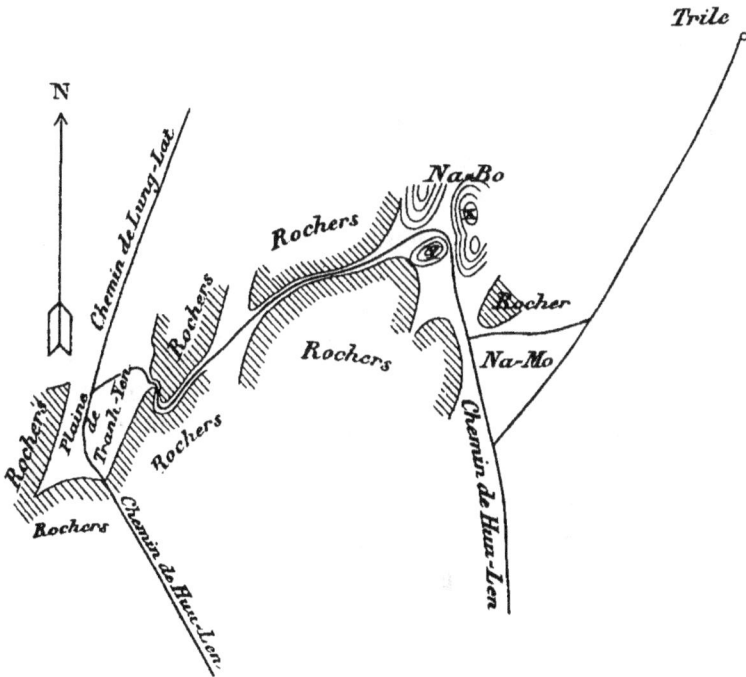

Echelle : 1/125.000.

les bois et, à 7 heures, se fit entendre le feu des pirates (1), qui, selon leur habitude, sonnaient le réveil en tirant sur les

(1) Les Chinois fument l'opium toute la nuit ; le matin, ils sont toujours profondément assoupis et sont rarement sur pied avant 7 heures.

postes français qu'ils croyaient encore occupés. Mais le feu ne
dura guère et, en l'entendant cesser, tout le monde à la colonne sentit que la poursuite commençait.

Aussi la marche fut-elle accélérée sans qu'il y eût le moindre traînard sur un sentier bien difficile cependant. Elle dura
sans arrêt jusqu'à 11 h. 1/2, heure à laquelle fut faite une
halte d'un quart d'heure.

C'est pendant ce petit repos indispensable que les Chinois
rejoignirent la colonne et, à partir de ce moment, que l'arrière-
garde dut faire le coup de feu. Une cinquantaine d'entre eux
parvinrent même, sans qu'on les aperçût, à doubler la colonne et lui tendirent une embuscade dans l'éclaircie de Na-Bo.

Ils occupaient la hauteur Y et, laissant passer l'avant-
garde, ouvrirent le feu sur le corps principal dès qu'il fut à
portée. Le lieutenant Maillard profita avec sang-froid de ce
que sa troupe se trouvait hors de l'embuscade pour manœuvrer et se saisir de la hauteur X ; pendant ce temps, le capitaine Brodiez faisait défiler ses hommes le long du déblai
d'un chemin creux et le lieutenant Banal sortait de la route
pour déborder la gauche ennemie. Pris d'enfilade de deux
côtés par l'avant-garde et par l'arrière-garde, les pirates évacuèrent leur position et la colonne put continuer sa route.

Elle donna encore dans une petite embuscade à Na-Mo, et,
à 5 heures du soir, elle arrivait à Trilé.

Les pertes des affaires de Tranh-Yen furent 6 tués, 1 homme
d'infanterie de marine et 5 tirailleurs.

Opérations de Lung-Lat.

(Janvier 1894.)

Ces opérations avaient pour but de débarrasser les rochers du Caï-Kinh de la bande de Hoang-Taï-Ngan, dont la présence était devenue fort gênante à deux heures de marche de notre poste de Pho-Binh-Gia, et qui était une menace continuelle pour le chemin de fer de Phu-Lang-Thuong à Langson.

Cette bande comprenait environ un millier de fusils et s'était solidement fortifiée dans le cirque de Lung-Lat.

Le colonel Galliéni, à qui le général en chef confia la direction des opérations, organisa contre Hoang-Taï-Ngan trois colonnes :

1ᵣᵉ *colonne* (troupes du Delta) concentrée à Phu-Lang-Thuong :

Commandant Famin, commandant la colonne ;
Capitaine Chabrol, major de la colonne ;
Docteur Thoulon.

1ᵉʳ *groupe* (capitaine Orlanducci) :
20 partisans ;
50 tirailleurs ;
20 soldats d'infanterie de marine.
2ᵉ *groupe* (capitaine Lecacheur) :
65 tirailleurs ;
40 soldats d'infanterie de marine. ·
3ᵉ *groupe* (capitaine Neel) :
65 tirailleurs ;
40 soldats d'infanterie de marine ;
4ᵉ *groupe* (lieutenant Cazeaux) :
40 tirailleurs ;
50 soldats d'infanterie de marine.
5ᵉ *groupe*, groupe d'artillerie (lieutenant Gaumard) ;
1 pièce ;
100 coups ;
Environ 2.000 cartonches d'infanterie ;
Soutien de 50 fusils mixtes.

2e *colonne* (troupes déjà en position entre le repaire et la voie ferrée) :

Lieutenant-colonel Chapelet, commandant la colonne ;

Capitaine Bataille, major de la colonne ;

Docteur Baur.

1er *groupe* (capitaine Ernst) :
100 tirailleurs ;
50 soldats d'infanterie de marine.
2e *groupe* (capitaine Genty) :
80 tirailleurs ;
40 soldats d'infanterie de marine.
3e *groupe* (capitaine Brodiez) :
70 tirailleurs ;
40 soldats d'infanterie de marine.
4e *groupe* (capitaine Rémond) :
80 tirailleurs ;
40 légionnaires.

En raison des mauvais sentiers qu'elle avait à parcourir, la deuxième colonne n'avait pas d'artillerie ; la troisième colonne devait lui passer, le contact pris, les pièces qui lui seraient nécessaires.

3e *colonne* (troupes de Langson et That-Khe) concentrée à Pho-Binh-Gia :

Capitaine Betboy, commandant la colonne ;

Docteur Girard.

1er *groupe* (lieutenant Détrie) :
100 tirailleurs ;
50 légionnaires.
2e *groupe* (capitaine Lagarrue) :
100 tirailleurs ;
40 légionnaires.
3e *groupe* (capitaine Brulard) :
100 tirailleurs ;
40 légionnaires.
4e *groupe* (capitaine Verreaux) :
50 tirailleurs ;
50 légionnaires.
Génie (sous-chef artificier Gérard) :

10 tirailleurs;
5 légionnaires.
Artillerie (capitaine Barrand) :
2 pièces de 80 de montagne;
1 mortier de 15.

Les deuxième et troisième colonnes étaient abondamment pourvues en partisans; la première, au contraire, qui avait été mobilisée et devait opérer en territoire civil, n'en comptait que vingt.

Le colonel, accompagné du lieutenant Martin, son officier d'ordonnance, marchait avec la troisième colonne. Il ne s'était pas constitué d'état-major spécial; les trois colonnes allaient opérer dans un pays très accidenté et chacune d'elles, depuis son point de départ jusqu'à l'objectif, devait être complètement isolée de ses voisines, et, sauf la troisième, séparée du chef de l'expédition. Dans ces conditions, et c'est du reste la note générale au Tonkin, l'action du commandement réside surtout dans la préparation; or, pour cette dernière tâche, le colonel Galliéni s'était fait seconder par le commandant Famin, qui ne vint qu'au dernier moment prendre, à Phu-Lang-Thuong, le commandement de sa colonne. Une fois les colonnes en branle, il n'y avait plus qu'à les laisser agir suivant l'initiative de leurs chefs respectifs; à partir de ce moment, l'aide d'un seul lieutenant pouvait suffire à la rigueur au commandant des colonnes.

Les opérations, qui étaient décidées depuis décembre 1893, furent retardées par la constitution des bases d'opérations qui avaient été choisies à Pho-Binh-Gia et à Huu-Len. Sur la demande de l'autorité militaire, les services administratifs (1) réunirent, en ces trois points, environ un mois de vivres pour l'ensemble des troupes (sous-commissaire Le Barrier).

La troisième colonne devait se ravitailler sur Pho-Binh-Gia,

---

(1) Aux colonies, les services administratifs sont encore, suivant les vieux errements d'avant 1870, complètement indépendants du commandement et ne dépendent même pas du même ministère, ce qui a souvent de très fâcheux effets.

la deuxième sur Huu-Len; la première, qui avait à faire un mouvement excentrique pour aborder le repaire par l'ouest, devait emporter avec elle de quoi vivre pendant dix jours, c'est-à-dire jusqu'à la prise de contact avec le magasin de Huu-Len, puis se ravitailler sur celui-ci.

Les colonnes ne furent mises en mouvement qu'après achèvement de l'organisation et du ravitaillement des deux bases d'opérations; elles marchèrent alors concentriquement sur le repaire de Lung-Lat.

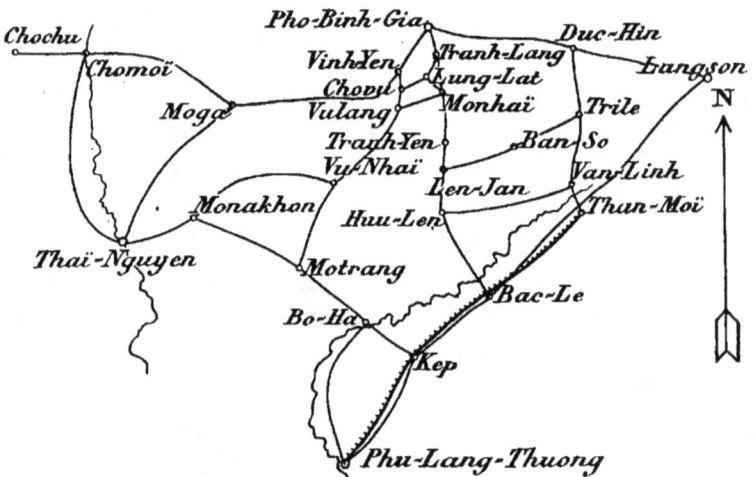

Echelle : 1/1.250.000.

La première, par Bo-Ha, Mo-Trang, Vu-Nhaï, Vu-Lang.

La deuxième, par Tranh-Yen et Mo-Nhaï.

La troisième, par Tranh-Lang.

Le colonel leur avait assigné respectivement trois points de rendez-vous :

Vu-Lang (première colonne);

Mo-Nhaï (deuxième colonne);

Tranh-Lang (troisième colonne);

d'où elles devaient, toutes les trois, partir à la date uniforme du 19 (matin) pour se donner la main latéralement, puis converger sur les positions.

Les choses se passèrent suivant les prévisions ; mais, comme il arrive toujours, devant une marche convergente bien réglée de troupes supérieures en nombre, les pirates ne tentèrent pas de résister. L'évacuation, commencée dès la première étape de la première colonne, s'acheva pendant la nuit du 19 au 20 ; les Chinois qui tenaient encore le cirque (250 à 300) profitèrent d'une nuit très obscure pour se glisser entre les groupes Ernst et Orlanducci, qui formaient les deux extrémités des colonnes Chapelet et Famin, se heurtèrent à la deuxième ligne de cette dernière, tiraillèrent toute la nuit avec elle et, le matin, avaient disparu dans la direction du sud-ouest (cette escarmouche nocturne nous coûta un blessé).

Tous les partisans de la troisième colonne furent aussitôt lancés à leurs trousses, soutenus par le groupe Lagarrue, pendant que du côté de la première colonne, le groupe Cazeaux les prenait par derrière et le groupe Orlanducci cherchait à les devancer sur la route de Moga. Cette poursuite, énergiquement conduite par le capitaine Lagarrue, fit éprouver aux fugitifs les plus grandes pertes ; on ne rapporta pas pas moins de 80 têtes au quartier général de Tranh-Lang et, à la dernière embuscade tendue près de Moga, le chef Hoang-Taï-Ngan, déjà blessé pendant la nuit du 19 au 20, reçut une deuxième blessure qui amena sa mort.

Combat de Coc-Ly.

(Nuit du 10 au 11 mars 1894.)

On commençait à établir sur les confins du cercle de Moncay, une ligne de blockhaus destinés à surveiller la frontière, tout en protégeant les populations et en servant de points d'appui aux partisans.

Le sous-lieutenant Prouhet avait été chargé, parmi ces blockhauss, de construire celui de Coc-Ly, sur le haut Song-Tien-Yen. Il disposait, pour l'accomplissement de sa mission, de 35 indigènes, tirailleurs ou linhs-cos.

Opér. milit.   16

Il s'était installé, en attendant que le poste s'élevât, dans le réduit d'un village fortifié voisin et avait dû placer son four à briques à 800 mètres de là et de l'autre côté d'un ravin profond et escarpé. Afin de pouvoir cuire jour et nuit, une garde permanente de 14 hommes couchait à la briquetterie qui avait été palissadée.

Le 10 mars au soir, la garde commandée par le sergent indigène Tran-Van-Nham.se composait de 10 tirailleurs et 4 linhscos. Il faisait une nuit des plus obscure. Trente pirates chinois,. conduits par le chef Lo-Man, passèrent la frontière ,et, dans le but probable de s'emparer des fusils, vinrent attaquer le petit poste, dont ils connaissaient l'isolement, et dont ils s'imaginaient avoir facilement raison.

Les hommes dormaient tous, sauf le sergent qui se chauffait auprès du feu et la sentinelle qui faisait les cent pas autour et à l'intérieur de la palissade. Vers 11 heures, une grêle de balles tirées à bout portant s'abattait sur la case du poste et, en même temps, la palissade était attaquée à coups de coupe-coupe.

Lo-Man avait profité de l'obscurité pour s'approcher jusqu'à la palissade sans être vu même du factionnaire.

Le sergent Nham sauta sur son fusil et abattit de sa main un Chinois qui avait réussi à pratiquer dans la palissade une brèche suffisante et qui vint tomber à l'intérieur. Aussitôt, il organisa la défense et répartit son monde tout autour des bambous.

La première décharge avait blessé un bon tiers du détachement; les hommes valides, ainsi que les blessés pouvant encore faire usage de leurs armes, se portèrent vivement à la palissade et firent bravement le coup de feu. Le petit poste tint ainsi jusqu'à ce que l'officier, accouru au bruit de la fusillade, vint définitivement le dégager.

Au bout d'une demi-heure de combat, Lo-Man se retira, après avoir eu 3 tués dont 1 resta sur place avec son fusil et 2 blessés.

De notre côté, sur les 14 hommes de garde, 7 étaient hors de combat, dont deux, mortellement atteints, expirèrent avant le jour.

Combat de Kim-Noï.

(24 juillet 1894.)

Après l'occupation du canton de Tu-Long (mars 1894), les
bandes qui occupaient les positions du haut Song-Chay s'étaient
dispersées devant nos colonnes; une partie s'était dirigée sur
la rivière Claire, mais la partie la plus importante, commandée
par Hoang-Man et comprenant environ 300 fusils, avait repassé

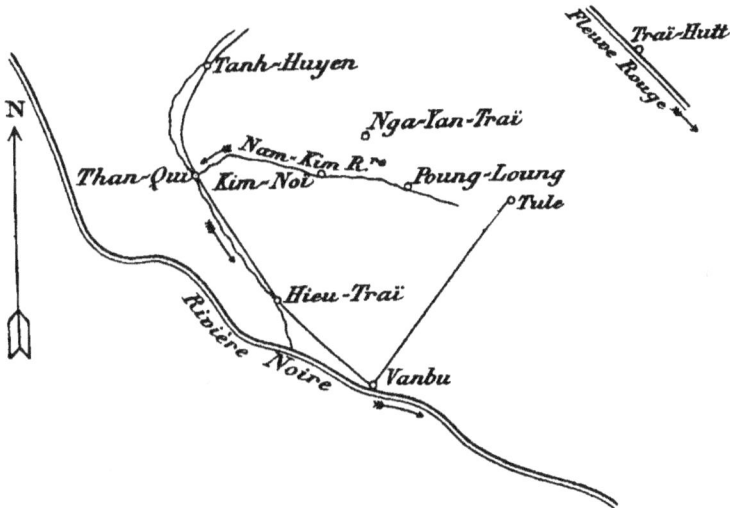

Echelle : 1/125.000.

le fleuve Rouge et avait eu avec nos troupes un certain nombre
d'engagements, tous assez meurtriers.

Vers les premiers jours de juillet, Hoang-Man venait s'installer, pour recueillir l'impôt forcé levé sur les populations, au
repaire de Nga-Yan-Traï, dans la vallée du Nam-Kim.

Afin de couvrir le cercle de Vanbu, qui paraissait menacé,
le commandant Bertin, chef de ce cercle, mobilisa contre la
bande ce qu'il avait de troupes régulières ou irrégulières. Vers
le 20 juillet, les forces dont il disposait étaient réparties comme
il suit :

Le quan-dao Dieu-Van-Tri occupait avec ses partisans les passages de la rivière Noire en amont de la rivière de Hieu-Traï;

Le commandant, avec 90 tirailleurs et autant de partisans, occupait une position à cheval sur le haut Nam-Kim, à hauteur de Poug-Lung;

Le capitaine Bullier était à Kim-Noï avec 50 tirailleurs et autant d'irréguliers.

Le 24, Hoang-Man profita de l'isolement de ce dernier détachement pour l'attaquer avec toute sa bande.

La petite colonne était cantonnée au village et couverte par un poste de partisans établi sur le piton A. Le 24, au matin, ce poste signala une fraction ennemie qui se dirigeait vers le gué C.

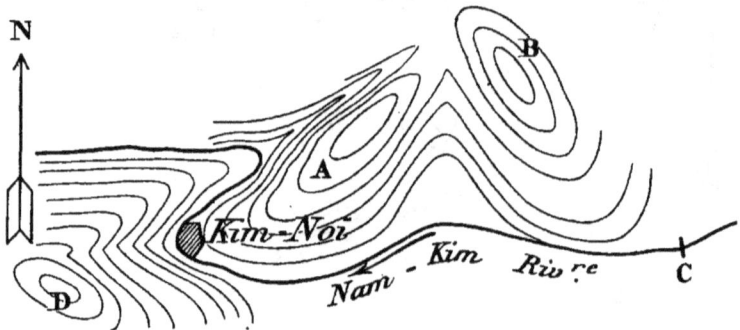

Echelle : 1/10.000.

La colonne, vivement rassemblée, monta en A et fit rétrograder les pirates, au moment où ils allaient arriver au gué; mais à peine ce résultat était-il obtenu qu'un feu violent partit des hauteurs B, sur lesquelles s'était porté le gros de la bande. .

Le capitaine Bullier fit prendre la formation de combat à tout son monde, y compris les irréguliers, et fit tête à l'attaque; mais au bout d'une demi-heure de résistance, il avait huit hommes hors de combat; les irréguliers commençaient à faiblir et les pirates, profitant de leur grande supériorité numérique, semblaient vouloir faire un mouvement tournant par l'ouest. Il se décida à la retraite.

Le sergent Grignon, seul gradé français de la colonne, partit d'abord avec la moitié du détachement, emportant les tués et les blessés; après une marche des plus pénibles le long des pentes très escarpées des pitons A et D, il atteignit le sommet D et ouvrit le feu (10 heures). Le capitaine battit en retraite à son tour sous la protection des feux du sergent Grignon, et, après une marche non moins pénible, rejoignit le reste de sa troupe en D.

Défalcation faite des hommes hors de combat, il lui restait une quarantaine d'hommes. Tous les irréguliers, sauf deux ou trois, avaient disparu; tant qu'on n'avait pas bougé et qu'ils s'étaient sentis sous la main du capitaine et du sergent, ils étaient restés à leur poste; mais dès que le premier échelon se mit en retraite, une partie d'entre eux en profita pour s'esquiver, sans que rien puisse les retenir, pas même les coups de fusil qu'on leur tira dans le dos; le reste disparut dès que le deuxième échelon commença son mouvement.

Nous avons eu au combat de Kim-Noï : 5 tués dont 3 tirailleurs et 2 partisans, 7 blessés dont 4 tirailleurs et 3 partisans.

Combat de Bac-Xam.

(30 décembre 1894.)

Le 30 décembre 1894, le convoi montant destiné à Chora, quittait le poste de Bac-Kem; il avait été transporté dès la veille sur la rive gauche du Song-Gam et s'était mis en mouvement au point du jour.

Il comprenait :

Comme *impedimenta* :
34 charges de petits chevaux;
108 charges jumellées portées par 216 coolies.
Comme *escorte* :
46 tirailleurs encadrés par les deux sergents Bonnardi et Bastat :

le tout était sous les ordres du sergent Bonnardi, le plus ancien des deux sous-officiers.

A midi, après avoir fait la grand'halte au point M, la colonne s'était remise en marche.

En avant marchait le sergent Bastat, avec 23 tirailleurs fractionnés comme il suit :

En *pointe* : 3 tirailleurs ;
En *tête* : 8 tirailleurs commandés par un caporal ;
En *gros* : 10 tirailleurs devant lesquels marchait le sergent Bastat, suivi de son sergent indigène.

Le convoi venait ensuite, les chevaux d'abord, puis les coolies.

Enfin, le sergent Bonnardi fermait la marche avec les 23 autres tirailleurs de l'escorte.

Depuis les hommes de pointe jusqu'à la gauche du groupe de la section Bastat, il pouvait y avoir 120 à 150 mètres ; quant au convoi, il occupait une longueur de 7 à 800 mètres, chevaux et coolies compris.

La bande se composait de 200 à 250 hommes de Luong-Tam-Ky et était commandée par un fils adoptif de ce chef, connu sous le nom de Luong-Taï-Loïe.

Elle se plaça en embuscade en A A' A'' A''' ; à cet endroit, le sentier est resserré contre le fleuve par une haute montagne et ses abords sont couverts d'épais fourrés ; la longueur de l'embuscade était d'environ 200 mètres, juste ce qui était nécessaire pour y saisir de la tête à la queue toute la section qui marchait en tête.

Les pirates laissèrent, suivant leur habitude, toute la section s'engager dans le traquenard, et ouvrirent sur elle un feu rapide à répétition, qui, en quelques secondes, coucha par terre 20 tirailleurs sur 23 ; les Chinois se précipitèrent ensuite sur le sentier, pour couper la tête aux tués et aux blessés et pour leur enlever leurs armes.

Le sergent Bastat rallia à ses côtés les trois survivants ainsi que les quelques blessés qui pouvaient encore se servir de leurs fusils et prit position au petit ravin B, sur lequel il se maintint en désespéré. Avec ces quelques hommes, il arrêta un moment les pirates et permit ainsi à ses nombreux blessés de se traîner en arrière et d'échapper à une horrible mort. Mais cet acte de dévouement coûta la vie au brave sergent, qui ne tarda pas à être frappé à son tour de deux balles.

Aux premiers coups de fusil, le sergent Bonnardi s'était porté en tête avec sa section, doublant charges et coolies; il atteignit ainsi le point C, qui marquait à peu près l'endroit où s'était arrêtée la tête du convoi de coolies. Là, il fut reçu par un feu violent, qui l'obligea à rétrograder à l'abri des premières pentes des mamelons D' et D; il exécuta alors très habilement, en se servant de l'arête de la montagne D, une marche par échelon qui l'amena au faîte D puis au faîte D', d'où il put découvrir tout le théâtre de l'action. Il était alors une heure et quart, les premiers coups de fusil avaient été tirés à midi et demi.

A partir de ce moment, la situation devint plus claire. Le sergent Bonnardi divisa sa troupe en trois fractions, avec lesquelles il couronna le plateau D' :

La première exécuta des feux dans la direction Z, répondant directement à l'ennemi;

La deuxième en exécuta dans la direction Y, afin d'arrêter les Chinois qui poursuivaient les blessés;

La troisième, enfin, envoya quelques feux sur les pirates qui avaient déjà pénétré dans le convoi et les obligea à rétrograder.

Deux petits postes de deux ou trois hommes placés à droite et à gauche du plateau en surveillaient les pentes, de façon à éviter par là toute surprise.

Il va sans dire que, dès la disparition de l'avant-garde, les pirates s'étaient emparés facilement des chevaux en leur faisant continuer leur route; quant aux coolies, ils avaient fait ce

qu'ils font toujours en pareil cas, ils avaient pris la fuite et
s'étaient réfugiés et disséminés dans la brousse avoisinante,
après avoir jeté leurs charges le long du sentier.

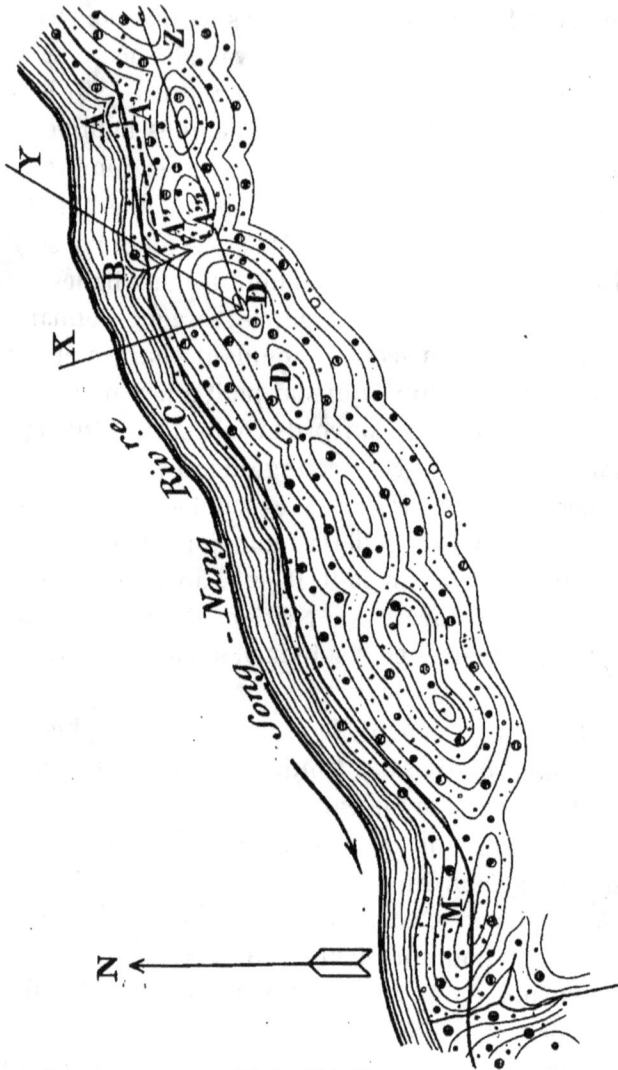

Echelle : 1/10.000.

Vers 2 heures, les Chinois renouvelèrent sur les charges
du convoi une deuxième tentative qui fut, comme la première,
repoussée par les feux du sergent Bonnardi.

Quelques instants après cette deuxième tentative, un tirailleur du poste placé sur la pente nord pour la surveiller, vint rendre compte qu'il entendait les plaintes du sergent Bastat; le fait ayant été reconnu exact, cinq tirailleurs de bonne volonté partirent à sa découverte en contournant par le sud-ouest les mamelons D et D', pendant que les fractions restées sur le plateau redoublaient le feu pour protéger leur marche. Bastat, en effet, n'était pas mort et avait été sauvé du coupe-tête par la chute qu'il fit au moment de sa double blessure, dans l'eau et sous les herbes du ravin A. Les cinq tirailleurs le chargèrent sur leurs épaules et le ramenèrent sur la hauteur; en passant à travers les charges du convoi, ils prirent un panier de pigeons voyageurs qui furent immédiatement expédiés sur Bac-Kem avec un télégramme pressant.

Pendant ce temps, le sergent Bonnardi, qui avait pu remettre la main sur quelques coolies, avait fait commencer le transport des charges abandonnées le long de la route sur la hauteur M, où l'on avait fait la grand'halte.

C'est sur ces entrefaites, vers 4 heures environ, que les pirates tentèrent une troisième et dernière attaque, qui fut repoussée comme les deux autres.

Le travail du transport des charges sur la hauteur M continua et fut terminé à la nuit. Le sergent fit construire avec elles une petite lunette tournée face au nord-est et c'est dans cet ouvrage improvisé que l'on passa la nuit.

Un premier renfort d'une vingtaine d'hommes rejoignit la petite troupe vers 9 heures du soir et le lendemain matin, à 6 heures, une colonne de soixante-dix-neuf fusils venait la recueillir définitivement et la ramenait à Bac-Kem, elle et le convoi.

Les pertes de la journée furent 13 tués et 8 blessés. Parmi les morts se trouvait le brave Bastat, qui avait expiré vers minuit, héros modeste, dont le nom peut, avec celui de son camarade Fehlmann, tombé à Bac-Phiet en sauvant de la mutilation le cadavre de son lieutenant, figurer avec honneur à côté de ceux des Blandan et des Bobillot.

DEUXIÈME PARTIE

CONSIDÉRATIONS SUR LA CONDUITE DES TROUPES

De l'action militaire. — Comment elle doit intervenir dans la répression de la piraterie.

Du rendement de l'opération militaire. — Quand on marche contre les pirates, quel résultat doit-on chercher à atteindre ? La réponse qui vient naturellement à l'esprit est la suivante : *attaquer la bande où elle se trouve et la détruire*, de même que dans la grande guerre on marche sus à l'armée ennemie et on la traque jusqu'à ce qu'elle n'existe plus, ou jusqu'à ce que l'on soit détruit soi-même. La bande est, en effet, une réduction d'armée, et il est par suite naturel de penser que la guerre contre pirates doit être une réduction de la guerre classique.

Cette conception a été pendant fort longtemps celle de la plupart des opérations militaires; or, pendant les dix années qui viennent de s'écouler, il n'est pas possible de citer un exemple dans lequel elle ait été réalisée : à Than-Maï, à Than-Quan, à Huong-Binh, à Xa-Ta-Van, à Tien-Dong, à Bo-Gia, à Xom-Giong, au Deo-Gia, à Cao-Thuong, à Chomoï, à Huu-Thué, aux forts du De-Nam, au Nui-Co-Bang, à Lung-Xa, à Lung-Noï, à Lung-Kett, à Lung-Lat, à Ké-Thuong, au Panaï, etc., partout l'ennemi nous a glissé entre les doigts, après une résistance quelquefois nulle, quelquefois plus ou moins meurtrière, pour aller se reformer plus loin, et, en définitive, l'effet produit n'a jamais été que le déplacement.

L'exemple le plus typique est Ba-Dinh. La position ennemie, constituée par un îlot de rizières, s'élevait au milieu d'une

plaine inondée complètement découverte. C'étaient là des conditions favorables dont le colonel Brissaud s'efforça de tirer
parti pour obtenir l'investissement matériel et par suite la
capture de tous les assiégés. Dès son arrivée sur les lieux
(15 janvier 1887), il travailla donc à réaliser ce genre d'investissement en reliant entre elles les gabionnades déjà existantes
par des palissades en bambous, le tout devant former autour
de la place une barrière ininterrompue. Le 20 au soir, le travail était presque terminé, et il ne restait plus que deux trouées
à boucher ; c'était l'ouvrage du lendemain. Pendant la nuit
suivante, les pirates évacuèrent la position en s'écoulant par
petits paquets à travers les intervalles encore libres ; on en
tua certainement beaucoup, mais beaucoup plus s'échappèrent pour se réfugier au Dollen, et la bande n'a été ni prise ni
détruite.

Malgré cet enseignement des faits, l'assimilation à la
grande guerre, conception simple, d'aspect mathématique et
d'exécution radicale, satisfait si complètement et la logique du
théoricien et les instincts du soldat, que beaucoup de très
bons esprits répugnent à y renoncer : de ce que jamais
bande n'a encore été anéantie par les armes, ils sont portés à
conclure non à l'impossibilité d'obtenir un tel résultat, mais
bien à la conduite défectueuse des opérations passées. S'il ne
s'agissait que d'un fait isolé ou peu répété, cette opinion serait
admissible ; il semble qu'elle tombe d'elle-même devant la
constance persistante du même résultat négatif.

De toutes les critiques formulées à cet égard, il en est une
que nous prendrons plus spécialement à parti, car, outre
qu'elle a été la plus fréquente, elle est grave et fort dangereuse,
c'est celle du manque de hardiesse. Pour détruire, a-t-on dit
quelquefois, en parlant de certaines opérations, il fallait à tout
prix rechercher un engagement sérieux, éviter même d'aborder la bande avec un effectif trop fort et de plusieurs côtés à
la fois, afin de ne pas l'effaroucher et l'amener ainsi à accepter
franchement le combat, puis, le contact pris, foncer résolu-

ment; la besogne eût été évidemment plus dure et les pertes
plus fortes, mais celles de l'ennemi eussent été plus considérables encore et, à défaut de la destruction complète, on eût
obtenu un résultat qui s'en serait fort rapproché. Ce raisonnement serait juste en pays peu accidenté où, en somme,
l'homme est opposé à l'homme et où, par conséquent, la valeur
peut tenir lieu de tous autres avantages. Sur un sol tourmenté
comme l'est le haut Tonkin, il perd beaucoup de sa justesse;
car contre des obstacles matériels tels que falaises rocheuses,
pitons escarpés ou parapets intacts hérissés de défenses accessoires, l'attaque, en s'obstinant, ne fait que s'user elle-même
sans produire grand mal aux quelques hommes qui suffisent
à les défendre; or, dans nos luttes contre les pirates, nous
sommes presque toujours les assaillants; quant à espérer les
amener par ruse ou autrement à accepter franchement le
combat dans des conditions défavorables pour eux-mêmes,
cela peut arriver, mais c'est fort rare, car des deux adversaires
ce sont toujours eux qui sont les mieux renseignés. Peu de
combats ont été menés avec autant de vigueur que celui de
Chomoï (17 janvier 1889) : le commandant de la colonne, dirigeant presque en personne les assauts, s'est constamment tenu
pendant toute la dernière partie de l'affaire à l'un des points
les plus battus et a vu tomber à ses côtés ses deux officiers
d'état-major, le lieutenant d'artillerie est venu mettre sa section en batterie à une centaine de mètres de la ligne de feu
ennemie, pour imprimer un dernier élan à l'infanterie; quant
à celle-ci, elle a fourni successivement trois assauts à chacun
desquels tous les officiers présents ont été atteints. Les troupes
de première ligne étaient trop engagées à fond pour qu'une
retraite ne menaçât pas d'être pénible et meurtrière; dans
ces conditions, il fallait coûte que coûte enlever Chomoï, et
Chomoï a été enlevé, mais au prix de 95 tués ou blessés, tandis
que les pirates en ont eu 25 à peine; quant au résultat pratique, il a été strictement ce qu'il est d'habitude, l'évacuation
par les pirates du point enlevé et leur installation à une quinzaine de kilomètres au nord dans le repaire de Ke-Thuong.

Les critiques relatives au manque de hardiesse et de vigueur, doivent donc toujours être très sobres; car, si la hardiesse reste et restera toujours la première des qualités militaires, au Tonkin, plus que partout ailleurs, sa mise en œuvre est des plus délicates et elle est loin d'être le seul facteur du succès.

En somme, en marchant contre les pirates, on n'a jamais obtenu, jusqu'à ce jour, d'autre résultat que d'occuper de gré ou de force leurs positions, en leur infligeant dans ce dernier cas le plus de pertes possible; et c'est là une besogne qui n'est, comme on a pu s'en rendre compte par les exemples de la première partie, ni simple ni dénuée de gloire et qui exige le plus souvent, comme direction, toute la compétence des gens du métier et, comme exécution, toute la solidité des troupes régulières. Il paraît difficile qu'il puisse en être autrement dans l'avenir, tant que les conditions de la lutte n'auront pas changé, tant que le terrain ne sera pas mieux connu, mieux relevé et mieux pourvu en voies de communications, et tant que, par suite de l'inaptitude de la cavalerie à se mouvoir à travers les pitons, rochers, halliers et rizières du Tonkin, nous manquerons d'un bon instrument d'exploration et de poursuite. Le plus sage est, à notre avis, de profiter jusqu'à nouvel ordre des leçons que nos prédécesseurs nous ont tracées souvent de leur sang, et d'accepter tel qu'il a été jusqu'à ce jour le rendement de l'opération militaire, à charge par ceux qui ont à s'en servir de savoir en tirer parti.

L'élimination matérielle par investissement suivi de capitulation (Mantoue, Ulm, Sédan, etc.), n'est du reste chose pas très fréquente, même avec nos lourdes armées modernes; on conçoit aisément qu'elle le soit encore bien moins avec de petits groupes de 100 à 200 hommes seulement. Le capitaine Brodiez a pu, à travers les défilés de Tranh-Yen, échapper à un ennemi quatre ou cinq fois plus nombreux; a fortiori, est-ce possible à des Annamites ou à des Chinois qui sont incomparablement plus légers que nous, connaissent toujours très bien

le pays et enfin sont merveilleusement dressés à appliquer la
retraite par le « *rompez vos rangs* » et à « *organiser la déroute*»,
pour parler comme le maréchal Bugeaud.

Quant à l'expression *détruire l'ennemi*, il ne faut pas oublier
que, dans la guerre régulière, elle s'applique beaucoup moins
à une élimination matérielle par extermination radicale, qu'à
la rupture de ce lien délicat qu'on appelle organisation militaire et qui permet d'unir en faisceau des centaines de mille
hommes; on peut dire que Napoléon a détruit l'armée prus-
sienne à Iéna, et cependant Murat est loin d'avoir sabré tous
les Prussiens qui en faisaient partie. Cette dissociation est le
but de la guerre régulière; entre peuples adoucis par la civi-
lisation, elle suffit généralement à assurer au vainqueur la
victoire définitive.

Mais il existe une deuxième forme de la lutte, la lutte contre les éléments dissociés ou non associés, quel que soit du
reste le mobile de ces derniers : patriotisme ou brigandage;
c'est la lutte de César contre les tribus gauloises, la lutte de
Guillaume le Conquérant contre les outlaws anglo-saxons
après Hastings, celle des généraux de Napoléon contre le
peuple espagnol, celle que Gambetta avait peut-être rêvé
pour nous après Sedan et Metz, celle enfin que, sur une plus
petite échelle, nous pratiquons en Indo-Chine contre pirates
et rebelles.

Ces deux formes de la lutte, qui peuvent se présenter souvent comme phases consécutives de la guerre entre deux
peuples, ont certainement beaucoup de points communs,
mais ne sont pas complètement assimilables, même comme
principes généraux. Avec la première, toute la force vive de
l'adversaire est concentrée dans son armée; tant que le mons-
tre existe, il ne peut évidemment pas être question d'autre
chose que de l'aborder où il se trouve et de le terrasser. Avec
la deuxième, au contraire, cette force, au lieu d'être accu-
mulée, est diffusée entre un certain nombre de bandes plus
ou moins fortes : dissocier l'une d'elles ne sera jamais que
résoudre une toute petite partie du problème, ce sera même

le plus souvent ne rien résoudre du tout ; en effet, pour permettre à une centaine de convicts de tenir la brousse, l'organisation complexe des grandes armées ne leur est pas nécessaire ; ce lien si indispensable et en même temps si fragile
des grosses agglomérations de soldats, se rompt et se renoue
au contraire très facilement s'il ne s'agit que d'une bande ;
car, la bande dissociée, les bandits restent et se réforment
sans grande peine, à moins que, par des mesures d'un autre
ordre, on ne leur en ait enlevé les moyens.

De l'armement des populations. — Ce qui précède est surtout vrai appliqué à la piraterie chinoise du Tonkin, car la
Chine est un inépuisable réservoir de bandits ; la disparition
des pirates qu'on tue, pourrait-on même les anéantir par
bandes entières, ne produit jamais qu'une diminution insignifiante de l'immense flot qui tendra toujours à se déverser
chez nous, tant qu'on ne l'aura pas endigué. Telle est la raison qui a pu, à un moment donné, faire considérer comme
irréalisable la pacification du Tonkin ; car, pour opérer ce
travail d'endiguement, ainsi que le travail d'assainissement
et de drainage qui en est le prélude obligé, ce n'est pas un
maigre corps d'occupation de 20.000 hommes qui est nécessaire, mais bien un nombre de fusils triple ou quadruple ; or,
la métropole ne fera jamais plus un tel sacrifice.

L'idée d'armer les populations des frontières, très combattue à son origine, a engagé la question sur une voie nouvelle qui semble désormais rendre le but plus accessible à
nos moyens. Si, pour constituer la barrière dont il est question plus haut, 60 ou 80.000 fusils sont nécessaires, il n'est
pas indispensable que tous soient tenus par des soldats d'élite,
voire par des soldats, et le gros de l'œuvre peut être assuré
par l'habitant, simplement pourvu d'un bon fusil. Pour défendre sa famille et son bien, en s'embusquant derrière les
palissades d'un village fortifié, pour patrouiller le long des
sentiers, voir ce qui s'y passe et y faire la police, pour assas-
siner à bout portant, au coin d'un bois, le pirate qui se sera

écarté de sa bande, l'éducation militaire technique est inutile; à l'égard des deux dernières besognes, qui sont les deux
besognes élémentaires de l'exploration et de la poursuite, le
montagnard tonkinois possède même des aptitudes naturelles
manquant à nos troupes régulières, qu'il complète par conséquent.

L'idée a été combattue comme dangereuse; « armer nos
sujets, a-t-on dit, c'est leur donner des verges pour nous
battre ». Il est à cette objection une réponse sans réplique,
c'est qu'on n'a pas le choix : entre l'inaction forcée ou l'action
stérile et un danger à courir pour tenter d'arriver au but, il
n'y a pas à hésiter.

Mais le danger n'est pas si grand qu'il le paraît à première
vue. La crainte d'une rébellion générale est peut-être admissible à l'égard de la population annamite proprement dite,
qui, dans les deux deltas du fleuve Rouge et du Mékong et
tout le long de la côte d'Annam forme un tout compact et
homogène; les peuplades de la montagne sont, au contraire,
profondément divisées et de plus elles abhorrent l'Annamite;
pour cette double raison, non seulement une coalition de
leur part est peu à craindre, mais encore il est probable
qu'en cas de rébellion annamite, elles seraient contre elle
notre meilleur appui.

La seule éventualité dangereuse qu'il y ait à redouter dans
l'armement des montagnards serait, en cas d'invasion étrangère, de voir, par la force des choses, les habitants des hautes
régions insuffisamment protégés par nous, se tourner avec
leurs fusils du côté du plus fort. Mais ce danger n'est pas
immédiat. La Chine, principale menace, vient, en effet, de
subir une secousse qui va certainement lui enlever, pendant
quelques années au moins, toute idée d'envahir ses voisins; il
est possible, d'ici là, de perfectionner l'organisation commencée sur nos confins nord-est par le colonel Galliéni et de nous
forger, avec les viriles populations des frontières, un excellent instrument de défense, non seulement contre la piraterie mais encore contre l'invasion chinoise.

COMMENT A DÉJA ÉTÉ UTILISÉ LE RENDEMENT DE L'OPÉRATION
MILITAIRE. — *Piraterie chinoise.* — C'est l'armement des populations, complété par une sage politique et appuyé de l'action
militaire, qui a permis au lieutenant-colonel Pennequin de
pacifier la plus grande partie des régions de la rivière Noire
et du fleuve Rouge. Sa façon de procéder, qui a consisté
essentiellement en l'établissement d'une barrière sans cesse
reportée en avant et refoulant devant elle la piraterie chinoise, peut se résumer comme il suit.

Après avoir occupé militairement et d'une façon permanente les centres politiques du pays (centres de communications, centres de populations, centres de production du riz,
etc.), on cherche à se rendre un compte exact des aspirations
et des besoins de la population, dont on gagne peu à peu la
confiance, en s'appliquant à les satisfaire. Ce résultat n'est
généralement pas difficile à atteindre dans les régions montagneuses du Tonkin, où, par suite de la multiplicité des races,
les habitants, profondément divisés, s'oppriment de voisins à
voisins, sont tous également opprimés par le Chinois, et,
pour nous servir d'une expression souvent employée à propos
d'eux, ont soif de protection et de justice. En même temps, on
les arme, on les organise pour la lutte et on les pousse contre
l'exploiteur commun en les soutenant par un réseau de postes
réguliers provisoires installés au milieu d'eux. Devant cette
chasse à l'homme, dans laquelle pirates et montagnards ont
les mêmes aptitudes de mobilité et de connaissance du pays,
les bandes évacuent la contrée ou se groupent et se fortifient
en des repaires contre lesquels on dirige alors le bélier de
l'opération militaire; devant nos colonnes, les bandes s'égail-
lent de nouveau, redeviennent la proie de la population,
reforment quelquefois de nouveaux repaires que l'on détruit
encore et finissent toujours par disparaître. On gagne alors
du terrain, on arme de nouveaux habitants, on reporte en avant
le réseau des postes provisoires, et, par derrière, on laisse
le pays conquis à la garde de la population armée, soutenue

au besoin par de petits noyaux de troupes régulières placés en des points centraux.

Sans parler de la région de Hong-Hoa, qui a été reconquise sur la piraterie annamite, c'est ainsi qu'ont été arrachés à la piraterie chinoise le pays de Son-La, le Tanh-Hoa-Dao et le Phong-Du.

Le même principe a été appliqué de 1893 à 1896 par le colonel Galliéni à la partie occidentale du deuxième territoire militaire, pendant qu'il organisait le long des frontières du Quang-Si une barrière de même genre, mais fixe et définitive, constituée par un réseau de postes en maçonnerie. Au nord, l'action progressive partit des postes situés à l'ouest de Caobang, sous la direction du lieutenant-colonel Vallière et atteignit les limites actuelles du territoire après les deux petits coups de force de Lung-Sung et de Phia-Ma. Au sud, elle dut débuter par le coup de force de Lung-Lat et par la dispersion des bandes de Hoang-Taï-Ngan qui tenaient les rochers du Caï-Kinh; elle se continua ensuite sans grande résistance, conduite successivement par les commandants Tournier (1) et Gérard jusqu'au repaire de Ke-Thuong, dont la destruction exigea un nouvel effort militaire en avril 1895; elle a ensuite atteint et dépassé la vallée du Song-Cau et se trouve aujourd'hui en contact immédiat avec un dernier obstacle intérieur, Luong-Tam-Ky.

Piraterie annamite. — Cette manière de faire n'est évidemment pas identiquement applicable à la piraterie annamite dont l'état est tout différent. Les éléments historiques, qui, en pareille matière, sont les seules bases sérieuses d'appréciation, nous manquent du reste pour parler longuement de ce deuxième genre de piraterie et de la pacification du delta tonkinois, qui a été ébauchée par nos grosses colonnes et dont l'achèvement est devenu ensuite la tâche des résidents civils.

---

(1) De l'infanterie de marine.

Toutefois, si l'on se reporte au rapide aperçu qui a été
donné dans la première partie de ce livre sur la pacification
de la province de Haï-Dzuong et de la région de Hong-Hoa
(articles 2 et 5 du chapitre II), on voit que M. Neyret et le
lieutenant-colonel Pennequin, ont appliqué en somme le
même principe général, qui n'est autre, en l'envisageant de
haut, que celui appliqué à la région de Son-La et au Tanh-
Hoa-Dao, à savoir : mise en œuvre de l'action politique et
administrative, *facteur principal* appuyé de la force armée,
facteur indispensable mais secondaire; ce principe fondamental
paraît donc, en définitive, applicable à toutes les parties du
Tonkin.

Entre autres moyens administratifs, les résidents civils
disposent d'une force armée qui est la garde civile; nous n'en-
treprendrons pas de discuter ici le bien ou le mal fondé, les
dangers et les imperfections de l'institution (1); nous nous
bornons à constater qu'elle existe et qu'elle donne aux rési-

---

(1) Ce qui est essentiellement sujet à discussion, c'est l'installation prématurée
du régime civil dans un pays trop neuf, état de choses dont la conséquence a été
précisément l'obligation singulière de créer une armée civile à l'usage des administrateurs civils. C'est là, du reste, un sujet de discussion, que nous laisserons de
côté et qui, paraît-il, est loin d'être clos, puisque, malgré ce reproche souvent
articulé contre le Tonkin, on vient d'installer à Madagascar des résidents civils
au lendemain de l'occupation de Tananarive. Mais, étant donné que ce régime
existe au Tonkin, que ses dix années d'existence ont aujourd'hui fait de son maintien une nécessité, que dans un pays neuf l'administration n'est possible qu'à
condition de pouvoir être à chaque instant vigoureusement appuyée par l'*ultima
ratio* d'une force armée solide, qu'enfin il ne saurait être question de mettre
l'armée régulière sous la coupe des résidents civils sans risquer de lui faire
perdre le plus clair de sa valeur; pour toutes ces raisons et dans l'état actuel des
choses, l'utilité de la garde civile nous paraît être au-dessus de toute controverse.
La discussion touchant ce sujet ne peut donc, à notre avis, porter que sur les
imperfections d'une institution neuve encore et sur les améliorations dont elle
serait susceptible. A ce point de vue plus spécial, le grand reproche que l'on peut
faire à la garde civile est d'être séparée de l'armée régulière par un fossé beaucoup trop profond. La garde civile, dont l'effectif total, si nos souvenirs sont
exacts, dépasse 10.000 hommes et qui constituerait en cas de grande guerre un
très sérieux élément de défense, vit à côté de l'armée régulière sans avoir avec
elle le moindre contact. On a vu des points (par exemple, Bac-Lê en 1892-93)
occupés conjointement par les deux troupes en deux postes différents perchés sur
deux mamelons voisins et aussi étrangers l'un à l'autre que s'il s'était agi d'un
poste français et d'un poste chinois. Afin d'éviter l'ingérence de l'autorité militaire, l'autorité civile a pris un soin jaloux de faire de ses gradés des employés

dents civils les moyens d'appliquer le principe en question, tant que les résistances à vaincre ne doivent pas dépasser un certain maximum. Dès que ce maximum est dépassé, et nous avons vu qu'en 1889 il n'a pas été loin de l'être dans la province de Hai-Dzuong, l'application du même principe général exige l'emploi de l'armée régulière, et l'administrateur civil doit passer la main à l'administrateur militaire. Il ne saurait être question, en effet, de mettre l'armée régulière à la disposition de chefs autres que ses chefs hiérarchiques; car, sans parler de la compétence technique indispensable à la conduite des opérations militaires proprement dites, le droit au commandement doit être respecté comme condition principale de la valeur morale de nos troupes régulières.

AUTRE FAÇON DE FAIRE. — La façon de faire qui vient d'être exposée et discutée et qui est aussi sûre que lente n'est pas toujours praticable; la première condition pour l'appliquer est d'être l'administrateur du pays; il faut, en outre, que

---

civils qui ne connaissent pas ceux de l'armée régulière, affectent de les appeler « Monsieur » et ne les saluent pas; en revanche, les croix et les médailles, ces riens si chers aux Français, ne sont pas faites pour ce personnel administratif, qui cependant, de temps en temps, se fait très bravement casser la figure. Il est vrai que, par compensation, les gradés européens de la garde civile sont affranchis du joug rigide de la discipline militaire et du conseil de guerre; c'est cependant la discipline qui fait la force principale des armées, et Dieu sait comment tout cela marcherait si les gardes indigènes, la plupart anciens tirailleurs du reste, n'étaient pas les petits soldats malléables que nous connaissons et si les gardes et inspecteurs français, recrutés dans l'élite de nos sous-officiers, n'avaient pas en dépit de tout, le sentiment de l'honneur et du devoir enraciné dans le cœur par dix et quinze ans de service militaire.

Quoi qu'il en soit, il y a incontestablement là un vice, et un vice qui ne paraît pas sans remède. Il faut évidemment que la garde civile, principal instrument d'action des résidents, soit bien dans leurs mains, mais ne serait-il pas possible d'élaborer avec sagesse un règlement, qui, tout en laissant aux administrateurs civils la toute libre disposition des soldats dont ils ont besoin et tout en sauvegardant les droits et les légitimes susceptibilités de l'armée régulière, introduirait cependant dans la garde civile, sous la simple inspection du général en chef et peut-être sous la direction d'un officier supérieur choisi en conséquence, les règles et traditions indispensables, qui régissent tout ce qui, en France, a l'honneur de porter un sabre ou un fusil ? N'a-t-on pas trouvé un *modus vivendi* de ce genre pour notre gendarmerie nationale, nos douaniers et nos chasseurs forestiers?

la population ne soit pas trop irréductiblement hostile ; il faut enfin avoir du temps devant soi.

Un deuxième mode d'action, celui-là toujours possible, et dans lequel l'action militaire, cessant d'être un moyen accessoire, redevient le moyen principal, a été appliqué par le lieutenant-colonel Terrillon dans le Dong-Trieu, par le commandant Famin dans les Ba–Chau et par le commandant d'Aubignosc dans le Chieu-Tanh. Il consiste en une série d'opérations offensives successives amenant peu à peu la désagrégation et la retraite des bandes. Théoriquement, il peut se résumer comme il suit :

1° Chasser la bande de son repaire initial en lui faisant le plus de mal possible ;

2° Si l'on a à sa disposition des partisans armés, les lancer immédiatement à ses trousses, soutenus par des colonnes légères ; leur rôle est de détruire le plus d'ennemis possible (mettre à prix les têtes, scalps et fusils rapportés) et de conserver le contact. Si l'on n'a pas de partisans, cette deuxième phase de l'action n'est pas réalisable ; on s'attachera alors, faute de mieux, à conserver le contact au moyen d'émissaires ;

3° N'entreprendre de nouvelle opération d'ensemble que lorsque la bande se sera remisée dans un ou plusieurs repaires ; s'occuper pendant ce temps-là :

à réorganiser les colonnes ;

à prendre, si c'est nécessaire, possession du terrain conquis en y installant des postes provisoires tenus par des garnisons composées surtout d'hommes fatigués, non évacués ;

4° La bande s'étant remisée et les renseignements topographiques indispensables ayant été recueillis, exécuter simultanément ou successivement contre le ou les nouveaux repaires, une ou plusieurs opérations ;

5° Après chaque nouvelle opération procéder comme il a déjà été dit, et continuer de même jusqu'à ce que la bande se soit définitivement désagrégée ;

6° Quand ce dernier résultat est obtenu, les pirates sont devenus insaisissables par les troupes régulières; mais, en revanche, leur dispersion les met à la merci de la population, si celle-ci a été ralliée à notre cause. Pousser alors contre eux cette dernière en la stimulant par tous les moyens possibles et en la soutenant, jusqu'à disparition complète des derniers débris de la bande, par de petites colonnes fixes ou mobiles. Quand on ne peut pas s'appuyer sur les habitants et partisans, cette dernière phase est naturellement plus longue et plus ingrate; on se sert alors des troupes, en leur faisant continuellement battre le pays en petites colonnes, qui se meuvent la plupart du temps dans le vide, mais dont les mouvements stériles seulement en apparence, auront pour effet d'empêcher les bandes de se reformer et de les obliger à évacuer le pays.

Ainsi que nous l'avons fait observer à propos des opérations du Dong-Trieu et de celles des Ba-Chau, pour être en mesure de donner avec les mêmes troupes cette succession ininterrompue d'efforts, il est indispensable que les colonnes aient une organisation large et complète, qui permette aux hommes de tenir sans épuisement la campagne pendant deux ou trois mois consécutifs. C'est une lutte à qui sera usé le premier; la condition essentielle du succès est de s'organiser de façon que les premiers usés soient les pirates et que ce ne soit pas l'inverse qui arrive.

Mais cette dernière méthode ne donne en somme que le moyen d'expulser les bandes d'un pays; l'expulsion faite, il reste à leur en fermer la porte, et, pour cette deuxième besogne, sans laquelle la première est inutile, on est obligé d'en venir à l'organisation de la population.

On voit, en résumé, qu'il n'existe pas dans la pacification d'un pays de système purement militaire et de système purement politique. C'est à tort qu'on les a quelquefois opposés l'un à l'autre et mis en parallèle, de même qu'on a mis en parallèle les services rendus par l'armée régulière et les services rendus par les irréguliers.

En réalité, ce sont là des modes et moyens d'action qui se complètent les uns les autres, qui restent la plupart du temps impuissants les uns sans les autres, et qui doivent les uns et les autres intervenir à leur heure.

De l'organisation des colonnes.

L'organisation des colonnes est réglementée par l'instruction du 10 novembre 1895, dont des extraits sont reproduits, comme partie annexe, à la fin de ce livre. Mais, comme il est spécifié à son n° 3, ce document est bien plutôt un recueil de conseils qu'une réglementation stricte à laquelle les chefs militaires soient rigoureusement astreints. Il ne nous paraît donc pas sans intérêt de présenter quelques considérations sur les trois ou quatre idées générales formant les assises de la question.

DE L'AMALGAME ENTRE EUROPÉENS ET INDIGÈNES. — Parmi ces dernières, celles de l'amalgame entre élément européen et élément indigène est une des plus importantes, en raison du caractère particulier de l'indigène indo-chinois.

L'Annamite est au physique peu vigoureux, de petite taille, d'aspect chétif et efféminé; au moral, il n'a qu'un penchant naturel faible pour le métier des armes. Mais toutes ces causes d'infériorité militaire sont en partie rachetées par ses merveilleuses qualités de souplesse et de docilité, grâce auxquelles on fait ce qu'on veut de l'Annamite, même un soldat, surtout si l'on tire convenablement parti de la confiance sans bornes qu'il a dans son grand frère d'armes, l'Européen. En résumé, sous condition expresse d'un encadrement européen suffisant, non seulement le soldat annamite figure très honorablement dans nos colonnes, mais encore s'y fait apprécier par son endurance, son habitude de la vie en plein air

et surtout par son peu de besoins matériels, dont la conséquence est un allègement précieux dans un pays où le moyen
de transport est si précaire.

Il y a deux sortes d'encadrements :

1° Par des gradés européens placés à la tête des petites unités indigènes ;

2° Par des soldats européens placés en fractions séparées à
côté des soldats indigènes.

Le premier, qui est assuré d'une façon parfaite par l'élite
des sous-officiers d'infanterie de marine en service au Tonkin,
suffit tant qu'il ne s'agit que de défendre un poste fortifié ;
car c'est uniquement par surprise, qu'en 1892, le Doc-Ngu a pu
s'emparer du poste d'Yen-Lang, et les exemples d'attaques de
vive force repoussées par de simples garnisons de tirailleurs
tonkinois sont nombreux (Quang-Huyen, Than-Maï, Pho-Binh-
Gia, Xin-Man, etc.) ; la brillante petite affaire de Coc-Ly ten-
drait même à faire admettre que, pour défendre avec honneur une palissade, les tirailleurs n'ont besoin que d'un très
bon encadrement indigène.

En rase campagne, ce premier encadrement est insuffisant et il résulte de l'expérience que, pour pouvoir absolument compter sur des soldats annamites marchant à l'ennemi, il est indispensable de les faire accompagner de soldats
européens. Ceux-ci doivent être assez nombreux, non seulement pour pouvoir, à un moment donné, par leur intervention
matérielle, sauver d'un désastre la troupe dont ils font partie,
comme l'ont fait les douze légionnaires de Tong-Ba-Xa, mais
surtout pour produire d'une façon constante et par simple
influence sur les tirailleurs, l'effet moral qui ne manque pas
de doubler la valeur de ces derniers, lorsqu'ils se sentent
suivis de soldats européens. Leur nombre ne doit pas toutefois dépasser une certaine limite ; car leur présence a pour
conséquence dans les colonnes, un alourdissement, dont on
se fera une idée en se rappelant que, en dehors de l'ordinaire,
la réserve de chaussures et autres *impedimenta* spéciaux à
l'Européen, le poids de la ration européenne est sensiblement

à celui de la ration indigène comme deux est à un (1). Il y a
donc là un juste milieu à déterminer.

Au début de notre intervention au Tonkin, l'élément indigène n'était admis dans les colonnes qu'en proportion minime :
trois compagnies européennes pour une compagnie indigène,
telle temble avoir été la proportion type d'alors. Depuis cette
époque, nos tirailleurs sont devenus plus nombreux, ce qui
nous oblige à les employer en plus grand nombre; en même
temps ils se sont aguerris, ce qui permet de le faire sans danger. Aussi voyons-nous la proportion-type se modifier peu à
peu en faveur de l'élément indigène. Dans les colonnes de
Than-Maï, elle était encore de trois Européens ou Arabes pour
un Tonkinois. A Ba-Dinh et à Macao, elle descend à 3/2; à la
colonne de Chomoï, ainsi qu'aux trois premières affaires de
Huu-Thué, elle n'est plus que de 1/1; elle remonte à 3/2 au
siège de Huu-Tué (janvier 1891), puis redescend à 1/2 dans
les colonnes du Nui-Co-Bang, de Lung-Lat et de Ké-Thuong.
Elle était déjà de 1/2 à Binh-Lu et à Bo-Gia.

La proportion de un Européen pour deux indigènes est celle
que les officiers expérimentés admettent aujourd'hui et que
sanctionne l'instruction du 10 novembre 1895. Sans vouloir
tirer de cette remarque une conclusion rigoureuse et mathématique, à Tong-Ba-Xa, à Lung-Kett (24 novembre 1890), au
Ngoï-Huong et à Ma-Dinh, quatre affaires relativement récen-
tes, où il y a eu à noter une reculade des tirailleurs, la proportion des européens aux indigènes n'était respectivement
que 1/5, 1/3, 3/5 et 3/5. Il semble que jusqu'à nouvel ordre on
doit se tenir à la proportion 1/2 en tant que type théorique,
bien entendu.

Il est permis de se demander si, suivant le mouvement qu'elle
a suivi jusqu'à ce jour, cette proportion est appelée à baisser

---

(1) Poids de la ration européenne (pain biscuité 0k,700; vin 0k,460;
tafia 0k,090; riz 0k,180; sel 0k,024; sucre 0k,040; café 0k,084; thé 0k,009;
viande de conserve 0k,200)...................................... 1k,737
Poids de la ration indigène (riz 0k,800; sel 0k,024) 0k,824

encore. Si elle descend, ce ne sera certainement pas du fait de
l'augmentation de valeur militaire des tirailleurs, qui peut
être considérée aujourd'hui comme ayant atteint son maximum de développement; mais peut-être bien par l'effet d'un
perfectionnement important apporté dans notre organisation,
dans notre mode de recrutement, etc.; bref, on est fondé à
penser que, tant que les conditions générales actuelles subsis-
teront, la quantité d'encadrement dont ont besoin nos tirailleurs restera ce qu'elle est.

DE L'EFFECTIF A DONNER A UNE COLONNE. — D'après les théories
du commandant Le Prince, dont nous reparlerons à propos du
combat, la colonne est la réunion des troupes marchant vers
l'objectif sur la même ligne d'opération; c'est également, dans
la pratique, la plus forte agglomération de soldats obéissant à
l'impulsion directe et constante du même chef.

L'effectif de la colonne a beaucoup varié. Aux opérations de
Than-Maï, les colonnes comptaient :

La colonne Jamais	. . . .	2.183 fusils.
— · Munier	. . . .	1.826 —
— Mourlan	. . . .	1.637 —

et à la fin des opérations du siège de Ba-Dinh :

La colonne Dodds	. . . .	1.317 fusils.
— Metzinger	. . . .	2.206 —

Mais ce sont là les dernières grosses colonnes; elles étaient
dirigées encore les unes et les autres contre de grands chefs
rebelles, contre de gros effectifs et dans des régions relativement plates et découvertes. On remarquera du reste que les
effectifs donnés pour Ba-Dinh sont ceux de la fin, alors qu'il
ne s'agissait plus que d'achever des opérations de siège. Lorsqu'après l'évacuation du 21 janvier, le colonel Brissaud se
met en campagne pour donner la chasse aux pirates, il allège
ses deux colonnes qui ne comptent plus à Macao que :

La colonne Dodds . . . .   756 fusils.
—   Metzinger . . . .   1.463   —

et encore cette dernière a-t-elle été diminuée au moment du
combat des 300 fusils qui opérèrent en une troisième colonne
sous les ordres du capitaine de Nugent.

Contre les bandes auxquelles nous avons eu affaire depuis
ce temps-là, il n'a jamais plus été nécessaire de former des
colonnes aussi fortes et, d'autre part, avec le sol tourmenté
qui est celui des hautes régions et les piètres voies de communication (1) qui s'y trouvent, l'impulsion d'un chef de colonne
ne peut rester directe et constante que sur un effectif de 700 à
800 hommes au plus; le chiffre maximum de 1.000 donné par
l'instruction du 10 novembre 1895 est donc un grand maximum qui ne devra être atteint que dans des opérations exigeant peu de marches, comme ont été, en général, toutes les
opérations du Yen-Thé ou ayant pour théâtre un pays un
peu moins impraticable que la moyenne des terrains actuels
d'opération.

Depuis Ba-Dinh, le maximum de 1.000 fusils n'a, du reste,
jamais été atteint et les effectifs des principales colonnes ont
été en chiffres ronds :

Colonne des Ba-Be (lieutenant-colonel Ser-
    vière).   450
Colonne de Chomoï (général Borgnis-Des-
    bordes).   800

Opérations de Huu-Thue :

Colonne Plessier.   150
Colonne Tane   300
Colonne Winckel-Mayer.   600

(1) Sur un sentier de la région de Caobàng ou du Caï-Kinh, par exemple, une colonne comptant 600 fusils, une pièce de 80 approvisionnée à 100 coups, une petite
section de munitions d'infanterie de 15 à 20.000 cartouches et huit jours de vivres,
n'occupe pas moins de 7 à 8 kilomètres de longueur depuis ses éclaireurs de
pointe jusqu'à la gauche de son arrière-garde.

Siège de Huu-Thue (colonel Frey) :

   Groupe Winckel-Mayer................... 360
   Groupe Tane 300
   Groupe de réserve 400

Opérations du Ngoï–Huong :

   Colonne de Beylié....................... 300
   Colonne Fouquet........................ 300
   Colonne Terrillon au Nui-Co-Bang........ 800

Opérations contre les forts du De–Nam (général Voyron).

   Colonne Courot........................ 200

(Doublée pour les opérations des 27 et 28 mars.)

   Colonne Bérard........................ 500
Secteur Bouguié : trois groupes de 300 à 340 hommes.
Secteur Geil : deux groupes de même force.

Combats de Lung-Kett :

   Colonne Tournier (avril 1891) 300
   Colonne Le Ny (avril 1895)............... 400

Opérations de Lung-Lat (colonel Galliéni).

   Colonne Famin......................... 450
   Colonne Chapelet....................... 500
   Colonne Betboy........................ 500

DE L'AGENCEMENT INTÉRIEUR DES COLONNES. — L'agencement intérieur des colonnes a subi, lui aussi, sa série de variations.

Aux grosses colonnes ou, pour mieux dire, aux brigades de la conquête, formées de bataillons constitués, ont succédé les colonnes plus faibles formées seulement de compagnies et dans lesquelles la compagnie est devenue à la fois unité d'organisation et unité de combat.

Tant que l'élément indigène n'a figuré dans les colonnes qu'en proportion insignifiante et qu'il n'y a eu, en somme, qu'une seule unité de combat de première ligne, la compagnie européenne, cette dernière organisation, n'a rencontré aucune difficulté.

L'effectif des colonnes et le pays où l'on opérait permettaient, d'ailleurs, de former, au besoin, des groupes de combat de plusieurs compagnies et d'utiliser en première ligne les compagnies indigènes en les encadrant ainsi sans les rompre. Mais quand l'élément indigène eut acquis l'importance que nous savons, les colonnes comportèrent dès lors, dans des proportions égales, deux unités d'organisation bien différentes, la compagnie européenne et la compagnie indigène, et le chef de colonne eut à tirer parti, en première ligne, de l'une comme de l'autre. Or, à peu près au même moment, les conditions diverses de la lutte obligeaient, comme nous l'avons vu, de réduire l'effectif de la colonne à un chiffre qui ne permettait plus de former des groupes de combat supérieurs à 100 ou 150 hommes, c'est-à-dire à une compagnie. Les chefs de colonnes se trouvèrent alors dans l'alternative, ou de conserver la compagnie constituée comme unité de combat et d'avoir, par suite, deux sortes d'éléments de combat d'inégale mobilité et d'inégale solidité au feu, ou de rompre les compagnies constituées pour organiser des groupes mixtes.

On continua d'abord à marcher en compagnies constituées, puis, par la force des choses, les chefs de colonnes furent amenés, peu à peu, à rechercher de leurs deux éléments un amalgame plus intime en formant, au moment du combat, des fractions plus ou moins fortes comprenant les deux éléments.

A Binh-Lu (novembre 1886), le petit groupe Brisse, qui, pendant la marche, formait l'avant-garde et qui, pendant le combat, fut chargé du mouvement tournant, comprenait trois escouades de tirailleurs et une petite section de quinze légionnaires.

A Bo-Gia (octobre 1887), le lieutenant-colonel Servière fit attaquer la coupure qui lui barrait le couloir par un groupe de combat comprenant une section de tirailleurs et trois sections du bataillon d'Afrique.

A Thuong-Lam (septembre 1889), le capitaine Pegna avait formé deux groupes mixtes comprenant chacun un peloton de tirailleurs et un peloton de légionnaires.

Au Ngoï-Huong (avril 1891), l'avant-garde du lieutenant-colonel de Beylié se composait de 50 tirailleurs et de 40 légionnaires placés sous les ordres du lieutenant Hérold.

Le commandant Courot enleva le fort du De-Nam (mars 1892) avec une colonne comprenant :

Le groupe Betboy (un peloton de légionnaires, une section de tirailleurs).

Le groupe Péchillot (une section de légionnaires, un peloton de tirailleurs).

Un groupe de réserve (deux pelotons européens).

A Lung-Kett (avril 1891), le commandant Tournier, qui disposait de la compagnie Betselère (tirailleurs) et de la compagnie Virgitti (légionnaires), forma, pour aborder le repaire, quatre groupes mixtes :

Avant-garde (lieutenant Chenard), 10 légionnaires, 20 tirailleurs.
Groupe d'attaque (capitaine Virgitti), 30 légionnaires, 50 tirailleurs.
Groupe de réserve (lieutenant Wemel), 30 légionnaires, 30 tirailleurs.
Arrière-garde (lieutenant Rouyer), 15 légionnaires, 15 tirailleurs.

Jusqu'en 1892, cette formation mixte de combat n'est prise qu'au moment du besoin. A partir de 1892, se manifeste une tendance très marquée à la rendre constante pendant tout le temps que dure la même opération, ce qui lui donne un peu de cohésion. C'est ainsi que furent organisées les colonnes du colonel Servière devant Lung-Xa, celles du commandant Famin devant Lung-Noï et, enfin, toutes celles qui ont été entreprises sous la direction plus ou moins immédiate du colonel Galliéni (Lung-Lat, Phia-Ma, Lung-Sung, Ké-Thuong, etc.)

L'organisation en groupes mixtes permanents a été sanctionnée par l'instruction du 10 novembre 1895 qui donne comme type théorique le groupe mixte comprenant :

50 européens;
100 tirailleurs.

Elle est loin d'être parfaite et présente le grave inconvénient, au moment de marcher à l'ennemi, c'est-à-dire au
moment où la troupe a le plus besoin de cohésion, de désor-
ganiser le commandement normal pour créer un commandement de circonstance. Elle est surtout mauvaise pour les
tirailleurs qui sont ce qu'on les fait et ne donnent réellement
tout ce qu'ils peuvent qu'entre les mains de celui qui les a
faits, c'est-à-dire de leur capitaine. Dans un groupe commandé
par un capitaine de compagnie européenne, les tirailleurs,
c'est-à-dire la force principale du groupe, sont forcément peu
en main.

Mais le maintien des compagnies constituées comme unités
de combat est encore plus défectueux. Comme on le verra au
chapitre V, faute de renseignements suffisants tant sur l'ennemi que sur le terrain, il est presque toujours impossible de
mener une colonne au combat en prévoyant à l'avance, pour
ses sous-unités, une manœuvre d'ensemble; il est donc indispensable que tous les groupes de combat soient identiquement
prêts à jouer tous les rôles, c'est-à-dire aient entre eux une
composition identique.

La séparation complète en compagnies européennes et compagnies indigènes présente un autre inconvénient sérieux,
celui d'imposer les plus grosses pertes aux Européens, c'est-
à-dire à l'élément à la fois intéressant et coûteux de notre
armée d'Indo-Chine; il arrivera, en effet, que faute de pouvoir
compter absolument sur les compagnies de tirailleurs, le chef
de colonne qui n'aura pas fait le mélange, obéira à la tendance
naturelle de ne confier les besognes dures et meurtrières
qu'aux seules compagnies européennes; il arrivera également
qu'en cas de gros échec, toujours possible dans ces régions
montagneuses et boisées, si la fraction qui subit l'échec est
uniquement composée d'Européens, toutes les grosses pertes
qu'elle aura pu faire seront uniquement des pertes d'Euro-

péens. Le premier de ces deux cas s'est présenté au combat de Chomoï, pour lequel le mélange n'avait pas été fait et dans lequel, sur 87 soldats mis hors de combat, on a compté 75 européens. Il est intéressant de faire, au sujet du deuxième cas, une comparaison entre deux affaires meurtrières analogues, celle du fort du De-Dzuong (25 mars 1892) et celle de Con-Tam (22 avril 1892), engagées, la première, avec un effectif mixte de 180 fusils, et la seconde avec un effectif exclusivement européen (en tant que troupes régulières) de 106 fusils. Nous avons eu dans la seconde 28 hommes hors de combat, tous européens; dans la première, au contraire, sur les 41 hommes mis hors de combat, il n'y a eu que 25 européens (pertes particulières du détachement tombé dans l'embuscade).

En somme, de deux solutions, toutes les deux peu satisfaisantes, on a été conduit insensiblement de la première à la deuxième, la moins mauvaise des deux.

Il y aurait un moyen de tout concilier, ce serait d'organiser des compagnies mixtes comprenant en permanence les deux éléments; on reviendrait ainsi, au moins pour les compagnies, à l'identification si désirable entre organisation de paix et organisation de guerre. Mais l'idée a soulevé de nombreuses objections qui l'ont, jusqu'à présent, empêché d'aboutir et dont voici les principales :

1° Les troupes n'ont pas comme unique mission de faire la guerre en rase campagne, il leur incombe également d'occuper les postes; or, pour cette deuxième mission, il est commode de maintenir entre les deux éléments une séparation qui permet :

a) De ne placer dans les petits postes éloignés que des indigènes qui, ainsi qu'il a été démontré plus haut, suffisent à les tenir, et qui, d'autre part, sont moins fragiles que les Européens au point de vue santé, n'ont besoin que d'une installation rudimentaire, et enfin, sont faciles à ravitailler;

b) De laisser les Européens dans les centres importants, où

ils ont plus de confort, où ils sont en contact constant avec leur médecin et où leur ravitaillement compliqué est plus facile et moins coûteux ;

2° L'organisation en compagnies mixtes répond bien aux *desiderata* de la guerre pirate ; mais elle aurait l'inconvénient, en cas de conflit extérieur, de disséminer en de nombreux petits paquets l'élément d'élite de nos forces ;

3° La présence simultanée des deux éléments dans la même compagnie en compliquerait l'administration ;

4° La présence simultanée des deux éléments dans la même compagnie aurait le double inconvénient au point de vue moral :

a) De créer, entre Européens et tirailleurs, un rapprochement favorable aux actes immoraux, auxquels se prête l'extérieur efféminé de l'Annamite ;

b) De transformer les tirailleurs en boys et coolies des Européens et de diminuer ainsi leur prestige, leur amour-propre et leur dévouement.

Les trois dernières objections ne sont pas sérieuses ; nous ne nous arrêterons même pas à l'objection administrative ; quant aux deux autres, il est incontestable qu'une organisation en pelotons séparés, une réglementation serrée et l'observation stricte des règles de discipline, les font tomber d'elles-mêmes.

Les deux premières ont plus de valeur. Il semble toutefois qu'il ne serait pas impossible de satisfaire à toutes ces nécessités, en n'étendant pas la mesure des compagnies mixtes uniformément à toutes les compagnies du corps d'occupation, et en laissant au général en chef le soin d'incorporer des caporaux et des soldats européens, dans certaines compagnies des trois régiments de tirailleurs tonkinois, et des indigènes dans certaines compagnies de légion étrangère ou d'infanterie de marine. Il pourrait alors :

1° Laisser aux compagnies de tirailleurs disséminées dans de nombreux petits postes, leur organisation purement indigène ;

2° Laisser à un certain nombre de compagnies européennes placées en réserve dans le delta, leur organisation purement européenne;

3° N'organiser de compagnies mixtes qu'en certains points centraux des territoires militaires, *réserves tactiques* toujours prêtes à partir en expéditions.

C'est de préférence avec les compagnies de cette troisième catégorie qu'on formerait les colonnes, celles des deux autres n'intervenant qu'en cas d'insuffisance.

En résumé, la colonne de 4 à 600 fantassins, organisés en trois ou quatre groupes mixtes de combat, de 100 à 150 fusils, et munie d'une pièce de montagne, semble être, en tant qu'unité d'ordre supérieur, l'unité qui réunit en proportion voulue la force et la maniabilité nécessaires pour opérer dans la région montagneuse contre les pirates annamites ou chinois. Toute expédition doit être organisée avec un certain nombre de colonnes de ce genre.

Du moyen de transport. — Le moyen de transport traditionnel de l'extrême Orient est le coolie. Le coolie a un rendement faible (1) et donne lieu, par conséquent, à un allongement considérable des convois; il coûte cher; recruté le plus souvent de force, il cherche presque toujours à s'esquiver et oblige, par conséquent, à une surveillance constante; au premier coup de fusil, il lâche invariablement sa charge et va se cacher dans la brousse, ce qui rend toujours impossible le rassemblement en parc d'un convoi attaqué, même sous le feu le plus léger; enfin les levées de coolies, pendant la saison des travaux agricoles, sont préjudiciables aux pays qui les subissent et en tout temps fort impopulaires. Le coolie est

---

(1) Le coolie annamite porte en moyenne 20 kilos de *charge totale* et le coolie chinois de 22 à 23, ce qui donne, défalcation faite du poids mort (effets, ustensiles de cuisine et vivres (2 jours) du coolie — appareils de transport — récipients), 15 kilos de *charge utile* pour le premier et 18 pour le second.

donc, en définitive, un moyen de transport assez piètre qu'on a toujours de la peine à se procurer, et qu'on a cherché avec raison à remplacer par le mulet.

Tant que les colonnes ont opéré le long des principales voies de communication, dans le Delta et ses abords immédiats, comme le Yen-The, la plaine de Phu-Lang-Thuong, voire même les régions de Thaï-Nguyen et Chomoï, le mulet a rendu de grands services; mais dans les hautes régions on a dû y renoncer et revenir au coolie, au moins pour les convois accompagnant immédiatement les colonnes et destinés à suivre le soldat partout.

A la colonne du général Mensier, chargé d'aller occuper Caobang au mois d'octobre 1886, l'artillerie était portée à dos de mulet. Elle a ralenti à tel point la marche des troupes que, pour aller de That-Khe à Caobang (60 kilomètres), elles ont mis six journées entières et ne sont arrivées devant Caobang que dans la matinée du septième jour (départ de That-Khe le 24 octobre, prise de Caobang le 30). La veille du départ, les sapeurs du génie avaient travaillé toute la journée à améliorer le col de Bang-Bo; malgré cela, le retard s'est produit dès la première étape. Pendant toute la durée de la deuxième, à la fin de laquelle on arriva péniblement à Dong-Khe (20 à 22 kilomètres de That-Khe), les sapeurs travaillèrent à abattre les pointes rocheuses dont était hérissé le chemin, et sur lesquelles les mulets ne pouvaient pas tenir debout. Dès la troisième étape, le général essaya, sinon d'alléger sa colonne, du moins de lui donner un peu d'élasticité en la scindant en un échelon léger et un échelon lourd, ce dernier comprenant l'artillerie; mais, le 27, le deuxième échelon fut arrêté à un col rocheux que les mulets ne pouvaient pas franchir, *même déchargés*, et dut coucher à l'entrée de ce passage, pendant que l'échelon léger s'arrêtait à Nam-Nang; le lendemain 28, les sapeurs travaillèrent toute la matinée à rendre le couloir praticable aux *mulets déchargés*; l'échelon léger fut contraint de faire séjour à Nam-Nang, afin que ses coolies pussent retourner au col pour y faire passer, à dos d'hommes, le matériel qui ne parvint au camp qu'à 3 heures du soir. Enfin, si la colonne n'arriva à Caobang que le 30, c'est que pendant la journée du 29 les mulets de l'artillerie furent encore arrêtés, cette fois à un passage terreux à flanc de coteau, constitué par des éboulis surplombant un précipice, passage que le génie dut refaire en entier. Notons qu'il s'agit ici de la principale artère du pays; elle a été améliorée depuis 1886 et est devenue aujourd'hui un très bon chemin muletier; mais on s'imagine facilement, d'après ce qui vient d'être rapporté, ce que doivent être les autres voies de communication des Ba-Chau et du Lukkhu.

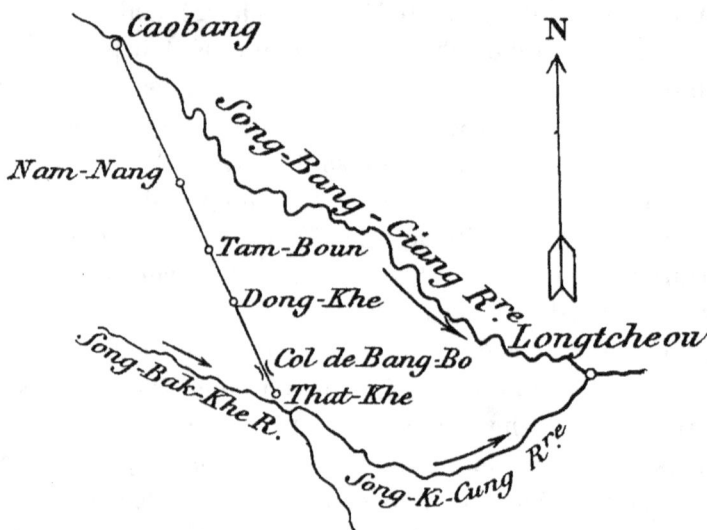

Echelle : 1/1.000.000.

Dans une autre région, la colonne Pernot, chargée d'occuper Laï-Chau (décembre 1887 - janvier et février 1888), était pourvue de mulets non seulement pour le transport de l'artillerie, mais encore pour le ravitaillement. Il leur fut impossible de franchir avec leur charge le col des Nuages, entre Ba-Xat et Phong-Tho, et on dut y renoncer, même pour approvisionner Phong-Tho, qui était la base de ravitaillement. On amena néanmoins les mulets de l'artillerie; mais, pour nous servir des termes mêmes employés par le colonel dans son compte rendu, il n'est pas possible de qualifier de marches les mouvements effectués par l'artillerie au cours de cette expédition ; ce fut plutôt une série de manœuvres de force exécutées pour transporter le matériel d'un point à un autre, manœuvres qui, par leur durée, ont fatigué dans une mesure excessive, et les troupes qui y ont été employées, et celles qui les accompagnaient.

Il y avait également des mulets pour porter l'artillerie de la colonne conduite en avril 1888 sur le Ngoï-Hutt par le commandant Bosc. La colonne formée à Yenbay remonta la rive gauche du fleuve Rouge, et à hauteur de Traï-Hutt (anciennement Lam) s'engagea dans la vallée du Ngoï-Hutt. (Voir le croquis d'ensemble donné avec le compte rendu de la reconnaissance et de la retraite de Dong-Banh). De Yenbay à Traï-Hutt, les difficultés commencèrent et, pendant l'étape du 23, on fut, à plusieurs reprises, obligé non seulement de décharger, *mais même de débâter les mulets* pour leur permettre de franchir des ravins perpendiculaires au chemin suivi. Le 27, dans la vallée du Ngoï-Hutt, un mulet de pièce fut entraîné par le courant en passant un ruisseau que la pluie avait gonflé ; l'animal fut renversé le ventre en l'air dans un trou profond où il se noya et il faillit entraîner avec lui son conducteur qui n'avait pas voulu le lâcher ; on fut obligé d'arrêter la colonne et d'attendre, pour repartir, que des plongeurs du pays aient retiré la pièce de l'eau. Le 28, un autre mulet, sur un sentier flanc de coteau, roula dans un ravin et se cassa les reins. Le soir même, le lieutenant Reppelin, commandant l'artillerie, déclara au commandant de la colonne qu'il lui était impossible de continuer à porter à dos de mulet son matériel qui, à partir de ce moment, fut constamment porté à dos de coolies.

De là, à conclure que l'artillerie est inutilisable au Tonkin, il n'y a qu'un pas ; or, ce serait là une conclusion dangereuse, car la présence dans une colonne d'un simple petit canon de 4 épargne la vie de bien des braves gens. La conclusion à tirer est, en réalité, qu'il faut employer de préférence le mulet partout où il peut être utilisé, mais ne pas s'entêter à vouloir l'employer quand même sur les terrains qui lui sont inaccessibles; et, en fait, toutes les colonnes qui ont été mises en mouvement dans les hautes régions depuis 1890-91, ont eu leurs convois organisés avec des coolies.

Où l'on peut économiser le coolie, c'est sur les lignes d'étapes; car il s'agit là de voies de communications connues à exploiter suivant ce qu'elles peuvent rendre, tandis que la colonne, au contraire, doit être organisée de façon à pouvoir passer partout. Il y a donc intérêt, sur le réseau de l'arrière, à user dans la plus large mesure du sampan, s'il existe un cours d'eau; de la voiture, du mulet et surtout du petit cheval, dès qu'il est possible, avec quelques travaux rudimentaires, de rendre une route praticable à l'un de ces deux moyens de transport.

A la fin de notre préface, nous avons eu l'occasion de démontrer, à titre d'exemple et d'argument, la différence fondamentale qui doit exister au point de vue des convois entre les petites opérations faites à proximité des postes et les grosses colonnes; dans les premières, il ne faut emporter que le strict nécessaire; dans les secondes, au contraire, il faut être abondamment pourvu de tout ce qui est appelé à satisfaire les besoins de l'existence et par suite à retarder l'usure des troupes. Les opérations du lieutenant-colonel Terrillon dans le Dong-Trieu, celles du commandant Famin dans les Ba-Chau, nous ont donné l'occasion de faire ressortir encore, en citant des faits, combien il est important de ne pas lésiner sur les moyens de transport, dans les expéditions de longue haleine et de gros effectifs.

On a fait aux gros convois les reproches suivants :

1° Le convoi est la partie vulnérable de la colonne, vulnérabilité d'autant plus grande que le convoi est plus long;

2° Les gros convois alourdissent les colonnes;

3° Ils sont coûteux;

4° Enfin, reproches inhérents à l'emploi propre du coolie : aux gros convois correspondent les grosses levées de coolies, *primo*, impopulaires; *secundo*, nuisibles au pays qui les subit.

Le premier reproche serait des plus fondés si nos ennemis du Tonkin possédaient le sens offensif; or, ce n'est le cas ni des Chinois, ni des Annamites. Leurs attaques sur nos convois réguliers de ravitaillement, entre postes, ont été relativement rares, et celles qu'ils ont entreprises ont assez rarement réussi.

Une des plus sérieuses a été celle du pont Bonneau, le 9 juillet 1892; sur 46 hommes qui composaient l'escorte (y compris les conducteurs de voitures), 29 ont été mis hors de combat, à peu près à la première décharge; la fraction qui encadrait le convoi en tête a été couchée par terre presque en entier, et les Chinois qui avaient tendu l'embuscade étaient persuadés que les voitures étaient chargées de fusils et de munitions, c'est-à-dire de ce qui excite leur convoitise. Malgré cela, le lieutenant Valton a pu, avec les quelques survivants, parquer le convoi sur le pont et le sauver ainsi que les tués et les blessés.

Il en a été de même de l'attaque du 30 novembre 1894, sur le convoi montant de Chora; à la première décharge, 20 hommes de la fraction de tête ont été touchés sur 23; les blessés ont été sauvés par l'héroïque dévouement du sergent Bastat, et, sauf les chevaux marchant en tête, qui, affolés, ont continué leur route, toutes les charges du convoi jetées en désordre le long du chemin, ont été dégagées par les 23 tirailleurs du sergent Bonnardi.

L'affaire de la Tombe-du-Pontonnier (25 mai 1893) n'est pas moins caractéristique, et peu de situations ont été aussi critiques que celle du capitaine Crouzillard. Les agresseurs ont poussé l'audace jusqu'à venir attaquer les sampans à l'arme blanche, et, malgré cela, les sampans et tout ce qu'ils contenaient ont été sauvés.

Contre des assaillants en moins grand nombre, il a suffi au capitaine Lamey, le 22 février 1892, d'une manœuvre intel-

ligente de son lieutenant pour leur faire immédiatement
lâcher prise.

Tous les faits qui viennent d'être rappelés, se rapportent à
des convois réguliers de poste à poste; les pirates sont encore
bien moins portés à exécuter des attaques sérieuses sur des
convois de colonnes en cours d'opérations, pendant lesquels
leur tempérament, tout de bravoure passive, les pousse à se
terrer dans leurs repaires et à y concentrer leurs efforts. L'attaque du convoi de la colonne de Chomoï, le 19 janvier 1889,
pendant que le gros se battait en tête, est un des rares exemples de la chose; encore n'a-t-elle pas été bien violente. Sans
donc vouloir poser en principe, ce qui serait inexact, que les
pirates n'attaquent et n'enlèvent jamais les convois, on peut
conclure, en définitive, que la question de vulnérabilité ne
doit pas être invoquée comme un obstacle à la pleine satisfaction des besoins des troupes en moyens de transport pendant les grandes colonnes.

Quant à prétendre qu'on alourdit les colonnes en leur donnant beaucoup de coolies, c'est absolument comme si l'on
prétendait que dans un train, c'est la locomotive qui alourdit.
Dans un convoi de colonne, il y a à transporter un certain
poids total; qu'on réduise ce poids au strict minimum, c'est
l'affaire du chef de colonne et de l'autorité militaire qui met
en mouvement la colonne; mais une fois cette quantité totale
déterminée, il est évident que le convoi se déplacera d'autant
plus facilement que pour opérer ce déplacement, il disposera
de plus de paires d'épaules et de plus de paires de jambes.

Les gros convois coûtent cher, c'est très exact, mais c'est
une nécessité inhérente à la guerre, et, en écartant pour un
instant toute considération d'humanité, pour ne faire entrer
en ligne de compte que la considération budgétaire, c'est un
fort mauvais calcul que de chercher à réaliser des économies
sur la réduction des convois, c'est-à-dire sur le bien-être des
soldats, car les quelques piastres épargnées de ce chef sont
largement compensées par les entrées aux hôpitaux, les ra-
patriements anticipés, les décès et quelquefois par la non

réussite, c'est-à-dire par le fait d'avoir dépensé de l'argent en plus petite quantité, il est vrai, mais en pure perte. Bien que la question d'économie d'argent n'y ait été pour rien, on peut tirer de ce qui s'est passé à Madagascar, pendant la campagne de 1895, de très utiles enseignements, sur la nécessité, aux colonies, de décharger de toute corvée et de toute fatigue le combattant, surtout le combattant européen.

Si le métier de coolie de colonne est impopulaire, cela ne tient pas au métier en lui-même, car l'Annamite est né le bambou sur l'épaule, et, depuis sa plus tendre enfance, est habitué à porter. Cela tient à ce que l'existence du coolie en colonne est atroce, et, s'il en est ainsi, c'est en partie, précisément, parce que les moyens de transport sont calculés avec trop de parcimonie. Bien rarement, les coolies d'un convoi sont en nombre suffisant pour n'être pas surchargés; bien plus rarement encore, le convoi est pourvu de coolies haut le pied, destinés à décharger les coolies malades; quant à ceux de ces derniers qui ne peuvent pas marcher, les coolies brancardiers, dont le chiffre est mesquinement calculé sur celui de l'effectif armé, ne sont pas faits pour eux. Comme une fois en campagne il faut aboutir à tout prix, on est forcé de tirer tout ce qu'il est possible de tirer du peu dont on dispose; malade ou non, le malheureux coolie, haletant sous sa charge trop forte, marche à coups de crosse et quelquefois même à coups de fusil; quand il n'en peut plus, il tombe sur le bord du sentier et devient la proie du tigre. On comprend qu'un tel métier soit impopulaire; il le serait certainement beaucoup moins si les allocations en moyens de transport étaient plus larges, et c'est encore un faux raisonnement de penser qu'on diminue le mal en les réduisant.

Le préjudice causé au pays en le privant de ses travailleurs n'existe qu'au moment des travaux de rizières; il est alors proportionnel à l'importance de la levée, et c'est en somme le seul argument sérieux contre les gros convois. Il faut, de même que les dépenses importantes d'argent, l'admettre comme une nécessité de la guerre. Mais ne serait-il pas possi-

ble de beaucoup l'atténuer en se servant un peu plus du Chinois? Le développement complet de cette dernière question
nous entraînerait trop loin; bornons-nous donc à faire remarquer qu'il y aurait une étude intéressante et féconde à faire
sur le rapprochement des idées suivantes :

1° Inconvénients de l'emploi du coolie annamite; .

2° Nécessité cependant du coolie dans les hautes régions, non
seulement pour les transports de première ligne des colonnes,
mais encore pour beaucoup d'autres transports et travaux;

3° Existence en grand nombre sur les frontières de Chine
d'individus crevant de faim et cherchant à gagner leur vie le
fusil à la main, faute d'un autre moyen d'existence;

4° Fidélité et même dévouement de ces gens-là, lorsqu'ils
sont bien traités et surtout régulièrement payés (cela résulte
du témoignage de tous les officiers qui ont fait la guerre le
long des frontières);

5° Leur supériorité de rendement sur le coolie annamite;

6° Avantage qu'il y aurait, en les employant comme coolies,
à diminuer d'autant la piraterie chinoise, même au prix d'un
surcroît de dépense;

7° Sommes considérables dépensées dans ce dernier ordre
d'idées pour acheter la soumission, souvent apparente, de
certains chefs annamites ou chinois.

Les allocations du règlement du 10 novembre 1887 sur le
service des transports, règlement qui nous a régis jusqu'en
1895, étaient ridicules. Celles de l'arrêté du 12 octobre 1895
marquent un grand progrès, mais ne sont pas encore suffisan-
tes et devraient être, à notre avis, majorées dans le sens des
observations suivantes :

1° Les allocations pour l'ordinaire, dont il n'était même pas
question dans le règlement du 10 novembre 1887, devraient
être doublées. Il ne faut pas oublier, en effet, que la quantité
totale de nourriture que l'État juge nécessaire au soldat européen se compose de deux parties :

la première, qui est allouée en nature et qui s'appelle *les
vivres courants;*

la seconde, qui est allouée sous forme d'abonnement et qui s'appelle les *vivres d'ordinaire*;

c'est priver illégalement l'homme des derniers, c'est-à-dire d'une partie de ce qui lui est nécessaire, que de ne pas lui donner les moyens de les transporter en quantité suffisante, lorsqu'il opère dans un pays où il ne peut pas se les procurer sur place. Or, ce dernier cas est aujourd'hui le cas habituel;

2° Même observation et même conclusion au sujet de la réserve de chaussures;

3° L'homme devrait être déchargé de ses effets, non seulement en été, mais de tout temps, et n'avoir à porter que son fusil, ses cartouches et ses deux ou trois jours de vivres. Ce n'est pas, en effet, sac au dos, qu'il est possible, même en hiver, de faire de la gymnastique le long des falaises du Caï-Kinh, du Lukkhu ou des Ba-Chau;

4° Le chiffre des coolies haut le pied devrait être un peu majoré;

5° L'effectif des coolies devrait entrer en ligne de compte dans le calcul des coolies brancardiers, seul moyen de transport des malades et des blessés;

6° Il devrait y avoir aux bases d'opérations des dépôts de coolies entretenus en permanence pendant toute la durée des opérations, non seulement en vue d'assurer les convois auxiliaires, mais encore en vue de relever, remplacer et soulager les coolies des colonnes.

III

Des services de sûreté, de renseignements et d'exploration. — Des partisans indigènes.

Du service de sûreté.

Caractère particulier du service de sureté en marche. — Au Tonkin les colonnes comprennent surtout de l'infanterie; on y réduit au strict minimum l'artillerie (1), qui y est très encombrante; quant à la cavalerie, elle ne peut y rendre de services que comme escorte (2) et est inutilisable comme sûreté et comme exploration.

Le service de sûreté en station, qui repose partout sur l'emploi presque exclusif de l'infanterie, est donc au Tonkin ce qu'il est en Europe pour les petits effectifs (3).

Le service de sûreté en marche, dans lequel la cavalerie entre pour une si large part en Europe, est forcé de prendre

(1) Il faut 14 coolies pour porter les éléments démontés d'une pièce de 80 de montagne sans coolies haut le pied et sans équipe de rechange (pièce 4, affût 4, rallonge et affût 2, roues 4); or, on admet, en laissant de côté les coolies haut le pied, que pour que l'artillerie marche sans trop retarder, il est nécessaire de mettre à la pièce et à l'affût double équipe s'il s'agit de coolies chinois, triple équipe s'il s'agit de coolies annamites. Il faut, enfin, 2 coolies pour porter une caisse réduite contenant quatre coups complets.

(2) Il suffit, pour s'en convaincre, de se reporter au compte rendu du combat de Chomoï, où figurait un peloton de spahis tonkinois que l'on a été obligé de faire passer en queue dès les premiers coups de fusil.

(3) L'inertie des Chinois et des Annamites rend même la plupart du temps inutile la précaution devenue classique et recommandée par Bugeaud pour les petites colonnes, d'entourer à grande distance le bivouac de petits postes placés sur le cercle présumé du mouvement tournant.

une physionomie particulière au Tonkin, où la cavalerie n'existe pas et ne peut pas exister.

Pour nous rendre compte de ce qu'il doit être, rappelons-nous comment débute un combat contre pirates.

Dans certaines affaires comme celles de Binh-Lu, de Bo-Gia, du Nui-Co-Bang, on a pu s'avancer vers l'ennemi sachant où il se trouvait et quelles étaient *grosso modo* ses dispositions de combat. L'attaque s'est donc faite régulièrement et à peu près comme le porte l'école de compagnie ou de bataillon à l'article *attaque d'une position par une compagnie ou par un bataillon isolé.*

Mais c'est l'exception et, en règle générale, les affaires débutent plutôt par une surprise de l'avant-garde, comme l'expose le commandant Le Prince, et comme cela s'est passé à Macao, au Ngoï-Huong à Tong-Ba-Xa, à Lung-Kett, à Canh-Ma, etc. Il faut évidemment faire tout son possible pour éventer l'embuscade, et c'est là un sujet sur lequel nous reviendrons un peu plus loin, mais dans un pays aussi couvert et aussi accidenté qu'est le haut Tonkin, la chose est fort difficile et la plupart du temps ce n'est qu'en donnant dans l'embuscade, qu'on s'aperçoit de son existence.

Puis le combat suit son cours. Souvent l'embuscade n'a d'autre but que de tuer quelques hommes et d'épouvanter les autres ; dès que les Winchester ont le magasin vide, les pirates disparaissent et vont s'embusquer un peu plus loin, jusqu'à ce qu'on arrive en face de la position principale ; c'est ce qu'ils ont fait devant la colonne Borgnis-Desbordes pendant la marche sur Chomoï, et devant la colonne de Beylié, pendant la marche sur le Movio. Souvent aussi les pirates tiennent dans l'embuscade et celle-ci se trouve être une position, qu'on enlève comme le firent le capitaine Fraissines au Ngoï-Banh et le capitaine Felineau à Lung-Kett, ou devant laquelle on échoue et on doit se retirer. Dans ce dernier cas, les pirates cherchent quelquefois à couper la retraite ; en pays de montagnes terreuses comme à Dong-Tiam et à Con-

Tam, ils y réussissent rarement; en pays rocheux composés de cirques à ceintures rocheuses communiquant entre eux par d'étroits couloirs, la chose est plus facile, et il leur suffit d'intercepter sur les pas de la colonne un de ces goulets coïncidant la plupart du temps avec une position formidable pour obtenir, sans perdre grand monde, un désastre comme ceux de Pia-Tchang, de Bac-Phiet et de Nalan.

On peut faire du service de sûreté en marche la définition théorique suivante, qui est applicable à tous les cas : *le service de sûreté en marche a pour but de donner à chaque instant à une colonne qui se déplace, sa liberté d'action et de manœuvre*; c'est, en d'autres termes, donner les moyens à cette colonne, suivant le jugement et la volonté de l'officier qui la commande :

de se retirer si le combat n'est pas jugé avantageux;

au cas où il est jugé avantageux, d'attaquer de la façon la plus favorable.

Or, pour être à chaque instant libre de se retirer, il faut :

être maître de sa ligne de retraite, chose particulièrement difficile en pays rocheux, comme nous l'avons vu;

ne pas être tellement engagé dans l'embuscade, qu'on soit tenu de combattre à tout prix;

Enfin, pour attaquer dans les conditions les plus avantageuses, il faut, au moment où le combat commence, être maître de la situation, c'est-à-dire des deux ou trois points d'appui voisins, qui consistent toujours en sommets ou lisières de bois.

LIGNE DE RETRAITE A ASSURER. — La marche du capitaine Rondony, de Lung-Quan sur Pia-Phan, le 17 novembre 1892, puis de Tra-Linh sur Lung-Sat, le 22 suivant (colonnes Famin dans les Ba-Chau) sont deux bons exemples de la façon de faire, en pays rocheux, pour assurer sa ligne de retraite, façon de faire qui peut se résumer ainsi : *tenir au moyen de quelques hommes les couloirs successifs par où passe le sentier suivi, ainsi que les débouchés qui y donnent accès.*

La précaution est inutile pour les grandes colonnes qui occupent en file indienne plusieurs kilomètres; elle n'a sa raison d'être que pour les petites colonnes de 150 à 200 hommes ou pour les groupes qui manœuvrent isolément après déploiement de la colonne (voir le chapitre V). Dans ces dernières conditions, elle s'impose en pays rocheux de la façon la plus formelle, et dans les autres pays avec d'autant plus de rigueur que le terrain est plus accidenté et par suite plus susceptible de présenter des points de passage obligés. La difficulté de placement de ces petits postes diminue du reste à mesure que le terrain devient plus impraticable; en pays rocheux, par exemple, les points abondent, sur lesquels quatre ou cinq hommes pourvus à discrétion d'eau, de vivres et de cartouches, peuvent être considérés comme inexpugnables, surtout en face d'ennemis aussi peu entreprenants que les Chinois ou les Annamites.

PRÉCAUTIONS INFLUANT SUR L'ORDRE DE MARCHE. — Il existe plusieurs procédés à mettre concurremment en pratique pour rendre l'embuscade aussi peu *prenante* que possible. Deux d'entre eux consistent tout simplement en certaines dispositions à prendre dans l'ordre de marche.

Européens en tête d'avant-garde. — Le premier, qui est devenu classique, consiste à toujours placer à l'échelon appelé tête d'avant-garde, une fraction d'Européens. Il a pour objet spécial de limiter la panique si elle vient à se produire; car rien n'est dur et meurtrier, en montagne ou en forêt, comme d'être obligé de reprendre une position perdue et qu'on est cependant absolument tenu de reprendre si on y a laissé des blessés. Les affaires de Tong-Ba-Xa, du Ngoï-Huong et de Lung-Kett, font bien ressortir la solidité que la présence d'Européens donne à une fraction de troupe. La condition essentielle est que les Européens soient bien pénétrés du rôle qui

leur incombe et qu'ils ne soient pas étonnés, comme cela
s'est produit au Ngoï-Huong, d'une reculade qu'ils sont précisément chargés d'enrayer; pour cela, il suffit de bien le leur
faire comprendre en faisant jouer la corde supériorité militaire de l'Européen sur l'Annamite.

On fera donc ouvrir la marche par une fraction indigène
(pointe d'avant-garde) bien encadrée par son cadre français
et suivie à certaine distance par une fraction européenne
(tête d'avant-garde). Le rôle de la fraction indigène sera un
rôle de sondage, consistant à tâter l'embuscade et à en produire le déclanchement; elle en supportera par suite le choc
initial, le rôle de la fraction européenne étant d'accourir à la
rescousse si elle faiblit.

Echelonnement des éléments. — Un deuxième procédé consiste
à espacer en plusieurs éléments séparés les uns des autres, la
troupe qui marche en tête ou isolément, de façon qu'au moment
où l'embuscade éclate, la troupe en question, au lieu d'avoir
tout son effectif pincé dans le traquenard, n'en ait qu'un ou
deux éléments, les autres ayant l'espace et le temps nécessaires
pour intervenir efficacement.

Reportons-nous à deux embuscades qui ont été fort meurtrières, celle de Dong-Tiam et celle de Bac-Phiet; dans l'une
comme dans l'autre, les pirates s'étaient embusqués sur une
longueur de 150 à 200 mètres, et ils ont attendu pour ouvrir
le feu que tout le monde fût bien entré dans la passe; à l'affaire
de Dong-Tiam, la colonne a eu 31 hommes hors de combat sur
187 et n'a été sauvée que par le dévouement et l'énergie des
officiers qui l'encadraient; à Bac-Phiet, l'officier est tombé le
premier et le détachement mis en complète déroute a eu 17
hommes hors de combat sur 27. Or, on remarquera que, dans
cette dernière affaire, la déroute aurait probablement été évi-
tée si la toute petite arrière-garde du caporal Consolin, qui
s'est trouvée hors de l'embuscade aux premiers coups de fusil,
avait été assez forte pour prendre position et tenir tête aux
gens qui lui ont donné la chasse; c'est une supposition qui

rend très admissible le résultat obtenu à peu près dans les mêmes circonstances par l'arrière-garde du convoi de Len-Jan (6 décembre 1893).

Au convoi de Bac-Xam (24 décembre 1894), deux fractions de même force marchaient échelonnées et séparées obligatoirement, puisque entre les deux se trouvait un convoi ; les hommes de la fraction de tête sont tombés presque tous sous la première décharge, mais la fraction de queue, restée hors de l'embuscade et laissée libre de ses mouvements, est accourue aussitôt et a sauvé la situation.

Ce deuxième procédé est moins unanimement admis que le précédent ; quelques officiers sont même d'avis de supprimer tout-à-fait les intervalles réglementaires de l'avant-garde, parce que, disent-ils, la formation en file indienne diminue déjà beaucoup la densité de la colonne, la suppression des intervalles a au moins pour effet de remettre un peu la troupe dans la main de son chef, et, en même temps, d'éviter les erreurs de direction dans l'intérieur de la colonne. Tout en reconnaissant que l'objection n'est pas sans valeur, il nous semble que la conclusion à tirer des exemples précédents est probante et doit prévaloir. Quant aux erreurs de direction, et à part, bien entendu, le cas des marches de nuit, pendant lesquelles tout le monde doit emboîter le pas, nous avons constaté par expérience, à maintes reprises, qu'en prenant en tête certaines précautions très simples (indiquer la route à coups de coupe-coupe sur les arbres dès que le sentier cesse d'être bien visible, barrer, par quelques branchages, aux bifurcations, les sentiers à ne pas prendre, etc.), les erreurs de direction peuvent parfaitement être évitées par les fractions qui suivent.

PATROUILLAGE ET PITONNAGE. — Enfin, un troisième procédé consiste à chercher à éventer l'embuscade au moyen de patrouilles.

Le seul système pratique que nous ayions vu employer pour permettre à l'infanterie de patrouiller en terrain difficile sans trop retarder la marche, est celui qu'indique le commandant

Famin dans le chapitre XII de son ouvrage, simple application, du reste, du numéro 126 de l'ancien service en campagne(décret du 26 octobre 1883); il donne en même temps les moyens de se trouver maître des principaux points d'appui voisins au moment où le combat commence. Il consiste essentiellement à prendre en tête les hommes nécessaires qui accomplissent leur mission pendant que la colonne s'écoule et se reforment en queue.

Un va-et-vient de ce genre établi homme par homme, ou deux hommes par deux hommes, entre la tête et la queue de la fraction pointe d'avant-garde, suffit à assurer l'exploration des abords du sentier jusqu'à une distance suffisante pour que le feu de l'embuscade n'ait pas un effet foudroyant comme au pont Bonneau, à Bac-Xam et à Len-Jan.

L'occupation successive des points d'appui latéraux doit être faite par une autre fraction qui opère de même et se rallie en queue du groupe.

LIMITE D'EXÉCUTION DE CES DIFFÉRENTS PROCÉDÉS. — Sauf ceux qui se traduisent par de simples mesures à prendre dans l'ordre de marche et pouvant être prises sans fatigue dès le départ, chacun des procédés qui viennent d'être exposés comporte une limite particulière d'exécution à déterminer par le chef de la troupe.

Si l'on commence trop tôt à placer des petits postes aux points importants de la ligne de retraite, il est évident qu'on sèmera tout son monde en route et qu'on n'aura plus personne en main au moment de l'action proprement dite. Il existe, du reste, un procédé intermédiaire pour traverser loin de l'ennemi un passage paraissant cependant suspect [cirque de Lung-Pan (23 mai 1892); glacis de Con-Tam (22 avril 1892), etc.] : on laisse au point où le passage commence à devenir dangereux un poste que l'on fait rejoindre d'un coup de clairon, dès que l'avant-garde a atteint l'autre extrémité ; on est sûr ainsi de se tirer du guêpier par un bout ou par l'autre.

De même, on fatiguera sans raison les hommes si on impose

trop tôt à la pointe d'avant-garde le service de patrouille qui a été défini plus haut. Il en est *a fortiori* de même de l'occupation successive des points d'appui, occupation qui se traduira la plupart du temps par de fort dures escalades et qui ne doit être commencée qu'au dernier moment.

La détermination du moment où doivent commencer ces différents mouvements est affaire de tact et de flair de celui qui commande.

Du service de renseignements.

Le service de renseignements proprement dit est organisé d'après les mêmes principes qu'en Europe; nous n'en parlerons donc que pour mémoire.

L'indigène y est apte; bien dirigé et bien payé, il s'en acquitte fort bien. Ce service, qui est d'autant plus important qu'il supplée en partie à l'insuffisance du service d'exploration, donnerait donc d'excellents résultats si sa dotation en argent n'était, malheureusement, pas beaucoup trop parcimonieusement calculée.

Du service d'exploration. — Des partisans indigènes.

Le service d'exploration, qui est assuré en Europe exclusivement par la cavalerie, est assuré au Tonkin d'une façon très incomplète et très irrégulière par les partisans indigènes. Il ne serait peut-être pas impossible, à défaut de cavalerie d'exploration, d'organiser une infanterie d'exploration recrutée en montagnards soutenus par un petit noyau d'Européens triés sur le volet et allégée par de nombreux coolies *militarisés*. Mais cette troupe spéciale n'existe pas et nous devons, pour le moment, nous contenter des partisans, dont il importe de dire quelques mots.

Les partisans ne sont autre chose que des habitants, auxquels on a distribué des fusils pour défendre leurs villages et qui sont tenus, en retour, de se joindre aux colonnes passant dans leurs environs. Cet appoint nous est fort utile, mais il ne faudrait pas se méprendre sur sa valeur et sur son emploi.

Les partisans ne sont pas des soldats; ils n'ont aucune cohésion, aucune discipline, aucune tradition d'honneur; ils ne peuvent en aucune façon remplacer dans les besognes de vive force et de sacrifice, nos soldats, même indigènes, qui ont tout cela. En revanche, ils ont ce que n'ont ni Européens, ni Annamites du delta, la connaissance et la pratique de leur pays, tout en n'ignorant pas la guerre d'embuscade. Il ne faut donc les employer en colonne qu'aux deux besognes auxquelles nos soldats réguliers sont inaptes et auxquelles ils sont d'autant plus aptes qu'elles n'exigent aucune des qualités leur manquant : l'exploration et la poursuite. Ce sont les chiens de chasse des colonnes, ils éventent, quêtent et rapportent.

A part ceux d'entre eux dont les colonnes ont besoin pour remplir l'office de guides, de trains, d'hommes de liaison et autres menus services du même genre, les partisans doivent être laissés hors des colonnes, en avant, sur les flancs ou en arrière, de façon que leur débandade, si elle vient à se produire, n'ait aucun effet sur la colonne.

On pourra souvent, pour leur donner du cœur, leur adjoindre quelques soldats européens choisis et marchant volontairement (car à ce jeu ils risquent leur tête), ne serait-ce que quatre ou cinq, ne serait-ce même qu'un seul gradé résolu; ceux qui ont fait partie, en 1894-95, des colonnes du Chieu-Tanh, n'ont pas oublié les exploits du sergent Stumpff, que le commandant d'Aubignosc avait transformé en chef de bande. Le montagnard a, en effet, dans la valeur du soldat européen, la même confiance que l'Annamite.

Mais on évitera avec le plus grand soin de mêler les partisans aux combattants réguliers, de les encadrer, par exemple, dans les sections d'un groupe, d'en faire, en un mot, comme on peut en avoir la tendance bien naturelle, des soldats de complément, analogues aux réservistes de France. L'affaire de Kim-Noï (24 juillet 1894) donne une idée des fâcheux résultats qui peuvent être la conséquence d'un semblable mélange.

IV

Des marches.

— Le seul procédé pratique de faire mouvoir une grosse colonne en montagne, est celui qu'indique le commandant Famin à son chapitre XII :

En raison, dit-il, de l'allongement considérable résultant de la formation de marche en file indienne, qu'on est obligé d'employer sur les sentiers étroits et difficiles de la région montagneuse, une colonne de 500 hommes suivie de son convoi est trop lourde pour pouvoir marcher d'une seule pièce avec arrêts et départs simultanés, sur l'ordre de son chef; cette simultanéité est du reste impossible à obtenir avec une longue colonne engagée dans un sentier étroit, le long duquel toute communication d'ordre est impossible pendant la marche. Dans les hautes régions du Tonkin, une colonne de 500 hommes a la longueur et la lourdeur d'une brigade de France sur une grande route, et lui est assimilable au point de vue des difficultés de marche. Ces dernières viennent même s'accroître par l'impossibilité de régler à l'avance les petites haltes, qui, en raison du caractère accidenté de la route, doivent être faites à certains points et non à certains moments.

Il est donc indispensable de donner de la souplesse à la colonne; on pourra, à cet égard, adopter utilement les procédés employés pour atteindre le même but dans les grandes unités de l'armée, c'est-à-dire donner aux éléments de la colonne une indépendance relative tout en leur imposant une certaine liaison mutuelle.

Cette indépendance relative peut se prêter à plusieurs combinaisons variables suivant les circonstances. Mais établissons tout d'abord ce qu'il faut entendre par élément de marche : le groupe d'infanterie, le groupe d'artillerie organisé suivant le chapitre 3 du titre II de l'instruction du 10 novembre 1895, une fraction de convoi de 300 coolies au plus munie d'une petite escorte.

Une première combinaison correspondant au cas où l'étape est sûre, consistera à supprimer purement et simplement toute liaison mutuelle; on laissera les trains régimentaires marcher avec leurs groupes respectifs, et ceux-ci faire l'étape chacun pour son compte, après avoir échelonné leurs heures de départ. On opérera de même pour les convois de la colonne (sections de munitions, ambulance, convoi administratif), après les avoir sectionnés et organisés comme il a été dit plus haut.

Si la route devient un peu moins sûre, on peut encore laisser les trains régimentaires marcher avec les groupes, mais on impose à ceux-ci la règle de liaison qu'indique le commandant Famin et qui est la suivante : l'élément de tête marche pendant une durée de temps variant entre 45 et 60 minutes; dans cette limite, le commandant de cet élément cherche sur le bord et en dehors de la route, un emplacement où l'arrêt soit avantageux (après une montée, après un passage difficile, à l'ombre, près de l'eau, etc.) et où il y ait, autant que possible, place pour deux éléments à la même hauteur; il s'arrête alors et ne repart que lorsque l'élément de marche suivant s'est arrêté à côté de lui, sur l'emplacement voisin, placé par conséquent de façon à pouvoir profiter de l'avantage que présente le point choisi; le deuxième élément opère de la même façon par rapport au troisième, et ainsi de suite, jusqu'au dernier, qui s'arrête dix minutes ou un quart d'heure et repart. De cette façon, chaque élément marche librement, sans à-coups sensibles, comme s'il était isolé et sans qu'il puisse être séparé de ses voisins par une distance supérieure à celle représentée par 60 minutes de marche.

On peut resserrer encore la liaison ainsi établie en diminuant la durée de marche du groupe de tête.

Tout près de l'ennemi, on place en queue tous les trains régimentaires, pourvus chacun pour son compte de l'escorte nécessaire à sa protection, escorte fournie par son groupe. On forme avec ces trains régimentaires un ou plusieurs éléments de marche, et l'on marche d'après le même système en faisant varier, suivant l'imminence de la rencontre, la durée de marche du groupe de tête.

Il existe encore une quantité d'autres combinaisons, qu'il serait trop long d'énumérer ici et que suggéreront l'usage et la nécessité du moment.

DÉGAGEMENT DU SENTIER PENDANT LES HALTES. — Une excellente mesure de détail, indiquée par le même ouvrage, consiste à exiger de tous les hommes de la colonne, tant soldats que coolies, qu'ils fassent toujours leurs haltes hors du sentier, ce qui est presque toujours possible. même sur le plus mauvais chemin.

Cette habitude, en laissant le sentier libre, permet au commandant de la colonne de profiter de la halte pour envoyer des ordres et même pour faire exécuter les doublements ou croisements de troupes que peut rendre nécessaires le service de sûreté en marche.

ORDRE DE MARCHE. — Les groupes d'infanterie doivent marcher en tête, le premier formant l'avant-garde, et la marche par groupes indépendants produit d'elle-même l'espacement préconisé au chapitre III à propos du service de sûreté en marche.

Aucune artillerie ne doit généralement marcher en avant-garde, et le principe qui existe à cet égard dans la guerre d'Europe n'est en aucune façon applicable contre les pirates. Les pirates n'ont pas, en effet, d'artillerie sérieuse et ils n'engagent, par suite, jamais la classique lutte initiale d'artillerie; quant à l'attaque des positions que l'avant-garde peut avoir à enlever, si elle exige la préparation par l'artillerie, il est fort probable qu'elle exigera également le concours du reste de la colonne. Les pièces ne sont donc d'aucune utilité en tête, et, comme l'artillerie de montagne ne jouit pas, comme l'artillerie attelée, de la propriété de déplacement et de manœuvre rapide, elles pourront y être fort gênantes, ainsi que le prouve l'exemple du combat de Canh-Ma (18 décembre 1892). En résumé, et sauf circonstances particulières, la place de l'artillerie pendant la marche est en arrière des groupes d'infanterie.

Après les groupes d'infanterie et les groupes d'artillerie marchent les convois, généralement dans l'ordre suivant : ambulance, sections de munitions, trains régimentaires, convoi administratif; tous ces convois sont fractionnés en éléments de marche pourvus chacun de la petite escorte nécessaire à sa sûreté; une simple arrière-garde fermant la marche ne saurait suffire, en effet, quelque forte soit-elle, à la protection de convois dont la longueur totale occupe plusieurs kilomètres de chemin, mais en revanche, dans la marche en avant, lorsque chaque élément de convoi a son escorte particulière, l'arrière-garde proprement dite est inutile.

Dans la marche en retraite, il faut, au contraire, outre ces escortes particulières, prévoir une petite arrière-garde qui ferme la marche. C'est du reste la seule modification qu'il soit bon d'apporter dans la marche en retraite à l'ordre de marche de la marche en avant : le système d'attaque des pirates est, en effet, l'embuscade passive tendue à l'avance sur la route suivie; quelle que soit donc la direction de l'ennemi, le danger principal est toujours en tête. [Se reporter à cet égard aux exemples des deux retraites de Dong-Banh (novembre 1887) et de Tranh-Yen (décembre 1893).]

MISE EN ROUTE DES COLONNES. — Lorsque plusieurs colonnes marchent ensemble sur le même sentier, la mise en route est réglée par l'indication de l'heure de départ de la tête de chacune d'elles, calculée de façon à les rendre complètement indépendantes les unes des autres.

La mise en route d'une colonne peut être précédée d'un rassemblement général. Lorsque la colonne est organisée et bien en main, il est plus expéditif et moins fatigant pour les hommes d'opérer, comme dans les grandes unités de France, par la mise en route successive des éléments de marche; on échelonne alors soit les heures de départ du bivouac ou du cantonnement, soit les heures de passage à un point initial.

ROUTE PERMETTANT DE MARCHER PAR QUATRE. — Il va sans dire que quand, par exception, la route suivie permet de marcher par quatre, on emploie cet ordre de marche selon les règles du titre V du service en campagne, le groupe étant considéré comme une compagnie, la colonne comme un bataillon et le groupe de colonne comme un régiment ou une brigade.

MARCHES DE NUIT. — La nuit, toute solution de continuité produite le long d'une troupe en marche est dangereuse, parce qu'elle peut amener, du fait de l'obscurité, des erreurs de direction partielles difficiles et longues à réparer (voir à ce sujet la marche sur les positions du Nui-Co-Bang, le 15 décembre 1891 et celle sur Ban-Duoc, le 15 juillet 1892). En revanche, les effets matériels du feu et par conséquent d'une attaque sont peu à craindre, même par un clair de lune. Pendant la nuit, on doit donc marcher sans le moindre intervalle et même supprimer l'avant-garde; soldats et coolies se suivent en emboîtant le pas de la tête à la queue de la colonne.

Une pareille façon de marcher est très fatigante avec une grosse colonne. Comme les opérations de nuit n'exigent jamais un gros effectif, il y aura le plus souvent avantage, quand on disposera d'une grosse colonne, à laisser derrière soi les convois et une partie des troupes (notamment l'artillerie). Le chemin parcouru la nuit par le premier échelon sur un simple sentier ne sera jamais bien considérable, surtout si l'obscurité est forte, et, dans la plupart des cas, le deuxième échelon rejoindra sans peine pendant la journée suivante.

V

Du combat.

Le combat peut prendre maintes formes très différentes:
attaque de position, défense de convoi, retraite, embuscade,
etc.; les observations de ce chapitre se rapporteront presque
exclusivement à l'opération offensive contre un repaire, la
seule dont le caractère soit absolument spécial au Tonkin, et
qui tranche d'une façon bien catégorique avec les procédés
habituels de la guerre d'Europe.

DE LA DIFFICULTÉ EN PAYS DE DÉFILÉS DE COORDONNER DANS
L'OFFENSIVE LES DEUX NÉCESSITÉS DE COHÉSION ET DE DÉPLOIE-
MENT. DES TROIS PROCÉDÉS D'ATTAQUE EMPLOYÉS JUSQU'A CE
JOUR. — Dans ce pays d'étroits défilés, séparés les uns des
autres par un terrain à peu près inaccessible, l'offensive est
toujours placée entre les deux alternatives ou de conserver sa
cohésion au détriment de son champ d'action, ou d'élargir son
champ d'action au détriment de sa cohésion.

Le maximum de cohésion y est obtenu évidemment par la
troupe qui marche en entier sur le même chemin; nous la
voyons manœuvrer alors, suivant la méthode habituelle
(action de front, action de flanc, etc.), toutefois avec certaines
différences sur lesquelles nous reviendrons plus loin. C'est là
un premier système qui a été employé à Binh-Lu, à Thuong-
Lam, au Movio, à Lung-Kett (30 avril 1891), à Na-Bo, au Nui-
Dao-Tham (déblocus de Pho-Binh-Gia), etc.
Il présente le gros inconvénient d'emprisonner la troupe

assaillante tout entière dans le même défilé, et de ne lui rendre la position abordable que suivant un secteur très restreint et unique, qui coïncide quelquefois avec le côté le plus fort, sur lequel l'attaque s'usera de front [Ba-Dinh (18 décembre 1886), Chomoï, Con-Tam, etc.]. En outre, il n'est guère applicable qu'aux petites unités de 100 à 200 hommes, 250 au plus, c'est-à-dire au groupe élémentaire de combat, dont l'instruction du 10 novembre 1895 sanctionne l'existence sous le nom de groupe mixte d'infanterie. Quel que soit, en effet, le nombre de combattants engagés les uns derrière les autres dans le même défilé, et si le chef ne se contente pas de les pousser tout simplement devant lui et veut manœuvrer, il n'y a pas place pour un effectif plus considérable ; seuls les 100, 200 ou 250 de tête se battront en manœuvrant, les autres resteront inutiles et ne donneront que s'ils sont attaqués en flanc, c'est-à-dire dans des conditions favorables à ceux qui les attaqueront.

Il est possible d'augmenter, dans une certaine mesure, le champ d'action, sans cesser d'être à même de se prêter un mutuel appui, et on peut lâcher le coude à coude rigoureux, tout en conservant encore un degré suffisant de solidarité.

Plusieurs exemples, en effet, et entre autres celui du capitaine Brodiez, à Tranh-Yen, démontrent qu'en montagne et en face d'Asiatiques, une troupe mixte peut toujours, en prenant position même sur un terrain peu favorable, résister, tant qu'elle a des vivres et des munitions, à un ennemi très supérieur en nombre. Il s'en suit qu'un chef de colonne peut pousser souvent assez loin des fractions isolées, à charge par lui d'avoir entre les mains, les moyens de dégager celles d'entre elles qui viendraient à être attaquées en force et obligées de prendre position.

Sur ce fait repose un deuxième système de manœuvre qui a été employé à Bo-Gia, au Nui-Co-Bang, au fort du De-Nam (27 et 28 mars 1892), à Lung-Kett (13 avril 1895), etc... et qui consiste essentiellement, étant donné l'objectif P et plusieurs voies d'accès ABC, ADE, ADFG, etc., à lancer du monde à la fois sur plusieurs de celles-ci, après avoir laissé en A, à la bifurcation commune, une réserve qui reste jusqu'à nouvel ordre le centre d'action du système.

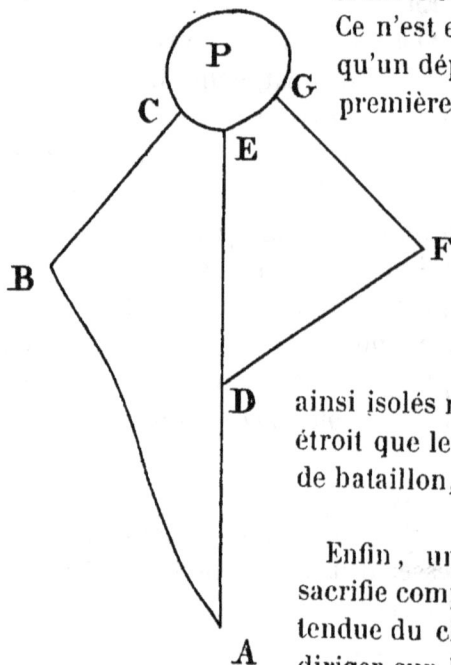

Ce n'est en somme pas autre chose qu'un déploiement en fractions de première ligne et réserve, mais déploiement :

1° fait à l'avance et à l'entrée des défilés permettant d'accéder à la position ;

2° dans lequel la solidarité entre les groupes ainsi isolés repose sur un lien moins étroit que le coude à coude de l'école de bataillon, mais suffisant.

Enfin, un troisième système qui sacrifie complètement la liaison à l'étendue du champ d'action, consiste à diriger sur le repaire plusieurs attaques réparties tout autour, sans obligation absolue de communications réciproques. C'est celui que préconise le commandant Le Prince ; il a été employé avec des effectifs variables à Than-Maï, à Xom-Giong, à Ban-Duoc, à Lung-Noï, à Lung-Lat, à Kc-Thuong, etc. Chaque colonne marche pour son compte sur la position et l'attaque en employant, suivant les circonstances et suivant son effectif, soit le premier, soit le deuxième des deux systèmes d'attaque précédents.

En dehors de toute autre considération, ce troisième système s'impose dès que l'effectif à mettre en ligne dépasse une certaine limite, au delà de laquelle l'impulsion directe et constante d'un seul chef, et par suite la solidarité que donne encore le deuxième système, n'est plus possible. Si l'on se reporte aux exemples cités précédemment, on voit que cette limite a été fixée très largement par l'instruction du 10 novembre 1895 à l'effectif de 1.000 hommes.

Nous développerons plus spécialement les troisième et premier systèmes, le deuxième étant un système intermédiaire tenant de l'un et de l'autre.

DE L'ACTION PAR COLONNES MULTIPLES SANS LIAISON OBLIGATOIRE. — L'action par colonnes multiples sans liaison obligatoire est devenue aujourd'hui le procédé normal et on est de plus en plus porté à admettre qu'à part les cas de surprise, il n'est sage de se mettre en campagne que si l'effectif dont on dispose en permet l'emploi.

Le système a été étudié et envisagé sous toutes ses faces par le commandant Le Prince, dont les principales considérations sont reproduites ci-après (1).

Possibilité de ce procédé en face d'Asiatiques. — D'abord, le danger des colonnes multiples, sans liaison obligatoire, n'est pas très considérable en face des Chinois et des Annamites qui manquent d'esprit offensif, qui se concentrent généralement dans la position à défendre et ne s'en éloignent que fort peu pour tendre en avant des embuscades presque toujours passives.

Les deux échecs du Ngoï-Hutt (avril 1888) et de Pia-Tchang (août 1890) sont peut-être les deux seuls exemples d'action concentrique dans laquelle une des colonnes convergentes ait eu affaire à toute la bande réunie. Encore faut-il remarquer que dans le premier il y a eu échec, c'est vrai, mais pendant que le commandant Bosc, assailli par des forces supérieures, était obligé de se replier sur Traï-Hutt, le commandant Berger, parti de Bac-Khe, occupait sans peine la position dégarnie de Déo-Hat, et, en définitive, le résultat a été atteint.

_____

(1) Pour la discussion de la plupart des principes qui vont suivre, se reporter à l'ouvrage du commandant Le Prince.

Opér. milit.   20

Dans le deuxième exemple, les petites colonnes parties de Phuc-Hoa, Halang, Trung-Khanh-Phu, etc., convergeaient, non sur une position centrale ennemie, mais sur le poste de Quang-Huyen, qui avait été attaqué par Danh-Ha-Hop et qu'on se proposait de dégager; il s'est trouvé que l'ennemi avait quitté les abords du poste et tenait le cirque de Pia-Tchang sur le chemin de la petite colonne de Phuc-Hoa, la rencontre a donc été indépendante de sa volonté.

Effectifs et mode d'action des colonnes. — Pour enlever toute possibilité de danger à l'emploi de ce procédé, il suffit du reste de fixer judicieusement et d'après l'effectif de l'ennemi, la force de chaque colonne : chacune d'elles doit être en mesure à elle seule, si elle vient à être assaillie par toute la bande, non de la vaincre, ce qui est la tâche de l'ensemble des colonnes, mais de la tenir en échec et de pouvoir se dégager d'elle-même sans difficulté.

Ce calcul est d'ailleurs uniforme pour toutes les colonnes; car, sauf le cas de la défensive imposée dès le début à l'une d'elles, il est fort rare que les renseignements recueillis sur l'ennemi et sur le terrain soient suffisants pour permettre de leur assigner à l'avance le rôle qu'elles doivent jouer. Il convient en conséquence de les organiser de façon à les rendre également aptes à jouer n'importe lequel des rôles qui peuvent se présenter. Une fois organisées et mises en route, elles marchent un peu à la grâce de Dieu : une, deux peut-être seront arrêtées et fourniront l'action démonstrative, il y a des chances pour qu'il n'en soit pas de même de la troisième et de la quatrième et que l'une de celles-ci puisse avancer et fournir l'action décisive.

Si toutes les colonnes sont arrêtées, il doit se passer alors ce qui s'est passé à Ba-Dinh, avec la physionomie spéciale du siège de Huu-Thue quand on opère en forêt, et du blocus de Lung-Noï quand on opère en pays rocheux : chaque colonne s'arrête, prend pied, s'étend à droite et à gauche, cherchant à se relier aux colonnes voisines, on forme ainsi une sorte de première parallèle, sur laquelle on s'appuie pour opérer ensuite suivant les principes généraux de la guerre de siège.

Coordination du mouvement des colonnes. — La difficulté de régler les mouvements des colonnes entre elles est très atténuable, si l'on considère que l'inertie du défenseur permet de calculer très largement le mouvement; on le règlera sur la marche de celle qui est la plus lourde ou qui a le plus de chemin à parcourir, en prenant comme échelle du temps non plus les heures et les minutes, mais les jours ou au moins les demi-journées.

Une première façon de faire consiste, après achèvement de la concentration des colonnes, à les amener à des points de rendez-vous situés tout autour et à environ une demi-journée de marche du repaire; les colonnes s'y rendent en utilisant les sentiers praticables, chacun d'eux pouvant servir à plusieurs colonnes. Elles en repartent à une date unique calculée très largement, comme il est dit plus haut; celles qui y seraient arrivées un peu à l'avance employent leur temps à organiser des positions de réserve et à exécuter des reconnaissances. C'est la façon de faire employée à Lung-Lat par le colonel Galliéni.

Elle n'est pas toujours possible; il arrivera souvent, en effet, que le théâtre des opérations ne sera pas assez connu pour qu'on puisse déterminer à distance voulue de la position trois ou quatre points de rendez-vous bien nettement précisés; dans ce dernier cas, on fixera, mais en le calculant toujours très largement, le jour de l'attaque, comme cela s'est passé à Ke-Thuong.

Il existe enfin, outre le télégraphe électrique et optique et les trams, des moyens de correspondance auxiliaires, qui pourront souvent être utilisés pour rendre compte d'un à-coup imprévu et pour y parer; ce sont les fusées, les grands feux et les pigeons voyageurs. De ces trois moyens de communication, le troisième est de beaucoup le plus pratique et nous

avons vu quels bons services il a rendus aux combats de la
Tombe-du-Pontonnier et de Bac-Xam.

DE L'ACTION DE LA TROUPE MARCHANT RÉUNIE. — *Physionomie
générale du combat*. — La manière de combattre d'un groupe
mixte qui marche à l'ennemi soit isolément, soit comme
groupe de première ligne d'une colonne, peut se résumer
comme il suit :

Les *impedimenta* sont tout d'abord parqués en lieu sûr
sous la protection d'un détachement que le terrain permet le
plus souvent de réduire à quelques fusils. Ce détachement
forme généralement, quand elle a été constituée, le dernier
anneau de la chaîne de postes dont il a été question au chapitre III et qui a pour but, surtout en pays rocheux, d'assurer
la possession de la ligne de retraite ; il en assure dans tous les
cas le débouché, et surtout constitue à l'origine du terrain de
combat une position de repli en cas d'insuccès. Il doit donc
toujours être prévu, même si, comme au Nui-Co-Bang, à
Lung-Kett (3 avril 1891) et à Ban-Duoc, le chef de colonne a
pris, avant de marcher à l'ennemi, la précaution de se débarrasser de ses bagages.

Le reste de la troupe aborde l'adversaire fractionné en trois
parties :

La première, qui est chargée de gagner du terrain en avant,
puis d'entretenir le combat de front ;

La seconde, qui exécute l'acte décisif par un mouvement
tournant ;

La troisième en réserve, alimentant en hommes les deux
premières et parant à l'imprévu.

On peut citer comme exemples d'affaires dans lesquelles
ces dispositions apparaissent avec netteté, les deux combats
de Binh-Lu (6 novembre 1886) et de Lung-Kett (3 avril 1891)
livrés à des dates et sur des terrains fort différents.

A Binh-Lu, la première précaution du capitaine Olive est
de parquer son convoi au col donnant accès dans la plaine,
qui va devenir terrain de combat. La position est assez forte

pour qu'une dizaine de soldats (dont ses écloppés) suffisent à sa garde; son occupation assure en même temps la possession de l'origine de la ligne de retraite et l'appui d'une bonne position de repli si l'affaire est malheureuse. Ces précautions prises, le reste de la petite colonne se porte au combat divisé en deux fractions, la première qui comprend la première ligne et la réserve se dirige droit sur les forts de Dieu-Van-Tri; la deuxième, sous les ordres du lieutenant Brisse, escalade les mamelons de droite et exécute sur les hauteurs un mouvement tournant qui l'amène à tourner les ouvrages par le nord, pendant que le capitaine Jannet les aborde par le sud.

A Lung-Kett, le commandant Tournier (1) s'est débarrassé de son convoi en le laissant à son camp de Sam-Chiem, gardé par quarante-cinq fusils. Arrivé en face du repaire, les quelques coolies indispensables qui accompagnent la colonne, sont parqués au pied d'une dent rocheuse isolée, dont le lieutenant Chenard couronne la cime, formant à la fois position de protection du petit convoi, position de repli et observatoire. Puis la colonne s'avance prudemment le long de l'étroit couloir qui sert d'entrée septentrionale au cirque de Lung-Kett et au débouché sud duquel elle est arrêtée jusqu'au moment où le mouvement tournant exécuté par le lieutenant Wemel, le long de falaises à pic, fait tomber les dernières résistances.

De la position de repli. — De ces dispositions générales de combat, celle qui a trait à la position de repli paraît être la plus essentielle, surtout quand le groupe engagé est isolé. C'est, en cas de revers, la sauvegarde de combattants perdus en pays inconnu et quelquefois hostile, sauvegarde d'autant plus indispensable, qu'au moment où l'on s'aventure au combat, on ne possède jamais que des renseignements très sommaires tant sur l'ennemi que sur le terrain et qu'il faut, par

_____

(1) De la légion étrangère.

conséquent, toujours compter avec le hasard. Quand le groupe fait partie d'une colonne, cette position de repli devient pour lui, en cas d'insuccès, le point de ralliement où tout le groupe prend position et où le reste de la colonne vient le dégager.

Aussi voyons-nous peu d'affaires conduites par des chefs expérimentés débuter sans que cette précaution ait été prise.

A Thuong-Lam, les bagages sont parqués dans une pagode qui, défendue par un petit détachement, constitue un solide point d'appui sur les derrières du capitaine Pegna.

Au déblocus de Pho-Binh-Gia, après avoir atteint le Nui-Dao-Tham, le capitaine Brulard y rassemble ses coolies et s'y installe fortement avant de faire un pas vers le sud, etc.

Faisons remarquer d'autre part que si, à l'affaire de Pia-Tchang (25 août 1890), la barricade en pierre fermant l'entrée du couloir avait été occupée, ne fût-ce que par quatre ou cinq hommes, la voie de retraite eût été dégagée, la débandade enrayée et le désastre de ce jour-là moins cruel. Il est également fort probable que les affaires de Tong-Ba-Xa, du De-Dzuong de Con-Tam et de Kim-Noï auraient été moins meurtrières si la rupture du combat se fût faite sous la protection d'un bon point d'appui.

Aux exemples qui viennent d'être cités, on peut certainement opposer certaines petites affaires brillamment conduites et heureusement terminées, pour lesquelles la précaution qui nous occupe n'avait pas été prise ; elles sont rares et comportent presque toujours un motif la rendant moins indispensable. Il est certain, par exemple, qu'à Hoang-Chi et à Lang-Phan, outre qu'ils se trouvaient très près de leurs postes respectifs, le capitaine Dallier et le lieutenant Camilatos connaissaient à fond leur terrain et étaient sûrs de leur affaire.

Du mouvement tournant. — Après l'installation de la position de repli, la plus importante des dispositions de combat est certainement le mouvement tournant.

L'enlèvement de front du Movio par le capitaine Bailly, après deux essais faits pour aborder la position par les ailes, est, en effet, un des rares exemples d'action de front réussissant à elle seule et sans grosses pertes. Si la coupure de Bo-Gia a pu tomber sous les seuls effets d'une attaque de front, c'est par suite du hasard heureux du peu de solidité de la porte centrale audacieusement défoncée par l'adjudant Chaton; le lieutenant-colonel Servière s'était, du reste, assuré une deuxième corde à son arc en prévoyant le mouvement du groupe Le Camus.

L'enlèvement de front de Chomoï et du col de gauche de Lung-Kett (13 avril 1895), nous ont coûté très sensiblement plus cher et n'ont réussi, du reste, que grâce à l'énergie déployée dans les deux affaires par les chefs de tous grades encadrant les troupes engagées.

A Xom-Giong, l'attaque de gauche du commandant Geil s'est heurtée de front à des tranchées étagées devant lesquelles elle dut se replier et que fit tomber sans pertes, un peu plus tard, le mouvement tournant du lieutenant Bels, envoyé par le commandant Bergounioux.

A Thuong-Lam, le groupe Pegna s'est trouvé englobé tout entier dans l'attaque de front, par suite de la surprise qui a marqué le début de l'affaire; il s'est usé sur des obstacles qu'il n'a pu franchir et a subi de grosses pertes. Ce n'est qu'après l'arrivée sur le terrain du groupe Le Nourrichel, que le lieutenant Meyer a pu se porter sur le flanc de la position avec une poignée de légionnaires, dont l'intervention a déterminé la retraite des défenseurs du village.

Ce mouvement diffère, comme on voit, de l'attaque décisive de la grande guerre. D'abord, c'est bien au sens théorique du mot, un mouvement tournant, qui non seulement perd le contact de l'attaque de front, mais est même souvent lancé un peu à l'aventure sur le flanc ou les derrières de l'ennemi.

Ainsi, nous voyons, à Xom-Giong, le lieutenant Hirtzmann se diriger à la boussole à travers une brousse épaisse et sans autre guide que la direction de son aiguille aimantée; après une marche des plus longues et des plus pénibles, il atteignit cependant un point d'où il put prendre de revers et faire éva-

cuer les tranchées ennemies que le commandant Geil attaquait de front.

Une deuxième remarque à faire est que, contrairement à
l'attaque décisive classique qui a pour but final l'assaut et doit
se transformer peu à peu en une marée humaine destinée, le
moment voulu, à inonder la position ennemie, le mouvement
tournant au Tonkin se fait avec quelques hommes et n'a d'autre objet que d'aboutir à une position permettant de prendre
d'enfilade ou de revers la position ennemie. L'assaut est, en
effet, toujours très meurtrier en montagne, souvent impraticable et, la plupart du temps, inutile contre un ennemi qui dispa-
raît généralement dès qu'il reçoit quelques coups de feu dans
le flanc ou dans le dos.

Enfin, la plupart des exemples rappelés dans ce paragra-
phe, ceux du lieutenant Wemel à Lung-Kett, du lieutenant
Reverony à Xom-Giong (groupe Geniteau), du sergent Maillet
à Nabo, etc., prouvent qu'un mouvement tournant peut s'exécuter par de très mauvais passages et qu'il ne faut pas se
hâter de le juger impraticable. Son exécution est, au contraire, presque toujours possible, ce n'est souvent qu'une
simple affaire de temps; or, au Tonkin, il ne faut jamais être
pressé et une des principales qualités du chef militaire est
d'être inaccessible aux impatiences.

De l'action de front. — Quelques mots maintenant de l'action
de front.

Nous avons vu au chapitre III que le service de sûreté doit
théoriquement avoir pour résultat de rendre la troupe qui
marche à l'ennemi, maîtresse, au moment où le combat
commence, de sa ligne de retraite et des deux ou trois points
d'appui pouvant exister dans les environs.

Mais nous avons vu également que cette occupation était la
conséquence d'une manœuvre longue et pénible, qu'on ne
peut commencer que dans le voisinage immédiat de l'ennemi.
Par conséquent, toutes les fois qu'une troupe sera attaquée à
l'improviste, ou plus tôt que son chef ne l'aura prévu, le com-

bat a des chances de s'engager sans qu'elle ait ces deux ou
trois atouts dans son jeu. Il semble alors que la première
préoccupation de celui qui commande doit être de s'en emparer, si toutefois ils existent. A l'affaire de Dong-Tiam, dès
les premiers coups de fusil, le capitaine Jobard enlève, à gauche, le petit replat sur lequel sont embusqués les pirates et
s'y établit, tandis qu'à droite, le commandant Tournier occupe
une maison isolée formant îlot au milieu du village ; ces deux
points d'appui ont constitué une ligne d'arrêt à la faveur de
laquelle la colonne a pu respirer un peu, attendre son avant-
garde et organiser sa retraite.

Quoiqu'il en soit, ces premiers points d'appui occupés d'une
manière ou d'une autre, le rôle de l'action de front est de
compléter cette occupation et de pousser de l'avant en procé-
dant lentement à d'autres occupations de même nature, jusqu'au moment où il n'est plus possible d'avancer de front. Le
rôle de l'action de front est alors d'entretenir le combat pendant que le mouvement tournant poursuit son œuvre souvent
pénible et toujours longue, puis d'aller occuper la position
évacuée.

Cette dernière phase est, dans la plupart des rapports
d'opérations, qualifiée du nom d'assaut ; en réalité, le véritable assaut, avec corps à corps, est l'exception au Tonkin ;
car la guerre de montagne est une guerre de positions dans
laquelle le facteur homme, prépondérant dans la guerre ordinaire, perd beaucoup de son importance au bénéfice du facteur terrain. On peut citer comme exemple d'action de front
habilement conduite celle du combat de Nabo (17 décembre
1892).

En résumé, service de sûreté préliminaire, action de front
ou mouvement tournant, la manœuvre se ramène presque
toujours pour le troupier à ce qu'il appelle « le *pitonnage* ».
A Nabo, le terrain, quoique difficile, se prêtait mérveilleuse-
ment bien à cette manœuvre, parce qu'il était en même
temps découvert ; il n'en est pas toujours ainsi. Les opérations contre Lung-Noï nous montrent toutefois que ce piton-

nage est encore possible même en pays beaucoup plus dur
et qu'il est seulement plus pénible et plus long. C'est également l'avis exprimé par le commandant Famin au chapitre XII de son ouvrage. Pendant les opérations des Ba-Chau,
le soin d'occuper les hauteurs était confié à des petites
fractions de 6, 8 ou 10 hommes, à chacune desquelles étaient
adjoints deux coolies porteurs de bambous creux contenant
une réserve d'eau et chargés du ravitaillement du petit poste.
« *Dès qu'on arrivait au contact, dit le commandant, on occupait ainsi tous les sommets importants. Les légionnaires appe-
laient le système* « PITONNER ». *Il impose malheureusement de
grandes fatigues aux hommes, mais il a grand avantage d'éviter
toute surprise et de produire un grand effet moral sur tous,
amis et ennemis. Des pirates qui n'étaient pas ébranlés par
l'attaque vigoureuse de 50 à 60 hommes, ont toujours reculé
dès qu'ils se sont vus dominés par un groupe de cinq à six
fusils. Lors de l'affaire de Canh-Ma (18 novembre 1892) les Chinois qui venaient de surprendre le premier groupe et qui résis-
taient avec succès aux efforts des deux premiers groupes réunis,
c'est-à-dire à plus de 300 fusils, ont battu en retraite dès que le
capitaine Rivière a pu les dominer en gravissant avec huit hommes seulement un sommet très élevé, et on pourrait citer beaucoup
d'exemples de ce genre.* »

Qu'il nous soit permis d'ouvrir ici une parenthèse qui se
rapporte au chapitre II de cette deuxième partie et aux
moyens de transport. La nécessité de manœuvrer en piton-
nant étant bien démontrée, on voit que non seulement il est
cruel d'imposer au soldat de le faire sac au dos, mais même
qu'en laissant le soldat chargé, on met *a priori* la troupe
qu'on commande à peu près hors d'état de rien produire. Le
soldat tant indigène qu'européen, doit porter son fusil et ses
cartouches; il doit également avoir sur lui une quantité suffisante de vivres (deux jours avec viande de conserve) pour
qu'on n'ait pas à s'occuper de lui quand les nécessités de la
lutte obligent à le maintenir pendant toute une journée et
plus, au sommet du piton escaladé; non seulement il doit être

débarrassé de ses effets de rechange et de sa couverture, mais la colonne doit disposer d'un nombre suffisant de coolies, pour qu'on puisse, le cas échéant, en affecter à chaque petit poste deux ou trois, qui l'alimentent en eau, lui portent ses vivres et ramènent ses blessés s'il en a. Les pirates chinois, qui, depuis de longues années, pratiquent la guerre de ce pays, ont à ce point de vue une organisation très pratique : ils se battent par petits groupes de 5 ou 6 hommes dans lesquels 3 ou 4 seulement sont armés ; les autres, simples coolies, suivent par derrière, portent les vivres et les cartouches, enlèvent les blessés et ramassent les armes des combattants mis hors de combat ; entre autres bons effets de cette coutume, il leur arrive fort rarement, même en cas de grosse défaite, de laisser entre nos mains des blessés, des cadavres et des fusils. Adopter la même organisation par l'adjonction de coolies dans le rang serait peut être excessif, car elle aurait pour conséquence de transformer nos colonnes en cohues de soldats et de coolies mélangés ; mais il est possible de répondre au *desideratum* que nous signalons, en prélevant au moment du besoin les coolies nécessaires sur le stock des coolies brancardiers des groupes, stock qu'il suffirait de majorer dans les proportions indiquées au chapitre II.

Pour ce qui est de la manœuvre elle-même du pitonnage, il y a manière d'y procéder. Au combat de Ban-Duoc, le piton dont le sous-lieutenant Abadie était chargé de s'emparer, se trouvait dominé d'une centaine de mètres, par le piton où avait pris position la réserve du groupe et dont il était séparé par 250 mètres au plus ; quand les pirates ont ouvert le feu sur la section Abadie qui montait, il eût été possible à la réserve de couvrir de balles leur position et de la rendre intenable ; malheureusement nos hommes marchaient exactement dans la direction qui aurait été celle du tir, si la réserve avait tiré ; ils auraient donc reçu les balles dans le dos et ils furent par suite obligés de se tirer d'affaire tout seuls. Cet exemple démontre qu'il faut, autant que possible, lorsqu'on veut prendre possession d'un piton qui peut être occupé, toujours faire appuyer la fraction qui marche par une fraction en position, prête à tirer sur l'objectif et régler la marche de l'une et le tir de l'autre de telle façon que les deux directions forment un angle assez ouvert. Rappelons, encore une fois, à ce propos, la manœuvre bien connue de tous ceux qui ont fait la guerre dans les hautes régions et qui a été employée avec succès par le lieutenant Chenard à Lung-Kett, par les lieutenants Maillard et Vautier, puis par le sergent Maillet à Nabo, par les capitaines Lasalle et Cortial au Nui-Co-Bang. Veut-on s'emparer d'un sommet escarpé occupé par un groupe ennemi, ou le balaye de feux qui ont pour effet de forcer les défenseurs à quitter le bord du plateau pour aller se défiler un peu plus loin ; ils cessent alors de surveiller les pentes et la fraction d'attaque en profite pour arriver jusqu'en haut, en marchant suivant une direction oblique par rapport au tir. S'il n'y a pas dans les environs de l'objectif de bonne position d'infanterie pour le battre de près, on emploie alors le canon.

Il peut arriver, enfin, que le pays où l'on opère ne présente aucun point d'appui; telles sont, par exemple, les forêts du Yen-The, qui couvrent presque sans discontinuité un pays sans relief et sans vues. Dans un pays de cette espèce, les points d'appui font défaut, aussi bien à la bande ennemie qu'à la troupe amie, ce qui n'est, du reste, pas un avantage pour celle-ci, car, à défaut de points d'appui naturels, l'ennemi en organise sous bois d'artificiels, construits avec méthode et fort durs à enlever. Les opérations entreprises au Yen-The ont, en effet, toujours eu comme phase finale de véritables sièges dirigés contre des fortins en terre, hérissés de défenses accessoires. L'officier qui se trouve dans de semblables circonstances doit, avant tout, bien savoir ce qu'il veut faire. S'il ne s'agit que d'une simple reconnaissance, il fera comme le capitaine Plessier, le 9 décembre 1890, il poussera si c'est possible jusqu'au fort, le reconnaîtra tant bien que mal, l'enlèvera si les circonstances se prêtent à un coup de main, sinon il se retirera sans s'obstiner contre des ouvrages intacts. Si, au contraire, il doit poursuivre l'opération, il poussera de l'avant autant que possible mais sans commettre d'imprudence et, dès qu'il se croira suffisamment rapproché, il fera construire le point d'appui qui lui manque par le gros de sa troupe, pendant que son avant-garde livrera un combat défensif. Ce point d'appui, suffisamment élargi à droite et à gauche et relié, s'il y a lieu, aux points d'appui semblables, construits par les groupes voisins, constituera une sorte de première parallèle; c'est sur cette dernière qu'il s'appuiera ensuite pour cheminer jusqu'en un point situé en vue du fort, point où il puisse installer une batterie de tir en brèche et d'où il puisse lancer une colonne d'assaut la brèche faite.

Si, en effet, on se reporte aux opérations de décembre 1890 et janvier 1891, devant Huu-Thue, on se rend bien compte qu'il n'y a pas d'autre façon d'opérer que celle pratiquée par le colonel Frey et le commandant Régis, mais qu'il eût peut-être été possible d'établir la première parallèle un peu plus près de l'ouvrage ennemi; en effet, lors des deux affaires du 11 et du 22 décembre 1890, pendant que la première ligne se battait, il eût certainement été possible à la deuxième de construire rapidement un ouvrage en arrière, à peu près à l'endroit où l'artillerie a été mise en batterie dans les deux affaires; nous aurions été de ce fait solidement établis à moins de 200 mètres du fort et les cheminements jusqu'à la position de batterie pour le tir en brèche (ou jusqu'à l'évacuation), n'auraient duré qu'un jour ou deux. Cela soit dit sans esprit de critique malveillante, car s'il nous est permis aujourd'hui de raisonner sur les faits passés et, par cette étude, de faciliter notre tâche, c'est parce que d'autres avant nous ont agi et ont peiné; honneur donc à nos prédécesseurs, surtout dans les besognes dures et meurtrières qu'ils peuvent avoir eu à accomplir.

De la réserve. — L'usage de la réserve est celui de toute lutte à main armée; elle constitue entre les mains du chef une sorte d'en-cas destiné à parer à l'imprévu, en même temps qu'un moyen de mettre en pratique le principe de l'économie des forces, applicable sous toutes les latitudes et contre tous les adversaires.

Nous avons vu que le mouvement tournant exigeait peu de monde; les quelques considérations présentées sur le terrain et l'ennemi font ressortir d'autre part que, s'il faut un certain effectif pour prendre possession d'un point d'appui, une fois cette prise de possession accomplie, quelques hommes suffisent le plus souvent à en assurer la défense ultérieure. L'officier qui mènera un engagement tirera parti de ces circonstances pour ne pas laisser fondre sa réserve.

Quant au placement et au fonctionnement de celle-ci, tout cela se pratique au Tonkin comme partout ailleurs, en observant toutefois que sur un sol aussi mouvementé, il n'y a pas de distances-types entre échelons, et l'espacement de ces derniers est exclusivement fonction du terrain.

De la transmission des ordres sur le terrain de combat. — Parmi tous les modes de transmission qui existent pour les ordres (ordres verbaux donnés directement ou par l'intermédiaire d'un tiers intelligent, ordres écrits transmis par plantons ou par trams), il en est un, moins employé peut-être que les autres, que le genre de terrain sur lequel on opère rend précieux au Tonkin, c'est le mode de transmission par signaux exécutés, soit à l'aide de fanions, soit au moyen du clairon. Nous n'entendons point par là la transmission de phrases entières par l'alphabet Morse, mais bien l'usage moins compliqué d'un nombre limité de signaux usuels tels qu'ils existent déjà en partie sur le clairon (en avant — en retraite — cessez le feu, etc.).

Le système a déjà été mis en usage et dans la plupart des opérations exécutées à travers les forêts du Yen-The, les colonnes avaient à leur disposition deux ou trois sonneries convenues à l'avance, signifiant par exemple : *On nous tire dessus* ou bien : *Tel groupe, où êtes-vous?* etc. Mais il n'a jamais été généralisé ni réglementé et n'est employé comme pratique courante que par les pirates. Ceux-ci, en effet, ne se mettent jamais en campagne sans un grand assortiment de pavillons de toutes formes et de toutes couleurs, et il est bien rare qu'on ait contre eux un engagement sans qu'on entende le son lugubre de leurs longues trompettes. Les signaux acoustiques employés par eux ne sont d'ailleurs pas nombreux, deux seulement, paraîtrait-il, le signal : *commencement,* qui signifie suivant les circonstances dans lesquelles se trouvent les destinataires : *en avant, ouvrez le feu, déployez-vous,* etc., et le signal : *fin,* qui signifie de même : *en retraite, cessez le feu, rassemblez-vous,* etc. Avec ces deux sonneries et les signaux optiques de leurs pavillons, les chefs parviennent, nous a-t-on dit, à diriger très suffisamment l'action.

ANNEXE A

**Noms des officiers tués à l'ennemi au cours
des événements résumés au chapitre II de
la première partie.**

ANNEXE A

Noms des officiers tués à l'ennemi au cours des événements résumés au chapitre II de la première partie.

Bruneau, capitaine d'artillerie de marine.....................	5 juillet	1885
Drouin, capitaine de zouaves...............................	5 juillet	1885
Hue, dit Lacroix, lieutenant de zouaves....................	7 juillet	1885
Heitschell, lieutenant de zouaves..........................	24 juillet	1885
Pellicot, lieutenant de zouaves............................	16 août	1885
Bourdier, officier d'administration........................	15 octobre	1885
Guenot, lieutenant de légion étrangère....................	25 octobre	1885
Hugot, capitaine d'infanterie de marine...................	10 janvier	1886
Camus, lieutenant d'infanterie de marine.................	21 janvier	1886
Besson, capitaine du génie.................................	2 mars	1886
Chassaigne, lieutenant d'infanterie de marine.............	13 juin	1886
Geil, lieutenant d'infanterie de marine...................	19 août	1886
Henry, sous-lieutenant de légion étrangère...............	19 août	1886
Fougères, sous-lieutenant d'infanterie de marine...........	10 septembre	1886
Raybier, lieutenant d'infanterie de marine.................	3 novembre	1886
Brisse, lieutenant de légion étrangère.....................	8 novembre	1886
Zahner, lieutenant d'infanterie de marine.................	18 décembre	1886
De Thuisy, sous-lieutenant d'infanterie de marine..........	4 février	1887
D'Arthaud, capitaine d'infanterie de marine...............	13 février	1887
Gransault, lieutenant d'infanterie de marine..............	21 décembre	1887
De Marrien, lieutenant au 4e tonkinois (armée de terre)......	31 décembre	1887
De Nugent, capitaine d'infanterie de marine...............	20 mai	1888
Teyssandier-Laubarède, lieutenant d'infanterie de marine....	23 juillet	1888
Janin, sous-lieutenant de légion étrangère.................	9 octobre	1888
Davy, lieutenant du bataillon d'Afrique...................	30 octobre	1888
Reynier, capitaine au 4e tonkinois (armée de terre).........	5 novembre	1888
Castaignet, lieutenant du bataillon d'Afrique..............	27 novembre	1888
Gardères, capitaine d'artillerie de marine................	17 janvier	1889
Adam, lieutenant d'infanterie de marine...................	8 mai	1889
Chavy, lieutenant au 4º tonkinois (armée de terre).........	3 septembre	1889
Olivier, lieutenant de légion étrangère...................	4 septembre	1889
Le Nourrichel, capitaine de légion étrangère..............	20 septembre	1889
Marfond, sous-lieutenant d'infanterie de marine...........	10 octobre	1889
Lanta, sous-lieutenant du bataillon d'Afrique.............	31 octobre	1889
Sagols, lieutenant d'infanterie de marine.................	1er janvier	1890
Moll, sous-lieutenant d'infanterie de marine..............	19 février	1890
Ehrer, sous-lieutenant de légion étrangère............ ...	19 mai	1890
Camilatos, lieutenant de légion étrangère.................	6 juin	1890

Margaine, sous-lieutenant d'infanterie de marine........... 16 juillet 1890
Audubert, sous-lieutenant du bataillon d'Afrique...:........ 25 août   1890
Plat, lieutenant d'infanterie de marine.................. 13 novembre 1890
Ramadié, capitaine d'infanterie de marine................ 27 novembre 1890
Barban, lieutenant d'infanterie de marine.;...:.......... 7 décembre 1890
Blaise, lieutenant d'infanterie de marine.................. 22 décembre 1890
De Guigné, capitaine d'infanterie de marine.............. 9 janvier 1891
Cramouzaud, lieutenant d'infanterie de marine............. 23 janvier 1891
Goulas, capitaine d'infanterie de marine................. 18 avril   1891
Chaudoreille, lieutenant de légion étrangère....,......... 9 mai   1891
De Vathaire, lieutenant d'infanterie de marine........... 21 août   1891
Giffard, sous-lieutenant d'infanterie de marine............ 21 octobre 1891
Lamay, lieutenant d'infanterie de marine....,.......... 17 décembre 1891
Lemoine, capitaine d'infanterie de marine................ 12 janvier 1891
Esterhazy, lieutenant d'infanterie de marine....:......... 12 janvier 1892
Pouligo, capitaine d'infanterie de marine................. 5 février 1892
Magnenot, capitaine d'infanterie de marine............... 23 février 1892
Letardif, lieutenant d'infanterie de marine............... 1er mars   1892
Becquet, lieutenant d'artillerie de marine................ 25 mars   1892
Holstein, lieutenant d'infanterie de marine............... 25 mars   1892
Vigneron, lieutenant d'infanterie de marine............... 25 mars   1892
Huas, lieutenant d'infanterie de marine.................. 17 mai   1892
Perrin, capitaine d'infanterie de marine.................. 14 juin   1892
Bonnaud, chef de bataillon d'infanterie de marine.......... 9 juillet 1892
Charpentier, capitaine d'artillerie de marine............. 9 juillet 1892
Oppenheim, capitaine d'infanterie de marine.............. 18 juillet 1892
Billoir, lieutenant d'infanterie de marine................. 17 août   1892
Watrin, capitaine de légion étrangère............. .... 17 août   1892
Ginalhac, lieutenant d'infanterie de marine............... 18 août   1892
Jeanperrin, lieutenant d'infanterie de marine.... .... 25 octobre 1892
Duchier, sous-lieutenant de légion étrangère.............. 22 novembre 1892
Trémollet de Lacheisserie, s.-lieut. de légion étrangère..... 15 décembre 1892
Langrognet, sous-lieutenant d'infanterie de marine.......... 26 octobre 1893
Delaunay, capitaine d'infanterie de marine................ 6 décembre 1893
Gleyzes, sous-lieutenant d'infanterie de marine........... 3 juin   1895
Brisach, lieutenant de légion étrangère.................... 1er août   1895
Vormèze, lieutenant d'infanterie de marine................ 21 août   1895

ANNEXE B

Extraits de l'instruction du 10 novembre 1895 sur l'organisation et le ravitaillement des troupes opérant contre les pirates du Tonkin.

N.-B. — Ces extraits comprennent l'instruction complète, de laquelle ont été retranchés certains détails pratiques techniques, donnés par les appendices et par certaines notes.

ANNEXE B

———

Extraits de l'Instruction du 10 novembre 1895, sur l'organisation
et le ravitaillement des troupes opérant contre les pirates du
Tonkin.

———

TITRE I

———

AVANT-PROPOS

1. A l'exception de l'artillerie, les troupes sont normalement
organisées, au Tonkin, en corps indigènes et en corps européens ;
or, depuis la fin des grosses opérations de la conquête, nos soldats
se sont presque partout présentés à l'ennemi en groupe de combat
d'une centaine d'hommes, dans lesquels l'élément indigène, qui est
l'élément dominant, était encadré et soutenu par l'élément européen. De cette organisation, qui est devenue l'organisation habituelle des troupes d'opérations, résulte pour ces derniers un
manque d'homogénéité que la présence d'un troisième élément,
qui n'est ni encadré, ni instruit, le coolie, rend encore plus sen-
sible.

2. La nécessité de donner un peu de cohésion à un tout aussi
disparate, les obstacles que présentera toujours la levée des nombreux coolies nécessaires à une expédition, l'état tout primitif des
voies de communication dans un pays naturellement si peu praticable et enfin l'excessive mobilité des bandes rendent fort difficiles
l'organisation et le ravitaillement des colonnes. Ces difficultés
obligent le commandement à y consacrer tous ses soins et à y
appliquer tous ses talents militaires.

Dans une opération de longue haleine, sortant du cadre des

coups de main et des reconnaissances, l'organisation et le ravitaillement peuvent être assurés d'une façon convenable par l'application méthodique et calculée à l'avance de principes appropriés aux circonstances.

3. La présente instruction, qui ne vise du reste que l'opération de longue haleine, a pour objet d'établir ces principes et de résumer les moyens propres à en faciliter l'application.

Les circonstances de la guerre contre pirates sont toutefois trop multiples et trop imprévues pour qu'il soit possible d'établir, à cet égard, des règles immuables. Cette instruction devra donc être considérée plutôt comme un recueil de conseils applicables dans la plupart des cas que comme une réglementation à laquelle les chefs militaires ayant à conduire des colonnes ou des fractions de colonnes soient étroitement astreints.

TITRE II

ORGANISATION DES COLONNES

CHAPITRE Ier

Organisation générale.

4. Les troupes chargées de coopérer à une expédition sont organisées en une ou plusieurs colonnes placées sous un commandement supérieur unique (habituellement sous le commandement d'un général, colonel ou lieutenant-colonel, lorsqu'il y a plusieurs colonnes).

Lorsque l'expédition est de faible importance, il n'est formé qu'une colonne.

Dans le cas contraire, il est formé plusieurs colonnes.

Lorsque l'expédition comporte un très gros effectif, que l'isolement des lignes d'opération ou tout autre cause le rend nécessaire, il peut être créé, entre le commandement supérieur des colonnes et les commandants de colonnes, des commandements intermédiaires constitués par des groupes de 2 ou 3 colonnes.

5. L'effectif d'une colonne est très variable. Dans certaines petites colonnes, il peut descendre à moins d'une centaine d'hommes.

Dans les grosses colonnes, il peut atteindre un maximum d'un millier d'hommes.

Une colonne se compose :

a) D'un état-major comprenant en principe (1) :

le commandant de la colonne (habituellement un officier supérieur) ;

son major de colonne aidé d'un ou deux secrétaires et auquel on adjoint, si c'est nécessaire :

des officiers destinés à seconder le major de colonne ;

des dessinateurs ;

des interprètes ;

des lettrés.

b) D'infanterie organisée en groupes mixtes (un au moins pour les petites colonnes) ;

c) (S'il y a lieu) d'artillerie qu'il y a avantage à organiser également en groupes mixtes permanents en lui adjoignant une fois pour toutes un petit soutien d'infanterie. (Chapitre 3 du présent .titre.)

A côté de ces éléments actifs et quand l'importance des colonnes ou les autres circonstances de l'expédition le comportent, il faut prévoir les éléments accessoires suivants :

d) (Si l'importance numérique de la colonne le comporte) une ambulance comprenant :

un médecin ;

des infirmiers ;

des brancardiers

un matériel d'ambulance. (Article 5 du chapitre IV du présent titre.)

e) Section de munitions ;

f) Convoi administratif (en général, un par colonne ; dans certains cas exceptionnels, un pour plusieurs colonnes).

Le quartier général du commandant supérieur des colonnes ou du commandant d'un groupe de plusieurs colonnes (dernier alinéa du n° 4), est organisé au moment du besoin. Cette organisation n'est pas susceptible de règles fixes. Le quartier général du commandant supérieur des colonnes peut comprendre, si cet officier le juge utile et le demande, des directeurs des différents services militaires (commissariat, santé, artillerie, génie, télégraphes, etc.) qui, étant donné la décentralisation par colonne, ont alors surtout

---

(1) Cet élément, qui concerne surtout les grosses colonnes, tend à se réduire au seul commandant de la colonne à mesure que l'effectif de la colonne est plus petit.

un rôle d'inspection et de conseil; tous ces directeurs sont placés, quel que soit le service auquel ils appartiennent, sous les ordres et l'autorité immédiate du commandant des colonnes.

6. Ces éléments actifs ou accessoires, composés d'hommes appartenant à des corps différents, sont soumis aux règles d'organisation et de discipline posées par le titre X du décret du 28 mai 1895 sur le service des armées en campagne (des détachements). Toutefois l'administration, dont il n'est pas question dans le titre X, reste distincte par fraction de corps.

7. Quand une colonne est pourvue d'un convoi administratif, le commandant de cette colonne dirige ses ravitaillements suivant les instructions données par le commandant de l'expédition. Sauf la responsabilité qui résulte de ces dernières pour celui qui les a données, le commandant de la colonne est responsable des opérations administratives (argent et vivres) faites au titre de sa colonne (nos 33 et 39.)

Quand un convoi administratif, au lieu de desservir une seule colonne, dessert un groupe de plusieurs colonnes, ce qui vient d'être dit et ce qui est dit aux nos 33 et 39 pour le commandant de la colonne, s'applique au commandant de ce groupe de colonnes.

CHAPITRE II

Organisation d'un groupe mixte d'infanterie.

8. Le groupe mixte d'infanterie est l'unité de combat de l'infanterie de la colonne.

La cohésion étant la première nécessité d'une unité de combat, le groupe est formé au début des opérations et reste constitué tel quel (soldats européens, soldats indigènes et coolies), jusqu'à dislocation définitive des troupes qui y ont pris part.

Le groupe mixte d'infanterie est commandée en principe par un capitaine et son type théorique d'organisation est :

un peloton d'indigènes (100 fusils environ);

un peloton d'Européens (50 fusils environ);

le peloton d'indigènes, commandé par un officier, comprenant deux sections; la section, commandée par un officier, adjudant ou sergent français, comprenant deux demi-sections; la demi-section, commandée par un sergent indigène, comprenant deux escouades de 5 à 12 hommes, commandées chacune par un caporal indigène;

le peloton d'Européens commandé par un officier, étant de même subdivisé en sections et escouades (la demi-section peut rarement être formée dans les sections d'Européens, étant donné leur effectif réduit).

On cherchera à se rapprocher le plus possible de ce type théorique, qui n'est pas toujours réalisable, toute organisation de colonne dépendant avant tout des troupes dont on dispose, et l'effectif, de même que la composition de ces dernières, étant très variable. Il pourra se faire que la proportion d'Européens soit plus forte ou plus faible et même que le groupe ne comprenne que des indigènes ou des Européens.

9. En raison de la différence d'armement, en raison de la nécessité de maintenir dans les unités inférieures la cohésion résultant de la communauté de corps, en raison enfin de l'intérêt qu'il y a à utiliser les gradés indigènes, souvent très bons, dont l'action serait neutralisée, par un mélange complet, le mélange des divers éléments s'arrête au groupe, ne doit qu'exceptionnellement être poussé jusqu'à la section et jamais jusqu'à l'escouade.

Les petits détachements mixtes fixes ou mobiles, qu'il peut être nécessaire de constituer au cours d'une expédition, sont organisés au moment du besoin.

10. Le groupe est pourvu d'un train régimentaire qui est destiné à porter :

les bagages du groupe ;

un certain nombre de jours de vivres (généralement deux), dont l'organisation est détaillée aux nos 28 et suivants dont l'usage est indiqué aux nos 31, 67 et 68 et qui, pendant les marches, ou bien accompagne le groupe en totalité ou en partie, ou bien le rejoint seulement chaque soir (cela dépend des circonstances).

CHAPITRE III

Organisation d'un groupe mixte d'artillerie (1).

11. Le groupe mixte d'artillerie commandé par un officier d'artillerie comprend :

une fraction constituée d'artillerie ;

un soutien d'infanterie.

Il est pourvu d'un train régimentaire organisé dans les mêmes conditions que celui du groupe mixte d'infanterie (no 10).

12. L'adjonction permanente d'un soutien n'a pas pour but de donner à l'artillerie les moyens de faire colonne seule et de se bat-

---

(1) Cette organisation concerne, bien entendu, une colonne d'effectif assez fort permettant d'organiser plusieurs groupes.

tre isolément. Elle a pour but de lui assurer, surtout pendant les marches, une indépendance relative, de parer ainsi aux dangers résultant des isolements accidentels si fréquents sur les mauvais sentiers et enfin d'éviter de grosses fatigues aux groupes d'infanterie, qui pourront dès lors régler leur marche non plus en suivant pas à pas l'artillerie, mais en faisant des haltes plus ou moins fréquentes, après avoir marché à leur allure habituelle.

13. Les fractions constituées d'artillerie appelées à marcher avec les colonnes, sont organisées conformément aux principes de l'instruction ministérielle du 12 mars 1889 et aux prescriptions de l'instruction locale du 1er août 1893 de M. le colonel commandant l'artillerie (appendice no 4).

14. Mais, de même que pour l'infanterie, le type théorique donné par l'article 2 du titre I de cette dernière instruction n'est pas toujours réalisable en entier. Il pourra arriver, par exemple, que le nombre des coups emportés soit moins considérable; il arrivera plus souvent encore que la section devra être réduite à une pièce, soit par suite du manque de coolies, soit à cause des mauvais chemins et du désir qu'aura le chef de colonne de s'alléger, soit enfin parce que le chiffre de deux pièces serait disproportionné avec l'effectif en infanterie de la colonne ou avec le but à atteindre.

15. Le nombre de coolies nécessaires au transport de la pièce, des munitions, des accessoires et des bagages, le nombre des coolies cadres et des coolies haut le pied, sont indiqués aux tableaux A et B de l'appendice no 3.

La plupart des pays où sont appelées aujourd'hui à manœuvrer nos colonnes exigent l'emploi du coolie dans tous les convois destinés à suivre les troupes (artillerie, train de combat, trains régimentaires), mais il pourra arriver exceptionnellement et il arrivera de plus en plus que le groupe d'artillerie, ainsi du reste que le train de combat et les trains régimentaires, puissent être organisés avec des mulets ou des petits chevaux.

16. La force du soutien d'infanterie est calculée à quelques fusils près, à raison d'un total de 30 à 40 fusils (européens, indigènes ou mixtes) pour 100 coolies, y compris les fusils des servants et autres artilleurs.

Quand les circonstances le permettent, ce soutien est constitué par des conducteurs auxiliaires d'artillerie. Chaque homme est alors soumis aux mêmes dispositions réglementaires que le soldat d'infanterie (effets à emporter, charge individuelle, nombre de cartouches, etc.). Cette façon de faire, outre qu'elle économise les tirailleurs, a pour effet de mettre bien dans la main de l'officier d'artillerie le groupe qu'il commande, composé en entier d'hommes de sa batterie.

17. Les trois échelons prévus à l'article 2 du titre II de l'instruction du 1er août 1893 portent le nom de :
Section de combat ;
Section de réserve ;
Section des trains régimentaires.
Si la quantité de munitions est très inférieure aux indications de
l'article 2 du titre I de l'instruction du 1er août 1893, le deuxième
de ces échelons peut être supprimé,
Le soutien est réparti entre ces différents échelons par les soins
du commandant du groupe.
18. Il n'est pas constitué de section de munitions propre pour
le groupe, comme le prescrit pour la batterie l'instruction du
12 mars 1889, à l'article 2 du chapitre II ; les munitions en excédent
des quantités déterminées par l'article II, du titre I de l'instruction
du 1er août 1893, ou de la quantité que le commandant de la colonne juge suffisante en première ligne, sont réunies par colonne
ou par groupe de deux à trois colonnes et forment avec les munitions d'infanterie une ou plusieurs sections de munitions mixtes ou
distinctes par arme (n° 40).
19. Dans une colonne où il n'a pas été constitué de section de
munitions d'artillerie, si la quantité de munitions d'infanterie est
peu considérable, ces dernières peuvent être rattachées à la section
de réserve du groupe d'artillerie.
20. Conformément au principe posé par l'article 4 du chapitre I
de l'instruction du 12 mars 1889, le plus ancien officier d'artillerie
d'une colonne est commandant supérieur des groupes et des services de l'artillerie de la colonne.

CHAPITRE IV

Organisation des convois accompagnant les colonnes.

ARTICLE I

Personnel de ces convois.

21. *Personnel employé. Encadrement. Recrutement.* — Tous ces
convois sont habituellement formés de coolies, et très exceptionnellement de mulets ou de petits chevaux. (Voir le 2e alinéa du
n° 15.)
Les coolies sont groupés en escouades et sections, comme il est
dit aux nos 30, 31, 37, 40 et 41. A chaque escouade est affecté un

caï-coolie et à chaque section un doï-coolie, de façon que dans l'ensemble des colonnes, la proportion donnée par la note du tableau A de l'appendice n° 3, ne soit pas dépassée. Les coolies haut le pied, calculés d'après la proportion donnée par la même note, sont répartis proportionnellement à l'effectif des coolies porteurs dans toutes les fractions de convois organisées sous le nom de section (y compris les sections du n° 17).

Abstraction faite de l'ambulance mobile qui a ses coolies particuliers (n° 41), les coolies brancardiers, calculés d'après le tableau B de l'appendice n° 3, sont répartis dans les groupes et affectés pour ordre à une des escouades de la demi-section de bagages du train régimentaire (n°s 30, 31 et 32). Sous peine de répression disciplinaire sévère et sous la responsabilité du chef du groupe, aucun de ces coolies brancardiers ne peut être employé, même temporairement, pour le compte personnel des gradés du groupe, sauf le cas de maladie.

22. Le recrutement des coolies s'opère :

1° Directement par les services administratifs, tant qu'il est possible de l'effectuer de bonne volonté :

2° Par l'intermédiaire des résidents civils et militaires dès qu'il devient nécessaire de recourir à la réquisition.

En cas de formation de grosse colonne dans un territoire militaire et d'insuffisance de la population de ce territoire, le complément nécessaire en coolies du delta serait demandé à l'autorité civile.

Quand le recrutement doit se faire par réquisition, le détail des escouades et sections avec indication de caïs et doïs nécessaires, est donné à l'avance à l'autorité chargée du recrutement. Ces subdivisions sont constituées et encadrées dans les communes, cantons, huyens ou chaus, par les soins des autorités indigènes.

Quand, pour une raison quelconque, ce fractionnement et cet encadrement n'auront pas été faits sur place, l'autorité militaire y pourvoiera tant bien que mal aux points d'organisation.

23. L'encadrement par les coolies cadres est doublé d'un encadrement européen de chefs d'escouades, chefs de demi-sections et chefs de sections, comme il est dit aux n°s 32, 37 et 40. Ce cadre doit être choisi avec le plus grand soin; il est constitué par des soldats et gradés qui, tout en étant énergiques, ne maltraitent pas les coolies et aient, autant que possible, l'habitude des difficultés des convois au Tonkin (allongement, rupture des charges, mauvais pas, etc.). Des coolies sont prévus pour porter les effets de ce personnel.

24. Dans certains cas, ce double encadrement suffit (coolies recrutés volontairement; coolies chinois de profession de certaines contrées des hautes régions, etc.).

Dans certains autres cas (coolies réquisitionnés, spécialement quand la réquisition a été faite par rafles, comme cela se produit souvent dans le delta), il est nécessaire d'adjoindre aux chefs d'escouades un certain nombre de soldats réguliers *conducteurs*.

Ces conducteurs sont pris, en principe, parmi les gardes civils ou linh-cos si l'on en a à sa disposition, en observant avec soin de ne jamais mettre des Chinois ou des montagnards tonkinois sous les ordres de soldats annamites. S'il était nécessaire d'encadrer de conducteurs des montagnards réquisitionnés, et si l'on n'avait à sa disposition aucun tirailleur ou linh-co du pays, il deviendrait indispensable de prendre comme conducteurs, des Européens choisis et traités comme il est dit au n° 23.

L'officier chargé d'organiser l'élément en formation, apprécie, suivant les circonstances, quelle est la proportion raisonnable de l'encadrement, qui ne devra qu'en cas exceptionnel dépasser le chiffre de un conducteur pour huit coolies (il est certain, par exemple, que si l'encadrement par caïs et doïs coolies était fait suivant la règle donnée à l'avant-dernier alinéa du n° 22, la proportion des conducteurs n'aurait pas besoin d'être aussi forte que s'il est fait au hasard et surtout si le recrutement des coolies avait eu lieu par rafle).

25. On évitera de mélanger dans la même escouade des coolies de races différentes (chinois et annamites, annamites et thos, etc).

26. *Administration des soldats employés aux convois* (1). — Les soldats de chaque corps forment dans chaque section une fraction détachée qui est placée sous les ordres du chef de section et constituée comme il est dit au n° 6.

27. *Administration des coolies* (1). — Les coolies sont administrés par les chefs de section. Ils ont droit à une solde et à une ration de riz et sel et reçoivent, par les soins des services administratifs, des marmites en nombre suffisant et une demi-couverture H. S. par homme, cette dernière quand la colonne a lieu en octobre, novembre, décembre, janvier, février, mars.

Les perceptions en vivres et en solde sont assurés par les chefs de sections, sous la surveillance et la responsabilité des chefs des groupes du convoi administratif ou de l'ambulance et des commandants de colonne.

La justification des perceptions ou le remboursement des avances est fait par les services administratifs sur la production d'un contrôle dont il est parlé plus loin.

Chaque coolie porte une marque apparente en étoffe ou en métal

---

(1) Les numéros 26 et 27 s'appliquent aux groupes d'artillerie (chapitre 3 du présent titre).

sur laquelle sont inscrits son numéro individuel et l'indication de
sa section.

Chaque chef de section tient, d'après ces numéros, un contrôle
dont le modèle est ci-joint (appendice n° 2) et qui sert de pièce justificative dans le règlement des perceptions.

Si des coolies sont renvoyés en cours d'opérations pour une cause
quelconque, il leur est établi autant d'ordres de route que de desti-
nations et à chacun de ces ordres de route est joint un extrait du
susdit contrôle portant mention des mutations et des avances faites.
Mention du départ est portée sur le contrôle original pour éviter les
doubles emplois.

ARTICLE II

Organisation d'un train régimentaire.

28. Il existe un train régimentaire :
Par groupe mixte d'infanterie ;
Par groupe mixte d'artillerie ;
Par état-major, ou quartier général.

29. Le nombre des coolies nécessaires au train régimentaire est
calculé sur les bases données par le tableau B de l'appendice n° 3.
(Voir le 2e alinéa du n° 15).

30. Le train régimentaire de groupe mixte d'infanterie, forme
une section divisée en deux demi-sections :

1/2 section de bagages { comprenant les bagages des officiers et des sous-officiers, les popotes, les ordinaires, la comptabilité, les fonds, un ou plusieurs ballots de chaussures de pointures assorties (détachement européen), les médicaments, les brancardiers ;

1/2 section de vivres (comprenant les vivres portés au groupe).

31. La demi-section de bagages forme une ou plusieurs escouades.

Les brancardiers du groupe (dernier alinéa n° 21), ainsi que les
coolies porteurs de médicaments, sont réunis lorsqu'ils sont assez
nombreux en une escouade encadrée (n°s 21, 23, 24 et 32) autant que
possible, par des hommes ayant reçu dans leurs corps la petite
éducation médicale qu'on y donne. Quand le nombre des brancardiers n'est pas assez considérable pour les réunir en une escouade,
ils sont affectés pour ordre à une escouade de la demi-section de
bagages.

La demi-section de vivres est subdivisée en deux escouades portant chacune la moitié des vivres portés en groupe (en général 1, la

totalité étant 2) et destinées à ravitailler le groupe sur le convoi administratif au moyen de navettes.

Si le commandant de colonne ou de groupe le juge avantageux, il peut être affecté à chacune de ces escouades une escorte permanente dans les conditions qui sont indiquées au n° 38.

La demi-section de vivres n'est nécessaire que dans les colonnes comprenant plusieurs groupes pour ravitailler le groupe sur la portion centrale de la colonne, pendant que le convoi administratif ravitaille le gros de la colonne sur les magasins.

Dans le cas particulier qui se présentera cependant assez souvent, envisagé au n° 5, d'une petite colonne d'une centaine d'hommes ne comprenant qu'un seul groupe, elle est inutile. Les convois de cette sorte de colonne se réduisent en conséquence à :

a) Un train régimentaire comprenant seulement les bagages ;

b) Un convoi administratif organisé comme il est dit plus loin.

32. Chaque escouade est commandée par un caporal, brigadier ou fonctionnaire, aidé, si c'est nécessaire, de un ou deux autres soldats européens, notamment dans le cas prévu par la dernière phrase du 3e alinéa du n° 24. L'escouade de bagages d'un détachement européen est commandée généralement par le caporal d'ordinaire.

La demi-section de bagages est commandée par le plus ancien chef d'escouade.

La demi-section de vivres est commandée, suivant son importance, par un caporal ou brigadier, fourrier, sergent-major ou adjudant, qui commande en même temps toute la section du convoi régimentaire, est gradé d'approvisionnement et vaguemestre du groupe.

33. Le gradé d'approvisionnement touche les vivres au convoi administratif sur bons signés de lui et les distribue sur bons signés par les parties prenantes. Il fait toutes ces opérations sous la direction du commandant du groupe, qui en demeure responsable et doit, en fin d'expédition et pour toutes les perceptions faites au titre du groupe, fournir au commandant de la colonne des justifications de sorties constituées par :

Des bons réguliers ;

Des bons à titre remboursable ;

Des procès-verbaux de perte (s'il y a lieu). Voir en outre le n° 7.

34. Le train régimentaire d'un groupe d'artillerie est organisé de la même façon et forme également une section.

35. Le train régimentaire d'un état-major est organisé de la même façon et forme une section d'une ou plusieurs escouades, commandée par un des secrétaires ou ordonnances, la section étant commandée par le plus ancien d'entre eux (un gradé autant que possible).

ARTICLE III

Organisation d'un convoi administratif.

36. Il existe, en général, un convoi administratif par colonne.

37. Le convoi administratif comprend un certain nombre de jours de vivres pour les troupes qu'il est appelé à desservir.

Il est subdivisé en sections de un ou deux jours de vivres (suivant la force du convoi) commandées chacune par un sous-officier.

Chaque section est elle-même subdivisée en escouades commandées par un caporal aidé, suivant l'effectif de coolies et leur catégorie (voir n° 24), d'un ou plusieurs soldats européens.

Le nombre des sections du convoi administratif et la force de chacune d'elles sont déterminées selon les circonstances. Ce calcul dépend essentiellement de l'éloignement entre eux des magasins existants ou créés dans la région où l'on opère (n° 53).

Les coolies sont calculés comme il est dit aux n°s 21 et 71 (notes) ainsi que d'après les tableaux de l'appendice n° 3; ils sont encadrés comme il est dit aux n°s 21, 23 et 24.

38. Si le commandant de la colonne le juge avantageux, chaque section peut être pourvue d'une escorte permanente, destinée à lui permettre de faire ses mouvements de navette, sans avoir à toucher au groupe de combat (n° 64).

Cette escorte est formée de préférence avec des gardes civils ou linh-cos quand on en a à sa disposition.

Elle est placée sous les ordres du commandant de la section dont elle fait partie intégrante.

39. Le convoi administratif est commandé par un officier qui est en même temps officier d'approvisionnement et vaguemestre des troupes desservies par le convoi et qui est aidé par des gradés et des soldats secrétaires, distributeurs et interprètes.

L'officier d'approvisionnement prend livraison des denrées contre des bons signés de lui, remis à la personne qui les lui passe et enregistrés par lui. Il les distribue aux groupes sur bons signés par les gradés d'approvisionnement de ces groupes. Pour toutes les perceptions faites au titre de la colonne, il doit, en fin d'expédition, fournir au commandant de colonne une décharge constituée :

Par les bons de groupe ;

Par des procès-verbaux de perte (s'il y a lieu).

Il doit au même moment rendre compte au même chef, des opérations faites sur sa caisse. (Voir les n°s 7 et 66.)

ARTICLE IV

Organisation des sections de munitions.

40. Il peut être formé par colonne ou groupe de colonnes une ou plusieurs sections de munitions mixtes ou distinctes par arme. La section de munitions est elle-même formée de une ou plusieurs escouades de 20 à 40 coolies. L'escouade est commandée par un canonnier européen, la section par un brigadier et un convoi composé de plusieurs sections par un maréchal des logis (nos 5, 18 et 19).

L'organisation des sections de munitions est faite comme il est dit à l'article Ier du présent chapitre.

Le nombre des coolies est calculé comme il est dit aux tableaux A et B de l'appendice no 3.

ARTICLE V

Organisation des ambulances.

41. Dès qu'une colonne atteint plusieurs centaines d'hommes, son organisation comporte, en principe, une ambulance mobile composée de :

un médecin;

un certain nombre d'infirmiers européens et indigènes, pris dans le personnel des corps de troupe, ayant reçu la petite éducation médicale qui y est donnée, et comprenant, autant que possible, un gradé européen;

coolies destinés à porter le matériel d'ambulance;

brancardiers (soldats et coolies).

Le nombre des coolies porteurs des bagages et des vivres est calculé d'après les bases du tableau B de l'appendice no 3.

Il est impossible de donner des règles fixes de calcul pour l'effectif des coolies, brancardiers d'ambulance, effectif dépendant des difficultés du pays, des pertes probables, de l'éloignement des centres sanitaires fixes les plus rapprochés, etc. Ces coolies sont encadrés comme il est dit aux nos 21 et 22 par des soldats réguliers appelés *soldats brancardiers*.

L'ambulance constitue, sous les ordres du médecin, un groupe dont tous les éléments (soldats, coolies et malades), sont formés, organisés et administrés conformément aux dispositions des nos 6, 21, 22, 23, 24, 25, 26 et 27, ainsi que de l'arrêté du 11 avril 1893 sur les infirmeries de garnison, l'ambulance mobile d'une colonne devant être considérée comme l'infirmerie d'une garnison qui se déplace. Les dépassements de dépense auxquels donnerait lieu la gestion de l'alimentation des malades, pourraient être remboursés par les ordinaires des compagnies ou batteries intéressées, sur demande du médecin, adressée au général commandant en chef et appuyée de pièces justificatives. (Voir l'appendice n° 6).

Les ambulances fixes qu'il y aurait lieu d'organiser en vue d'une opération, seraient l'objet de dispositions spéciales prises au moment du besoin.

ARTICLE VI

Effets emportés par les hommes. — Sac.

42. L'appendice n° 1 donne la nomenclature des effets emportés par les hommes en colonne. A ces effets s'ajoutent les vivres dont il est question aux n°s 71 et 72. Il est rappelé toutefois que les règles des n°s 42, 43, 44 et 71 ne s'appliquent qu'exceptionnellement aux opérations de courte durée et de faible effectif.

43. Les effets de la nomenclature qui ne font pas partie de la tenue de l'homme sont, suivant le cas :

Ou portés par l'homme ;

Ou portés par les coolies.

Le soldat d'infanterie est déchargé en permanence de ses effets (non des vivres du n° 71), pendant la saison chaude, du 1er avril au 1er octobre et a droit aux allocations prévues par le tableau B de l'appendice n° 3.

Un chef de troupes en opérations est d'ailleurs toujours libre, en toute saison, de prescrire le déchargement de ses Européens, en raison des difficultés du terrain ou des circonstances, sous la réserve d'en rendre compte.

Le canonnier européen, qui doit être absolument libre de ses mouvements, afin de pouvoir, à chaque instant, donner la main aux coolies de la pièce et de l'affût, est déchargé en permanence de ses effets et a droit, en tout temps, aux allocations prévues à son égard, par le même tableau du même appendice.

44. Lorsque l'homme ne doit pas être déchargé, le sac avec son poids mort, peu considérable, est encore le meilleur moyen connu de porter sa charge avec le minimum d'entraves dans ses mouvements. Toutefois, les commandants de colonne ont la latitude d'employer tout autre mode de transport que les circonstances pourraient leur faire juger préférable.

Le sac étant difficile à arrimer sur coolies :

1º l'homme qui doit être déchargé en permanence de ses effets pendant toute la durée de la colonne, n'emporte pas de sac. Il roule dans sa couverture les effets qui ne font pas partie de sa tenue, et qu'à un moment donné, en cas de nécessité, il pourra porter en sautoir ;

2º lorsque, dans le cours des opérations, il se présentera une circonstance permettant d'alléger l'homme chargé, on pourra procéder à cet allègement en le débarrassant de certains effets (couvertures, effets roulés dans la couverture, etc.), sans enlever le sac lui-même. Il sera bon, pour empêcher les hommes de bourrer leurs ballots ou leurs sacs d'effets en quantité exagérée, de leur faire effectuer les deux ou trois premières étapes avec la charge complète sur eux.

TITRE III

FORMATION D'UNE COLONNE

45. Dans la formation d'une colonne, on distinguera désormais l'une de l'autre les deux opérations suivantes qui, jusqu'à ce jour, ont généralement été confondues, savoir :

Organisation des éléments constitutifs (état-major, groupes, convoi administratif, sections de munitions, etc.) ;

Concentration de la colonne.

La première, en effet, peut se faire en plusieurs points à la fois, distants les uns des autres et aussi éloignés que possible du futur théâtre des opérations, ce qui, tout en facilitant le recrutement des coolies, permet de concilier les deux nécessités, de lenteur dans l'organisation et de discrétion dans les préparatifs.

La deuxième, seule, comporte l'unité de lieu et n'exclut nullement la rapidité d'exécution, destinée à permettre au commandant des opérations de ne dévoiler ses intentions que le plus tard possible.

46. Les détails de l'une et de l'autre sont arrêtés à l'avance et autant que possible sur les propositions de l'officier désigné pour commander la colonne.

Ils comprennent :

47. *En ce qui concerne l'organisation des éléments constitutifs :*

a) L'indication de ces éléments (état-major, ambulance, groupes d'infanterie, groupes d'artillerie, convoi administratif, sections de munitions, etc.) ;

b) L'indication du point ou des points où chacun de ces éléments doit être organisé ;

c) L'indication des officiers, sous-officiers, soldats européens et indigènes, coolies, matériel devant entrer dans la composition de chaque élément constitutif ;

d) L'indication des corps ou services (après entente avec ces derniers, s'ils sont indépendants du commandement) désignés pour fournir le personnel et le matériel de chaque élément (il importe que cette détermination soit bien complète, de façon qu'au dernier moment les unités de combat proprement dites n'aient pas à subir des prélèvements toujours très nuisibles à la cohésion et à l'encadrement) ;

e) Les indications relatives à l'arrivée (s'il y a lieu) de ce personnel et matériel à chacun des points d'organisation choisis.

48. *En ce qui concerne la concentration :*

a) L'indication du point de concentration, qui est un gîte d'étapes quelconque ;

b) La date de concentration choisie, de façon :

que la colonne n'ait à y séjourner que le moins longtemps possible ;

que les différents éléments aient le temps de s'organiser et d'avoir déjà acquis, en y arrivant, un commencement de cohésion appréciable.

TITRE IV

RAVITAILLEMENT ET ÉVACUATIONS

CHAPITRE Ier

Organisation générale.

49. L'indépendance des services administratifs vis-à-vis du commandement exige que, dans le ravitaillement des troupes en colonne, où les deux autorités ont à intervenir, la division entre elles, du travail, soit nettement tranchée.

La production des ressources, leur réunion en des magasins déterminés, le paiement et le contrôle des dépenses, le contrôle des perceptions en nature, attributions pour lesquelles les fonctionnaires et agents du commissariat colonial ont un mandat à exercer et possèdent une compétence technique administrative, sont exclusivement réservés aux services administratifs.

Le soin de prendre dans ces magasins livraison des denrées, celui de faire passer celles-ci entre les mains des hommes en colonne, opérations qui sont essentiellement du domaine de l'action militaire, sont exclusivement réservées au commandement (1).

50. Dans la part du travail réservée au commandement, il importe enfin que, tout en conservant l'impulsion directrice, les commandants de colonnes, dont la tâche est très lourde d'autre part et la place essentiellement changeante, soient déchargés de tous les détails qui, la plupart du temps, ne peuvent être convenablement réglés que sur les lieux.

Il faut donc qu'ils aient auprès de chaque magasin un mandataire militaire qui reçoive leurs demandes, les transmette aux services administratifs, prenne livraison des denrées, aplanisse sur place toutes les difficultés auxquelles cette livraison peut donner lieu, et enfin, lorsque l'éloignement de la colonne le rend nécessaire, mette les approvisionnements à portée de la colonne.

Tel est l'objet du *service des étapes*, qui est organisé conformément aux principes du décret du 10 octobre 1889 (guerre) sur le service de l'arrière, en adaptant ces principes aux nécessités locales.

51. Le ravitaillement en munitions, effets, etc., s'effectue par les mêmes voies et les mêmes moyens.

52. Les évacuations, tant en personnel qu'en matériel, qui constituent la contre-partie du ravitaillement, s'effectuent d'après les mêmes principes, mais en sens inverse, les moyens de transport allant à vide au ravitaillement étant utilisés en conséquence.

CHAPITRE II

Des magasins.

53. Tant que les colonnes ne dépassent pas une certaine importance, elles se ravitaillent sur les magasins permanents déjà existants.

Quand il y a lieu de renforcer l'approvisionnement de ces derniers ou d'en créer temporairement de nouveaux, toutes les mesures relatives à ce renforcement ou à ces créations nouvelles, sont arrêtées avant le commencement des opérations, de concert entre le commandement et les services administratifs (emplacements, pro-

---

(1) Il ne faut pas entendre par là que le commandement doive exclure de cette partie du service les commissaires ainsi que leurs agents, et se priver systématiquement d'un concours pouvant être précieux, mais bien que dans cette partie du service tout le personnel, quel que soit le corps auquel il appartienne, est sous les ordres exclusifs du commandement.

portious et délais d'approvisionnement des nouveauxgasimans, proportions et délais du supplément d'approvisionnement des anciens).

Cette détermination une fois faite, la tâche des services administratifs consiste, sous leur responsabilité propre, à mettre et à maintenir les approvisionnements à hauteur des fixations.

CHAPITRE III

Du service des étapes.

ARTICLE 1er

Organisation.

54. Ce service a été défini au n° 50.

55. Quand la troupe en expédition est de faible effectif, il est assuré par le commandant d'armes de la place ou du poste où se trouve le magasin sur lequel cette troupe a à se ravitailler.

56. Dans une grosse expédition, il devient l'objet de l'organisation spéciale suivante :

1° Un officier d'un grade correspondant à l'importance des colonnes à ravitailler exerce, auprès de chaque magasin, les fonctions de *directeur des étapes* ;

2° Quand il y a autant de magasins que de colonnes, chaque directeur des étapes est placé sous les ordres du commandant de la colonne correspondante. Mais cette subordination est impossible dans le cas très fréquent où plusieurs colonnes se ravitaillent sur le même magasin et c'est pour cette raison qu'en principe le service des étapes doit être organisé par magasin et non par colonne ;

3° Tous les directeurs des étapes sont, dans tous les cas, placés sous les ordres du commandant des opérations. Les opérations consistant, la plupart du temps, en une action convergente de colonnes multiples parties de points différents et les magasins se trouvant de ce fait, en général, très éloignés les uns des autres ; il n'est pas créé de rouage intermédiaire destiné à centraliser l'ensemble du service pour la même expédition ;

4° Les places et postes pour lesquels il est nécessaire de prendre cette mesure sont placés momentanément sous les ordres du directeur des étapes ;

4° Le personnel militaire de ces places et postes est renforcé au moyen de troupes d'étapes constituées, autant que possible, par des gardes civils et linh-cos, si l'on en a à sa disposition et auxquels, à mesure que les opérations progressent, s'adjoignent les éclopés des colonnes;

6° Il est formé, dans certains de ces postes ou places, des dépôts de coolies et autres moyens de transport, destinés à assurer les transports du n° 59 et à combler les vides des sections de coolies des colonnes.

ARTICLE II

Fonctionnement.

57. Tant qu'une colonne opère dans le voisinage du magasin qui doit pourvoir à son alimentation, elle s'y ravitaille directement, au moyen de son convoi administratif. La tâche du service des étapes se borne alors à recevoir les demandes du commandant de la colonne, à les transmettre aux services administratifs, à assurer la livraison des denrées demandées et à remettre les convois en route.

58. Quand la distance entre le magasin et la colonne s'allonge, le directeur des étapes est tenu au courant des besoins des colonnes, fait des demandes en conséquence aux services administratifs, prend livraison des denrées et en assure le transport jusqu'à un point où le convoi administratif de la colonne puisse venir les prendre et en donne décharge au directeur des étapes où à la personne qui le représente.

59. Ce transport s'exécute par convois auxiliaires en employant tous les moyens de transport en usage dans le pays (sampans, voitures, mulets, chevaux, coolies, etc.), moyens de transport que les services administratifs se procurent et mettent à la disposition du directeur des étapes.

60. Les points de contact entre les convois auxiliaires et les convois administratifs doivent être des points connus et bien définis. Ils sont déterminés, autant que possible, sur l'initiative des commandants de colonne.

61. Lorsqu'un de ces points comporte une certaine fixité, il peut être avantageux d'y créer un dépôt annexe, et s'il n'en existe pas déjà de permanent, un poste provisoire.

62. Il en est de même dans les mêmes circonstances de quelques-uns des gîtes d'étapes intermédiaires.

63. Les escortes des convois auxiliaires, les garnisons des postes provisoires et les gestionnaires des dépôts annexes, sont pris dans le personnel placé sous les ordres du directeur des étapes.

CHAPITRE IV

Fonctionnement de l'alimentation et du ravitaillement dans l'intérieur d'une colonne.

ARTICLE Ier

Achats directs.

64. Les denrées qui se trouvent sur place (viande, riz, sel, sucre, thé, etc.), sont achetées directement. Mais ces achats ne subviennent que dans une mesure insuffisante et souvent très faible, aux besoins des colonnes, dont la principale source de ravitaillement est l'arrière.

65. Chaque soldat indigène achète généralement lui-même ses vivres, quand il est possible d'en trouver dans le pays.

66. Les achats sur place des vivres destinés aux soldats européens, aux coolies et dans certains cas aux soldats indigènes eux-mêmes, sont effectués par les officiers d'approvisionnement.

Ces officiers reçoivent des services administratifs, en vue de ces achats et en vue des avances à faire aux coolies, une somme d'argent suffisante dont ils sont comptables et qu'ils gèrent sous l'autorité du chef dont ils dépendent [commandant de la colonne ou commandant d'un groupe de colonnes, suivant le cas (n°s 7 et 39)].

ARTICLE II

Ravitaillement en vivres courants et distributions.

67. *Distributions.* — En règle générale, la distribution de vivres courants a lieu tous les jours.

Sauf en ce qui concerne la viande, qui comporte des règles spéciales, elle se fait sur le train régimentaire pour la période de vingt-quatre heures comprenant l'après-midi du lendemain plus la matinée du surlendemain.

Aux groupes qui sont avec le gros de la colonne, la distribution de viande se fait directement par le convoi administratif et sans l'intermédiaire du train régimentaire, pour la période de vingt-quatre heures comprenant l'après-midi du jour de la distribution, plus la matinée du lendemain.

Dans un groupe détaché, la distribution de la viande est faite également chaque jour pour la période de vingt-quatre heures comprenant l'après-midi du jour de la distribution et le lendemain matin ; elle parvient au groupe par l'intermédiaire de ses escouades du train régimentaire envoyées en ravitaillement (n° 68).

Les commandants de colonnes et commandants de groupes déterminent les heures de ces différentes distributions qui sont faites, en station après midi et pendant les marches aussitôt après l'arrivée à l'étape. A cet effet, le boucher de la colonne, accompagné de la distribution du jour, marche avec le groupe d'avant-garde ou avec le groupe de tête et tue dès l'arrivée.

68. *Train régimentaire.* — Quand le groupe est à la portion centrale de la colonne, dès qu'une des escouades du train régimentaire a été déchargée, elle se réapprovisionne sans tarder en vivres courants sur le convoi administratif, de façon que, si le groupe est organisé par exemple avec un train régimentaire de deux jours de vivres, il soit à chaque instant prêt à se mettre en route avec quatre jours de vivres [les deux jours portés par l'homme (n° 71) et les deux jours du train régimentaire] non comprise la journée courante, c'est-à-dire la subsistance jusqu'au prochain midi ou la fin de l'étape.

Le viande des deux jours portée par le train régimentaire, consiste en conserves qui ne sont consommées qu'à défaut de viande fraîche, mais qui contribuent à maintenir constamment à quatre jours complets les vivres de l'ensemble du groupe, non comprise la journée courante et y compris les vivres de réserve.

Un groupe détaché de la portion principale de la colonne se ravitaille sur cette portion principale en vivres courants de toute nature, y compris la viande fraîche au moyen des escouades de vivres de son train régimentaire.

Une de ces escouades est d'abord, à la première distribution, déchargée de tous ses vivres, y compris la viande de conserve, est envoyée en ravitaillement et revient avec un jour de vivres de toute nature y compris la viande fraîche.

Si le trajet de la portion principale de la colonne au groupe ne peut pas être effectué aller et retour dans une seule journée, l'autre escouade est déchargée de même à la deuxième distribution, opère comme il a été indiqué pour la première escouade ; puis les deux escouades continuent en faisant la navette.

Quand le groupe rallie la portion principale, il reforme ses approvisionnements comme il est dit au commencement du présent numéro.

Tous ces mouvements sont réglés dans leur ensemble par le commandant de colonne.

69. *Convoi administratif.* — Chaque colonne est ravitaillée par son convoi administratif qui se compose toujours, à cet effet, au moins de deux sections identiques comprenant chacune un, deux et quelquefois même trois jours de vivres; cela dépend de l'éloignement respectif des magasins constitués dans la zone d'opérations.

Ce ravitaillement s'opère par achats sur place et, faute de cette ressource, au moyen de navettes effectuées par les sections du convoi entre les points où le service des étapes tient préparés les approvisionnements et la portion centrale de la colonne.

Le ravitaillement en viande du convoi administratif se fait normalement en bœuf sur pied.

ARTICLE III

**Ravitaillement en vivres de réserve, vivres d'ordinaire,
effets et munitions.**

70. Les ravitaillements en denrées et objets autres que les vivres courants et les munitions, c'est-à-dire vivres de réserve (n° 71), vivres d'ordinaire, effets (ballots de souliers, ballots d'effets réglementaires, ballots d'effets ou d'objets particuliers), médicaments, outils, fusées, etc. (n° 30), qui n'ont pas lieu périodiquement, s'effectuent au moment du besoin, savoir :

a) Jusqu'à portée des convois administratifs par les moyens indiqués au n° 59 et par les soins des directeurs des étapes.

b) A partir de là au moyen de coolies supplémentaires qui se joignent au convoi administratif, puis, s'il y a lieu, aux trains régimentaires jusqu'à arrivée à destination des charges qu'ils portent. Ils rétrogradent alors en se joignant successivement et en sens inverse aux mêmes convois. Ils sont porteurs d'un ordre de route qui est signé au départ, à destination et au retour, qui reçoit inscription des perceptions faites par eux en cours de route et sert de pièce justificative des allocations auxquelles ils ont droit.

Les ravitaillements en munitions sont faits de la façon suivante :

a) Des provisions de munitions de toute nature sont faites, s'il y a lieu, sous la direction du directeur des étapes aux points où sont établis les magasins des subsistances (n° 51 et 53). La quotité de ces approvisionnements est indiquée pour chaque point par le commandant au service de l'artillerie qui a charge de le tenir à hauteur. (Disposition analogue à celle du n° 53);

b) Les munitions sont remplacées au fur et à mesure de leur consommation, d'abord sur la section de réserve, ensuite sur les sections de munitions (n°s 17, 18, 19 et 40). Quand une section de munitions ou l'une de ses fractions (si elle comporte plusieurs escouades) a été complètement déchargée, la section entière ou l'escouade est dirigée sur le magasin, reçoit un nouveau chargement et rejoint la colonne;

c) S'il n'existe pas de section de munitions, le mouvement de va-et-vient qui vient d'être indiqué est fait par la section de réserve du groupe d'artillerie (n° 17);

d) S'il n'existe ni section de munitions, ni section de réserve (2e alinéa du n° 17) le ravitaillement a lieu comme il est dit au commencement du présent numéro pour les vivres de réserve, vivres d'ordinaire et effets.

ARTICLE IV

Vivres entre les mains des officiers, de la troupe et des coolies.

71. *Partie active de la colonne.* — Les militaires et coolies qui marchent en permanence avec le convoi administratif, sont l'objet d'une règle spéciale qui sera définie plus loin.

Pour tous les autres militaires et coolies, la règle générale est la suivante:

Chaque officier, sous-officier, caporal ou soldat européen et anna-mite, doit avoir entre ses mains:

a) Une quantité de vivres de réserve qui généralement est de un jour (inutile toutefois dans certaines petites opérations de courte durée et de faible effectif);

b) Ce qui reste de la journée courante (jusqu'au prochain midi);

c) La journée suivante (à partir du prochain midi).

Les vivres de réserve de l'alinéa a ci-dessus, consistent pour les Européens en biscuit, tafia, petits vivres et viande de conserve.

Les vivres des alinéas b, c consistent pour les Européens en pain biscuité (biscuit à défaut de pain), vin, tafia, petits vivres et viande de conserve. — Cette dernière ne doit du reste être consommée qu'à défaut de la viande fraîche distribuée au jour le jour par le convoi administratif (n° 67), mais contribue à maintenir constamment à deux jours complets les vivres entre les mains des hommes, y compris les vivres de réserve et non compris la journée courante.

Les vivres courants, de même que les vivres de réserve des indigènes, consistent en riz et en sel.

Tout chef de détachement européen est tenu de s'assurer, avant le départ, que chacun de ses hommes est muni de récipients destinés aux liquides, le bidon étant exclusivement réservé à l'eau (deux petits récipients en fer-blanc ou en verre, habillés en drap au-

tant que possible; un petit pour le tafia, un plus grand pour le vin).
Ces récipients sont achetés sur les fonds de l'ordinaire.

Les officiers et sous-officiers font porter par les coolies qui leur
sont alloués (appendice nº 3, tableau B) les vivres qu'ils doivent
avoir entre les mains.

Comme il est indiqué au nº 43, tout soldat, même dans les circonstances où il est déchargé en permanence, porte toujours sur lui les
vivres dont il est question au présent numéro.

Quand, par suite de circonstances de force majeure, les charges
individuelles auront été augmentées au delà de certaines limites,
les vivres-liquides correspondant aux journées distribuées, devront
être portés à dos de coolies. La quantité de liquide qu'un Européen
peut porter, est, en effet, limitée par la capacité des récipients dont
il dispose; quand cette mesure est dépassée, l'homme, ne sachant où
mettre son alcool, le boit en une seule fois; il arrive alors que cette
absorption, loin de produire le résultat attendu, en soutenant et en
réparant les forces, produit l'effet inverse en amenant l'ivresse.
(On pourra, par exemple, distribuer une journée de plus et faire porter les liquides par les coolies ainsi déchargés.)

Il est indispensable que les coolies soient alignés de la même
façon que les autres bouches de la colonne; mais comme il est la
plupart du temps fort difficile de les empêcher de consommer
avant terme les vivres qu'on a pu leur confier par avance, la provision de vivres de l'escouade reste entre les mains du chef d'escouade qui répartit les charges de l'escouade de façon que cette
provision soit portée à part et qui en effectue la distribution au
jour le jour ou au plus tous les deux jours (1).

---

(1) Les coolies portent en moyenne 20 kilos de charge totale, c'est-à-dire que
certains d'entre eux portent 22, 25 et même 30 kilos., tandis que certains autres,
plus faibles, ne portent que 18, 15 et même 10 kilos.

Pour faire entrer en ligne de compte le poids mort des appareils de transport,
ainsi que les deux jours de vivres qui doivent accompagner les coolies, cette charge
moyenne de 20 kilos, a été décomposée comme il suit :

Poids de denrée transporté... 15 kil. ⎫
Poids mort des appareils de   ⎬ total 18 kil. (chiffre de l'appendice nº 3).
transport................ 3 kil. ⎭
2 jours de vivres (avec leur
contenant et les ustensiles
de cuisine).............. 2 kil.
Total.......... 20 kil.

Mais cette décomposition est toute théorique et destinée à permettre de for-
muler des règles d'allocation ;

Le calcul une fois fait, les charges sont réparties entre les coolies de l'escouade
de la manière qui paraît la plus avantageuse et suivant les forces physiques de
chaque porteur.

72. *Convoi administratif.* — Les militaires et coolies du convoi administratif ne sont pas pourvus de vivres de réserve.

Chaque fois qu'ils prennent le contact, soit avec un magasin (n° 57), soit avec un convoi auxiliaire (n°s 58, 59, 60 et 61), ils touchent les vivres nécessaires pour jusqu'au prochain contact.

De cette façon, et sauf pour les quelques rations de viande fraîche qu'ils peuvent être obligés de toucher à la colonne, il n'y a rien à prélever et par conséquent à prévoir pour eux dans les approvisionnements qu'ils ont charge de transporter.

Ces quatre jours de vivres sont distribués individuellement à tous et même aux coolies.

Les officiers et sous-officiers les font porter comme il est dit au n° 71.

Les soldats les portent sur eux et ont donc sur eux, si, par exemple, l'amplitude du ravitaillement est de deux jours, trois jours à partir du prochain midi. (Si l'amplitude était plus forte, il deviendrait nécessaire, dans le convoi administratif, de prévoir des coolies pour le transport d'une partie de ces vivres.)

De même que ses camarades des groupes mixtes, le soldat qui est au convoi administratif doit être muni de récipients destinés à contenir les vivres qu'il a entre les mains, et notamment le vin et le tafia.

Quant aux coolies, la distribution de quatre jours à la fois à chaque contact ne présente pas le même inconvénient qu'aux colonnes, parce qu'étant donnée l'absence de vivres de réserve, elle n'a pas pour effet de constituer une provision pouvant être gaspillée.

A Hanoï, le 10 novembre 1895.

Le général commandant en chef les troupes
de l'Indo-Chine,

Signé : Gal DUQUEMIN.

Pour ampliation
Le chef d'état-major p. i. :
LYAUTEY.

APPENDICE N° 3

Allocations en moyens de transport aux troupes en colonne (fixations provisoires soumises au Ministre.)

Tableaux extraits de l'arrêté du 12 octobre 1895 de M. le Gouverneur général de l'Indo-Chine.

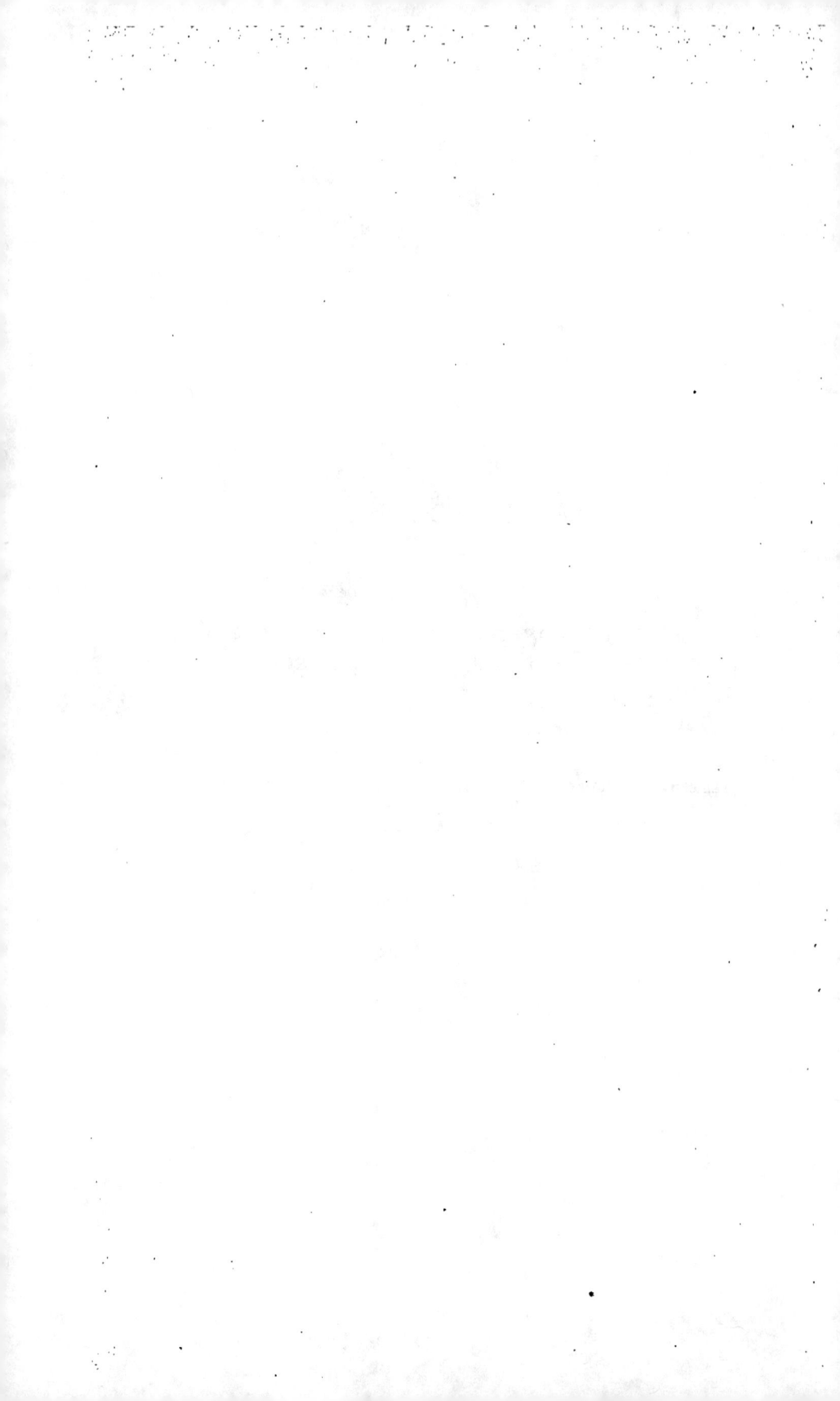

TABLEAU A

Tarif des allocations de coolies pour le transport du matériel
d'une colonne d'artillerie ou de munitions.

ÉLÉMENTS DE LA COLONNE.	POIDS.	NOMBRE DE COOLIES.	OBSERVATIONS.
	kil.		
1° *Pièce.*	(1)		(1) Ces poids sont déterminés dans un rapport à ce sujet du colonel commandant l'artillerie de l'Indo-Chine, en prenant pour base la pièce de montagne.
Pièce avec son châssis....	120	12 (2)	
Affût avec son châssis....	132	12 (2)	
Rallonge et écouvillon....	34	2	
Roue (droite ou gauche)..	29	2 (3)	(2) Ces 12 coolies sont partagés en trois équipes de quatre chacune se relayant successivement. Cette fixation, pour la pièce et son affût, ne doit pas entrer dans le calcul des coolies haut le pied prévus pour la colonne d'artillerie. Les équipes se suffisent à elles-mêmes.
Paquet d'outils	30	2	
Caisse d'approvisionnements..............	42	3 (4)	
Caisse réduite de 4 coups.	32	2 (4)	
2° *Munitions.*			(3) La charge de 2 coolies atteint 36 kilos d'après le chiffre adopté pour la charge individuelle, mais, dans le cas présent, le fardeau est indivisible et nécessite 2 coolies.
Caisse réduite de munitions d'infanterie (modèle 1874).............	36	2 (4)	
Caisse réduite de munitions d'infanterie (modèle 1886).............	32	2	(4) Pour les caisses de munitions entrant dans l'approvisionnement de la colonne, on obtient le nombre total de coolies en multipliant par le nombre de caisses emportées. Chaque caisse ne doit pas excéder 36 kilos.
Caisse réduite de munitions d'artillerie	32	2	

N. B. — Encadrement des coolies. { 1 caï pour 30 coolies ou pour toute fraction supérieure à 15 coolies. / 1 doï pour 6 coolies ou pour toute fraction supérieure à 30 coolies.

Nombre de coolies haut le pied : 10 p. 100 du nombre total des coolies (sauf l'exception prévue à l'observation n° 2 ci-dessus).

TABLEAU B

Tarif des allocations de coolies pour le train régimentaire d'une troupe en opérations de guerre.

NATURE DES TRANSPORTS.	NOMBRE DES COOLIES	POIDS REPRÉSENTÉ (1).	OBSER-VATIONS.
		kil.	(1) En prenant pour base le chiffre de 18 kilos adopté pour la charge maximum du coolie.
Bagages. Officier supérieur.	5	90	
Officier subalterne.	4	72	
Adjudant seul.....	2	36	
Adjudant de compagnie...........	1	18	
Sous-officier européen...........	1 pour 3 s.-officiers.	6 par sous-officier.	
Sergent indigène..	1 pour 4 sergents.	4.500 par sergent.	
Soldat européen (artilleur ou fantassin).........	1 pour 5 hommes.	3.600 par homme.	Alloués pendant la saison chaude (du 1er avril au 1er octobre).
Soldat indigène....	1 pour 6 hommes.	3 par homme.	
Popotes et ordinaires. Officier seul ou de 1 à 2 officiers...	2	18 par officier.	Augmenté de 1 coolie par 2 officiers en plus de 5 à la popote.
De 2 à 5 officiers ..	4	14.500 par officier.	
Sous-officier seul..	1	18	Augmenté de 1 coolie par 3 sous-officiers en plus de 5 à la popote.
De 3 à 5 sous-officiers	2	7.250 par s.-officier.	
Ordinaire des soldats européens..	1 pour 12 hommes.	1.500 par homme.	
Archives et fonds. Commandant de plusieurs colonnes ou bataillons.	5	90	
Commandant de colonne ou bataillon	3	34	
Commandant de groupe mixte ou compagnie......	2	36	
Officier du commissariat ou officier d'approvisionnement	5	90	
Service de santé. Brancardiers......	12 p. 100 de l'effectif de la troupe.	11	Soit 3 brancards (à 4 coolies) pour un effectif de 100 hommes.
Cantine médicale de compagnie...	2	36	
Pharmacie portative de groupe....	2	36	
Matériel médical d'un médecin d'une colonne de 1.000 hommes ou d'un bataillon dépourvu d'ambulance.	11	198	Représentant 5 cantines à 2 coolies, plus 1 porte-sac d'ambulance.
Réserve de chaussures et matériel divers ..	1 pour 75 hommes.	18	Représentant 12 paires de chaussures au poids moyen de 1k500 la paire.

N. B. — Les fixations de cadres et de coolies haut le pied sont celles indiquées dans le tableau A.

TABLE DES MATIÈRES

(Spéciale à l'annexe B.)

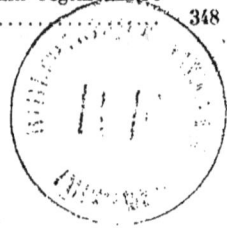

Paris et Limoges. — Imprimerie militaire Henri CHARLES-LAVAUZELLE.

www.ingramcontent.com/pod-product-compliance
Lightning Source LLC
Chambersburg PA
CBHW050452270326
41927CB00009B/1715